《围棋与名城》丛书

扬州市社科联重大课题资助出版项目

围棋与扬州

《围棋与扬州》编委会　编

山西出版传媒集团　书海出版社

图书在版编目（CIP）数据

围棋与扬州／《围棋与扬州》编委会编 . —太原：
书海出版社，2023.12

（围棋与名城丛书／林建超主编）

ISBN 978-7-5571-0118-3

Ⅰ.①围… Ⅱ.①围… Ⅲ.①围棋－体育文化－扬州
Ⅳ.①G891.3

中国国家版本馆 CIP 数据核字（2023）第 176030 号

围棋与扬州

编 者	《围棋与扬州》编委会
责任编辑	陈俞江
复 审	傅晓红
终 审	梁晋华
装帧设计	谢 成

出 版 者	山西出版传媒集团·书海出版社
地 址	太原市建设南路 21 号
邮 编	030012
发行营销	0351-4922220 4955996 4956039 4922127（传真）
天猫官网	https:∥sxrmcbs.tmall.com 电话：0351-4922159
E-mail	sxskcb@163.com 发行部
	sxskcb@126.com 总编室
网 址	www.sxskcb.com

经 销 者	山西出版传媒集团·书海出版社
承 印 厂	山西出版传媒集团·山西人民印刷有限责任公司

开 本	720mm×1020mm 1/16
印 张	21.5
字 数	320 千字
版 次	2023 年 12 月 第 1 版
印 次	2023 年 12 月 第 1 次印刷
书 号	ISBN 978-7-5571-0118-3
定 价	68.00 元

如有印装质量问题请与本社联系调换

《围棋与名城》丛书编委会

编委会主任

林建超

编委会执行副主任

姚 军 王 光

编委会副主任

朱国平 聂卫平 孙光明 常 昊 雷 翔 王 谊 华学明

顾 问

王国平 王汝南 华以刚 陈祖源 何云波

编委会成员

俞 斌	刘 伟	刘 菁	陈凌凯	杨 诚	张 蔚	张 平
张润海	郭志强	赵清俊	张眉平	张建军	杨学军	李绍健
韩文鑫	刘 斌	安 营	周星增	刘世振	丁 波	陶启平
朱建平	王永山	王晓庆	卢俊和	杭天鹏	杨自强	吴海明
祝云土	邓中肯	曹元新	戴滨辉	卢阳阳	王其红	张 亮
华 斌	喻 平	洪维平	刘海泉	聂 慎	马 望	渠汇川
刘 霞	刘文选	洪镜海	何云波	陈巨伟	容坚行	陈志刚
吴金权	覃洪兵	黎浩海	白起一	林如海	王成艺	熊方军
危建华	何任叔	李方明	陶晓昌	王旭东	李云生	张 丰
杨 琪	宋 群	周 为	罗腾岳	郭海军	陆 斌	

前　言

　　组织全国各地的围棋协会，编写出版反映各地著名城市的围棋历史、文化、人物、故事和发展现状的系列丛书，是新一届中国围棋协会为深入学习贯彻习近平总书记重要指示所抓的大型围棋文化工程。2004年10月，习近平同志在浙江省衢州市调研时首次提出"围棋文化"的概念，并明确指出："围棋文化要进一步提高运作水平，开展一些有影响的活动。"这是迄今党和国家主要领导人关于加强围棋文化建设的明确指示要求，具有重要而深远的指导意义。编写《围棋与名城》丛书，正是按照习总书记的要求，自觉坚守中华文化立场，挖掘、传承、弘扬围棋文化，讲好中国围棋故事的实际行动。

　　《围棋与名城》丛书旨在挖掘、整理全国各地有价值、有特色的围棋文化，讲好当地围棋故事，使之成为城市的一张特殊名片。丛书是一项基础性、系统性、开创性的文化工程，是全国围棋文化建设的重要组成部分，它的重要意义在于：第一，是推动围棋文化全面发展的基础性工作。围棋文化的发展方向众多，其中一项基础性工作，即地方围棋文化的挖掘、整理、研究。这项工作过去没有系统地、有组织地进行过。在围棋事业快速、多样化发展的今天，这种基础性工作越来越显示出它的重要性和必要性。第二，是国家围棋文化建设与地方围棋文化建设相结合的工程。讲好中国围棋故事是讲好中国故事的重要组成部分，中国围棋故事是由各地围棋故事组成的。第三，是推动中国围棋名城建设的品牌性、标志性项目。我们要打造围棋名城，首先要把名片做好，一本既有史料价值又有指导意义的围棋书就是金名片。第四，是实现围棋文化成果与人才培养双丰收的根本性措施。围棋文化要出成果，更要出人才。围棋文化人才潜在的数量很大，编写《围棋与名城》是对各地围棋文化人才的一次发现、检验、提高，有利于建设中国围棋文化人才库。

《围棋与名城》有明确的定位。一是围棋形态的史志书；二是当地领导者、围棋工作者、围棋教育者、围棋爱好者使用的教科书；三是方便查询、方便使用、方便宣传、方便传播的工具书；四是本城市作为"围棋名城"的说明书；五是讲好当地围棋故事、具有可读性的故事书。

丛书各册主要包括四方面内容：第一，历史。围棋在本地发展的历史脉络。第二，文化。围棋在本地发展过程中形成的独特文化以及与文学、书画、戏曲等其他文化互为载体的关系。第三，人物。古往今来的围棋人，包括下围棋的人、支持围棋事业的人、从事围棋行业的人，等等。第四，现实。就是围棋的现实发展，包括赛事、活动、普及、交流，等等。每本书都与城市的社会、经济、文化、体育发展相结合。

在编写过程中，我们要求各分册编委会严格把握五条标准，即：

一、政治标准。就是以党的十九大精神，习近平新时代中国特色社会主义思想，特别是关于文化体育的论述为指导和要求。

二、史志标准。所有的史料要经得起推敲。

三、学术标准。涉及棋谱、课题的研究时，要达到学术要求。

四、专业标准。就是围棋的专业标准。比如，提到的比赛、活动要符合体育总局、中国围棋协会的政策、要求、规范。

五、出版标准。文字准确、精练，图片清晰，体例、格式等符合出版社要求。

从2014年我组织调研到2019年主抓召开编写工作会议，历时7年，第一批43部书稿终于进入出版流程。在丛书编写过程中，各地体育部门、围棋协会的负责同志，以及具体的编写人员都本着积极奉献、责任担当、深入刻苦、包容大度、勇于创新、客观求实的态度，整合各方力量，调动各方积极性，很好地完成了各自的任务。山西人民出版社从承办会议到编辑设计，做了大量工作。作为身处伟大时代的围棋人，我们一起克服了很多困难，为解决棋迷的需要、国家的需要、时代的需要做出了贡献，承担了自己的责任担当，履行了自己的历史使命。我们要持之以恒、继续研究、不断改进，更好地完善这一无愧于时代、无愧于后人的重要基础性工程，为中华优秀围棋文化的传承发扬做出更大贡献。

中国围棋协会主席　林建超

2021年6月12日

序　言

扬州，是一座千年古城，

扬州，是一座文博之城，

扬州，是一座园林之城，

扬州，是一座美食之城，

扬州，是一座围棋之城。

……

扬州是一座围棋之城

扬州人杰地灵，孕育了中国国粹之一的围棋。

扬州是一座名副其实的围棋之城。

围棋一寸长、一寸强、围棋的创设喻示天地之深、阴阳之谐和。围棋要把握时机，取天时地利人和。围棋，是人类历史上最悠久的一种棋戏。它将科学、艺术和竞技三者融为一体，有着发展智力、培养意志品质和机动灵活的战略战术思想意识的特点，几千年来长盛不衰。

围棋起源于中国古代。春秋末期史学家左丘明在《世本·作篇》中记载："尧造围棋，丹朱善之。"认为尧创造了围棋。

据国内外学者考证，扬州西北高邮神居山，又名天山，是帝尧文化的发祥地，也是围棋滥觞之地。

在距今7000年至5000年前，高邮龙虬庄存在着一支文化面貌独特、文化系列完整的原始文化。这里出土的陶文比甲骨文年代要久远上千年，龙虬庄被誉为中华文明的曙光。

著名历史学家李学勤通过在龙虬庄遗址实地考察，认为："高邮是古代史中有关帝尧传说的重要地点，高邮是研究探索中国古代文明起源的重要地点。"

4000多年前的尧在这里引导人们从事生产劳动，登上神居山观天思考，探索世界。

清代大文学家阮元曾在高邮神居山留下了一副楹联：峭壁贯东南，石棋匝地，银

吴王夫差雕像

杏参天，望盂城双塔悬空，古寺好修佛果;长湖绕西北，松泉飞瀑，药臼含云，看甓社一帆稳渡，名山定有仙居。"石棋匝地""名山定有仙居"喻意尧就是在这里创造了围棋。

历经4000多年的历史长河，围棋从扬州高邮天山走向世界。

春秋战国时期，围棋已经在社会上广泛流传了。《左传·襄公二十五年》有"弈者举棋不定"的词语，说明围棋活动在当时社会上已经成为人们常见的事物。

2500多年前的春秋时期，公元前486年，吴王夫差凿邗沟、筑邗城，是为扬州建城之始，开始了开筑千年运河的第一铲。

公元前221年，秦灭六国一统天下，有关围棋的活动鲜有记载。表明当时围棋的发展仍比较缓慢。

直至东汉中晚期（公元184年到公元220年），围棋活动才又渐盛行。到了魏晋南北朝时期（公元220年到公元589年），围棋之风尤为兴盛。围棋开始进入上层阶级，朝廷以棋设官，建立了"棋品"制度。也就是说，棋艺高超的人，有资格入朝为官。

隋炀帝开凿了南北大运河

公元605年，隋炀帝在邗沟基础上开凿了南北大运河，对以后围棋的传播与发展起了很大帮助。

唐朝（公元618年到公元907年），是中国围棋在历史上的重大变化时期。由于唐代帝王们对围棋的喜欢，围棋风靡全国。围棋上升到与弹琴、写诗、绘画并列的风雅之事，称为"琴棋书画"。而同时，唐代"棋待诏"制度的实行，成为中国围棋发展史上的一个新标志。中国围棋"国手"就是从这个时候兴起的，这种制度从唐朝至南宋延续了500多年。

扬州在唐代是全国最大的经济都会，也是最发达的国际港口城市，有"天下之盛，扬为首"的称誉。"市桥灯火连霄汉，水郭帆樯近半牛"是对扬州地区贸易往来、商贾云集景象的写照，"天下三分明月夜，二分无赖是扬州"更是道尽了扬州地区首屈一指的经济地位。"扬一益二"，扬州和益州（成都）两大经济中心甚至超越北方的长安、洛阳，成为全国工商业和贸易发展最为繁盛的地方。

国运昌、棋运盛。扬州的风流繁华，必然是围棋的一方沃土。唐代许多大诗人会下围棋，而且不少还到过扬州，写过围棋的诗。

唐朝著名诗人王维（701—761年）在《同崔傅答贤弟》诗中两次提到扬州一次提到围棋，其中"草堂棋赌"就是指东晋谢安在淝水大战的前夜与人在扬州郊外的别墅里下围棋。

唐代"诗豪"刘禹锡与"诗王"白居易都喜爱围棋，他们在扬州相遇，筵席上你酬我和，在诗中也说到围棋。这些诗词佳话，从一个侧面了解到唐朝时期扬州围棋在社会流行的情况。

南唐（公元937年到公元975年）时期，末代君主李煜的《虞美人》词："问君能有几多愁，恰是一江春水向东流。"无人不晓。而他的两任皇后大周后和小周后姐妹俩则是出生于扬州的围棋高手。

同期的广陵（今扬州市）人徐铉（917—992年）就是一位很有成就的围棋理论家。徐铉酷爱围棋，研究围棋，收集整理历代棋谱资料，他奉宋太宗旨意撰写了《棋图义例》一书，这是中国围棋史上第一本全面研究围棋战术的著作。书中专门解释围棋基本术语，至今仍经常使用。

围棋到了宋朝（公元960年到1279年）已成了一种风尚，一种雅趣，无论是文人士大夫还是附庸风雅之辈，都争相效仿，以下棋、观棋、论棋为乐。宋代皇帝酷爱围棋并大力提倡，直接影响了文人士大夫阶层的趣向。宋代围棋的兴盛，亦体现在围棋理论的新发展，棋艺开始系统化、理论化。

北宋政治家、文学家欧阳修（1007—1072年）到扬州任太守后，在蜀冈中峰修建了平山堂，并在堂前种竹栽花植柳。欧阳修爱好围棋，又自号"六一居士"，即书一万卷、文一千卷、琴一张、棋一盘、酒一壶和一个老头。他在《新开棋轩呈元珍表臣》诗中描绘了这样一个弈境："竹树日已滋，轩窗渐幽兴。人间与世远，鸟语知境静。春光霭欲布，山色寒尚映。独收万籁心，于此一枰竟。"诗中的"幽窗、鸟语、境静、山色"，是新开棋轩的要素，也是对扬州平山堂风光的最贴切的写照。

公元1293年京杭大运河全线贯通，从此使南北水上交通创出了新局面。

这是人类水利史上一桩煌煌大业，开启了华夏文明波澜壮阔源远流长的运河时代。扬州围棋历史从此翻开新的一页。

围棋发展到明代（公元1368年到1644年），已经成为社会各阶层人民的传统爱好。长期为士大夫垄断的围棋，开始在市民阶层中发展起来，并涌现出了一批"里巷小人"的棋手。他们通过频繁的民间比赛活动，使得围棋游艺更进一步得到了普及。明代的统治者曾几次禁止包括棋类在内的文娱活动在民间开展，但围棋照样蓬勃发展，不仅在官僚、士人中间，既使在城市市民阶层中，也得到广泛的普及。明代小说《金瓶梅》就描写了明代城市市民阶层的围棋活动十分活跃。

明代的扬州，地处南北要冲，是全国的水上交通枢纽，明代围棋几大派别的核心人物经常聚会扬州。这说明，明代围棋活动的中心在扬州已经开始形成。

方子振（1556—1621年）是明代扬州传奇式的天才棋手。上海辞书出版社出版的《围棋辞典》中说："方新，扬州人，嘉庆至万历年间名手，幼年知弈，六七岁时观父与来客对局，即能指摘局中有可攻瑕，复局布子，不差一路，稍长，同郡无人可敌。"明代王世贞《弈旨》中说："闽有蔡生（福建有蔡学海），越有岑生（浙江岑小峰）扬有方生（扬州有方子振）鼎立。"方子振著有《弈微》一书，可惜的是这本书已经散佚，没有流传下来。

清代（公元1636年到公元1912年）康乾盛世是中国古代围棋发展的巅峰，是围棋几千年来水平最高、国手最多、著作最丰时期。其时几乎所有的棋坛重要活动，都与扬州有着密切的联系。扬州亦成为全国围棋活动的中心，大江南北的高手常聚集扬州，以棋会友，一时间弈风大盛。明清时期，扬州是全国漕运、盐运的转输中心，城市极为繁荣。

千百年来，这里城堞百丈、舳舻千里、四汇五达、宝货来集，留下了富庶的经济和昌明的文化无数历史印记。

扬州的风流繁华，天时地利人和，为围棋发展提供了肥沃的土壤。

清代康乾时期是扬州古代围棋发展的巅峰，代表了中国古代围棋的最高水平。

"腰缠十万贯，骑鹤下扬州。"风光旖旎、经济繁荣的扬州成为人们向往的地方。

一掷千金的扬州盐商巨富为了提高社会地位，往往附庸风雅，热衷于出资举办各种围棋擂台赛等活动。

因此，这一时期几乎所有的棋坛重要活动，都与扬州有着密切的联系。

明清时期的扬州亦成为全国围棋活动的中心，大江南北的高手常聚集扬州，以棋会友，一时间弈风大盛。在这里人文荟萃，灿若星汉，培育了徐铉、方子振、周小松、释秋航、季心雪、周元服、卞邠原、卞子兰、卞立言、韩学元等众多本土国手。

黄龙士、范西屏和施定庵三位"清代三大棋圣"恋恋不舍扬州，与扬州盐官、盐商旦夕酬酢，交往密切。

黄龙士（1651—　）是泰州姜堰人（1996年前属扬州），康熙朝中期围棋霸主。他和范西屏、施襄夏并称"清代三大棋圣"。黄龙士长期在扬州城里活动，著有《弈括》和《黄龙士全图》《血泪篇》为黄龙士之代表作。黄龙士的棋谱在晚清时流传到东瀛日本，对日本围棋的进步起了很大的影响，被日本棋界推崇备至。

范西屏与施襄夏在清代中期的被称为"诗中李、杜"的，他们代表了中国封建社会围棋的最高水平。他们虽不是扬州籍人氏，但一生中的大部分时间都活动在扬州。

扬州的许多大官僚、大盐商与围棋国手交往密切。两淮盐运使高恒和卢见曾都喜欢下围棋，他们把棋坛巨匠奉为上宾，凭他们的地位和手中的权力，给外地棋手提供优裕的生活条件。范西屏住在盐运署高恒处写成《桃花泉弈谱》，施定庵住在盐运史卢见曾处，写成《弈理指归》。这两部书与留下的《血泪篇》《当湖十局》一起被称作古典围棋的典范之作，是中国围棋古谱的最高峰。

1869年3月初，方浚颐临危受命，被授两淮盐运使，他面对经受战争灾难，千疮百孔的扬州城，有步骤整修被破坏的古城建筑及民生设施，被称为"战后重建扬州第一人"。方浚颐淡出政界后，没有回安徽老家养老，而是住在扬州湾子街，命名自己的住宅为"梦园"。他酷爱围棋，且棋艺颇高，曾与扬州籍国手周小松手谈。

扬州人周小松是清道光年间围棋国手，是晚清棋坛上的最后一座高峰。他为振兴日渐衰弱的围棋呕心沥血，留下多部围棋著作，为后人称道。周小松活了七十余岁，称霸弈台近半个世纪。他虽为振兴围棋呕心沥血，但也无力回天，中国封建社会围棋的最后一道晚霞消失在扬州，只留下苍茫的暮色。1894年周小松辞世后，中国围棋跌进谷底，进入一个没有国手的时代。

扬州是古代弈谱刊印的中心，也是中国古代印刷的重镇。

世界级非物质文化遗产扬州雕版印刷技艺始于唐代，发展于宋元时期，兴盛于清代。

围棋国手在扬州留下一局局精彩纷呈的棋局，以及一部部流芳百世的弈谱。

明末棋坛造诣最深、名声最大的国手过百龄所著《三子谱》，在清雍正三年（1725年）由扬州梅影楼刊本。

《桃花泉弈谱》和《弈理指归》是我国历史上最有影响、价值最大的古谱之一，被称为古棋谱中的典范之作。这两部巨著都是在扬州首次刊刻问世的。

"清末第一流之弈家"周小松晚年编著的《餐菊斋棋评》一书，首次刊印于扬州无弦琴室。

晚清时期的扬州人卞立言祖孙三代均以围棋而闻名于世。卞立言晚年编撰的《弈萃》在中国围棋历史上第一个明确提出官子概念。

这是有据可查的，可以想象，从扬州刊印发行的许许多多围棋书籍，对中国围棋的发展产生多么巨大的深远影响。

围棋在扬州这片肥沃的土地上生根发芽、开花结果，并在21世纪得到传承发展、茁壮成长。可以说清代的围棋，扬州兴则中国兴，扬州衰则中国衰，扬州是中国清代围棋的晴雨表，也是中国清代围棋的中心。

1949年10月1日，中华人民共和国宣告成立。崭新的、生气勃勃的社会主义制度，给围棋事业的繁荣和发展提供了良好的社会条件，开辟了广阔的前景。新中国成立后，扬州的围棋活动走向了发展的春天。

新中国成立前，扬州的瘦西湖、城区茶楼等有不少下围棋的地方。但到1949年扬州城区15万人，经常下围棋的不过二三十人，扬州城里只有一个万象棋室。到1953年，扬州市工人文化宫建成，在工人之家建有200平方米活动室，有围棋、克牌、图书、军棋、跳棋、斗兽棋等。1958年，扬州市体委在渡江路开设棋类俱乐部，有近200平方米。一直到1988年扬州棋类协会成立，才有一个比较固定和活跃的围棋活动场所。

新中国成立初期，喜欢和活跃于棋坛的有，扬州地委第一书记胡宏，扬州市副市长陆勤，以及在政府工作的一些领导同志。例如，行署财政处长刘通、卫生处长王希成、乡镇工业局副局长杭林、金属公司经理杨玉秋等一大批新四军老同志。

曾在苏北区党委机关工作的姚伟鼎，在1949年后担任扬州市委办公室主任等职，他喜欢围棋，还刻苦研读大量围棋古谱，到60年代，他已成为扬州棋坛的领军人物。1988年至2008年他担任扬州市棋协主席、江苏省棋协副主席。

曾担任过扬州市政府、市委、市人大、市政协以及市政府办的领导同志，如蒋进、孙永如、袁秋年、董玉海、朱康等都酷爱围棋，先后都担任过扬州市棋类协会名誉主席，积极推动扬州围棋事业上了一个新台阶。

新中国成立后在扬州市体委工作栾宇春，60年代接触围棋，不仅自己钻研围棋，还积极推广围棋，他积极参与并筹建了扬州市棋类协会，使围棋爱好者队伍逐年发展壮大，由原来百十人发展到数万人。

80年代改革开放后，扬州围棋事业也蒸蒸日上，爱好者人数的迅速增加，围棋事业展示了繁荣和美好的发展前景。涌现出栾斌、丁波、丁世久、诸根友、杭承义、冯云散等一批棋界精英。

1988年，扬州市棋类协会正式成立，扬州围棋活动逐步走向制度化、规范化管理，每年都要组织各种类型的围棋比赛，有力推动了围棋活动的开展。

一些全国性的围棋比赛也青睐扬州。从1991年到2019年，扬州承办或举办了全国性围棋各种比赛近20次，如"宝胜电缆杯" 全国围棋名人邀请赛、中国大运河城市围棋邀请赛、中国围棋甲级联赛扬州专场、第七届中国"威孚房开杯"棋王争霸赛八强战、第二届中国女子围棋甲级联赛扬州专场、"桃花泉杯"全国业余围棋公开赛等。

为加速了年青一代棋手的成长，提高青少年棋手水平，2010年以后，举办了扬州市少年儿童围棋精英赛、"巾帼未来之星"比赛、"未来之星"围棋比赛等。扬州从1982年到2011年先后培养出栾斌、孙力、黄昕等中国职业棋手。

扬州本土举办的精英赛、千人围棋赛、群英荟萃赛、中日韩围棋赛、大运河城市邀请赛、未来之星赛、名人赛、企业家赛等一系列赛事，把过去主要流行于上流社会的围棋，走出象牙塔，走向更加广阔的天地间，走向世界。从1988年到2019年，扬州市举办过30多届扬州市棋协杯比赛、10多届围棋精英赛及12届千人围棋大赛等。其中，千人围棋大赛被江苏省体育局评为"江苏省群众体育优秀品牌赛事一等奖"。

随着中日两国围棋的交流，扬州在1982年与日本唐津市缔结友好城市，1999年又与韩国丽水市结为友好城市，每年分别在中日韩三市举行友好城市围棋赛，到2019年共举办了21届。围棋成为三个城市文化交流的媒介，不仅仅是在围棋上交流切磋，同时也加深了三个友好城市之间的了解。

现在，扬州正致力于把围棋这个人类历史上最悠久的一种棋戏，长盛不衰地走向更加光明的未来，放射出更加夺目的光彩。

扬州一直把棋类培训工作放在重要的位置。2011年底，全市棋类培训机构达50余家，在培训学员近万人。2012年3月，扬州树人学校成立树人棋院，并将围棋教材列入学校校本教学计划，这在扬州教育史上前所未有的。2013年，扬州棋协专门召开了首次棋类培训工作会议，做到棋类培训更符合规范，更符合市场化运作的要求。

扬州比较重视棋类文化的传播和教育。市棋协编写《弈棋歌》刊登在《围棋天地》杂志上。江都龙川阳光学校编写了围棋口诀，将教棋育人，培养棋品、棋德放在突出的位置，收到很好的效果。

扬州围棋活动取得了优异成绩。2015年，扬州市棋类协会晋升为江苏省5A社团。2016年，扬州市棋类协会被评为江苏省示范社团。

2017年，扬州市棋类协会被授予全国群众体育先进单位。

国运兴、棋运兴，伴随着21世纪以来中国国力的提升，现在是扬州围棋发展的最好时代相信在不远的将来，围棋这一古老的艺术瑰宝，将在扬州放射出更加夺目的光彩。

目 录

上编　扬州围棋兴盛

下编　扬州围棋繁荣

—上 篇—

扬州围棋兴盛

第一章　扬州围棋的兴起

一、扬州围棋溯源

围棋起源于中国古代。围棋的发明者有许多说法，春秋末期史学家左丘明在《世本·作篇》中记载："尧造围棋，丹朱善之。"认为尧创造了围棋。

尧（约前2377—前2259年），祁姓，上古时期部落联盟首领、"五帝"之一。初封陶侯，辅佐帝挚。15岁，封为唐侯。20岁，正式即位。团结亲族，联合友邦，征讨四夷，统一中原。富而不骄，贵而不舒。主政期间，派鲧治水，制定历法，整饬百官。在位70年时，遍访天下贤士，得到大舜，并把帝位传给了舜。谥号为尧，史称唐尧、帝尧、大尧。

宋朝罗泌的《路史·后记》说："帝尧陶唐氏，初娶富宜氏，曰女皇。生朱，骜戾娟克。兄弟为阋嚚讼，嫚游而朋淫。帝悲之，为弈棋，以闲其情。"意思是帝尧与富宜（或散宜）氏所生的儿子愚蠢、顽劣、奸诈，行为不轨，尧发明了围棋来引导教育他们成人成才。

相传，上古时期尧平息各部落方国以后，农耕生产和人民生活呈现出一派繁荣兴旺的景象。但有一件事情却让帝尧很忧虑，子丹朱虽长大成人，十几岁了却不务正业，游手好闲，招惹祸端。帝尧心想：要使丹朱归善，必先稳其性，娱其心，教他学会几样本领才行。起初是教习打猎本领，丹朱不喜，尧叹气说："你不愿学打猎，就学行兵征战的石子棋吧，石子棋学会了，用处也大着哩。"说着用箭头在一块平坡山石上用力刻了纵横十几道方格子，捡来一大堆山石子，分给丹朱一半，手把手地将自己在率领部落征战过程中如何利用石子表示前进后退的作战谋略传授给丹朱。

此后一段时日，丹朱学棋很专心，也不到外边游逛，散宜氏心里踏实了些。帝尧对散宜氏说："石子棋包含着很深的治理百姓、军队、山河的道理，丹朱如果真的回心转意，明白了这些道理，接替我的帝位，是自然的事情啊。"孰料，丹朱棋还没学深学透，却听信先前那帮人的坏话，终日朋淫生非，甚至想用诡计夺取父帝的位置。帝尧十分伤心，把丹朱送走，还把帝位禅让给虞舜。虞舜也学帝尧的样子，用石子棋教子商均。以后的陶器上便产生围棋方格的图形，史书便有"尧造围棋，以教子丹朱"的记载。

据国内外学者考证，扬州西北高邮神居山，又名天山，是帝尧文化的发祥地，也是围棋滥觞之地。

尧出生何地，至今还是个难以破解的谜。西晋史学家皇甫谧《帝王世纪》载："孕十四月而生尧于丹陵。""丹陵"究竟在何处，至今无考。皇甫谧又云："尧初生时其母在三阿之南。"商务印书馆香港分馆1931年出版的《中国古今地名大辞典》载："三阿，在江苏省高邮县。"南宋王象之编纂的《舆地记胜》载："高邮有北阿镇，离城九十里，即晋时三阿。"《高邮州志》又载："东晋时尝侨置幽州，太元四年苻秦将句难，彭超围幽州刺史田洛于三阿，去广陵百里，即此。"由中华地图学社出版的《中国历史地图集》中，高邮湖西处标有"三阿"地名。《明代高邮州境图》中高邮湖区从北到南标有北阿、二阿和平阿（平阿溪、平阿湖）、下阿溪，其南则为神居山。"三阿"，"三"有"多"之意，"阿"是指一种丘陵谷地毗连、积水湖沼连串的地区。这与古高邮西部的丘陵洼地相当吻合。1200万年前火山喷发的天山，其山亘古不变的岗顶宽平，旁坡和缓，四周是黄土覆盖起伏不平的低丘平岗。而帝尧之名的"尧"，其繁体字"堯"在《康熙字典》中的解释为："高也。"其上部分的三个土相叠，正象征高邮湖西、古三阿之南的土山。《说文·州部》说："尧昔遭洪水，民居山中高地。"那"三阿之南"正是"水逆行"之时三阿南边的丘陵高地天山。据宋书记载，尧经常去附近山上观测天象，以制定历法。高邮菱塘乡中部偏北，位于三阿正南、神居山正北处有个王姚村，古时候曾称"王尧"。因此，帝尧的出生地在"三阿之南"的神居山一带高邮的天山。"天山"又称为"神居山""淮南第一山""淮南众山之母"。

天山，地处苏皖两省和高邮、仪征、天长三市交界处。山为玄武岩，海拔49.5米，方圆10多里，是1200万年前火山喷发形成的。距今扬州市城区约50公里。

在原始社会末期，我们的祖先已点燃文明的火炬。帝尧在神居山诞生，他的影响辐射四方，达到中原地区。尧在天山引导人们从事生产劳动，战胜险恶的自然灾害，指挥"战争"时常常登上山顶，观天、望远、思考，以广揽四海的胸怀和穿透历史的眼光，施展无与伦比的创业韬略。"尧造围棋，以教子丹朱"，既是出于教子心切的心愿，也有他独特、不凡的思考。

2007年5月17日，以上海华东师范大学教授，中国先秦史学会学术顾问、原副理事长丁季华先生为代表的全国各地的16位有关知名专家学者，运用"多元发祥论""文化圈漂移论""计算机模块论"等方法论证，借鉴多年来在古地理学、古生态学、史前考古方面的丰硕成果，达成共识：尧文化的发祥地是扬州西北的神居山，也是围棋滥觞之地。

围棋蕴含着东方文化的神秘色彩与高雅精神。围棋的棋盘、棋子都是比较简单的东西。棋盘无非就是纵横交叉的直线，棋子只要是两种颜色不

同的石子或贝壳即可。尧在天山，这种东西（棋盘、棋子），不难获得。清代大文学家阮元描述天山：峭壁贯东西，石棋匝地……"石棋匝地"即石棋围地，在天山后来遭到毁坏之前，还隐约可辨棋盘和石棋子，后人称为仙人下棋的棋子。

历经4000多年的历史长河，围棋从扬州高邮天山走向世界。天山围棋文化也深刻影响着扬州地区的围棋氛围。据《舆地广记》记载，公元265年至420年间的晋朝，谢安曾在这里炼丹、下围棋。《高邮州志》记载，晋孝武帝太元四年谢玄自广陵（扬州）救三阿（高邮天山一带）大破之。而谢安在淝水战役中下围棋的故事更是历来为人们所称道。后来，会稽王司马道子执政，排挤谢安，谢安出镇广陵（扬州），很不得意。天山离扬州30公里，山上又产药草100多种而闻名于广陵，于是谢安来到天山上修炼丹药，并以围棋取乐。

到南齐时期，亘公到天山建庙炼丹，他炼丹时的石井、石臼以及消遣的棋盘至今还存在山上。汉代的广陵王常偕围棋高手到天山下棋休闲，他死后连墓也葬于此，即比马王堆汉墓大18倍的著名的高邮天山汉墓。尧在天山造围棋，后人在天山下围棋，乐此不疲。

清代，扬州成为围棋活动的中心，大江南北的高手也常聚集于扬州，以棋会友，一时间弈风大盛，这与高邮的天山是分不开的。"扬州八怪"之一的郑板桥在诗中写道："坐我大树下，秋风飘白髭。朗朗神仙人，闲息敛光仪……黄精煨正熟，鼻息细如丝……机心付冰释，静脉无横驰。养生有大道，不独观弈棋。"据记载：清代棋圣黄龙士退出江湖后，隐居在神居山一带。清代围棋高手施襄夏和范西屏曾在扬州西北郊遇顽童弈棋，别具章法，施襄夏亲自与一童对弈，不能让，问其师，疑是黄所传弟子。清代诗人宋茂初《冬至前一日游神居十首》中写道："蒲团堪暂憩，意惬竟忘疲。乱石谁排列，嵯岈势郁苍。五丁留斧凿，八阵补遗忘。错落应名斗，神奇或化羊。烂柯如借此，毋乃太荒唐。"诗人吟诵神居山涉及围棋的还很多，充分说明神居山的神"棋"。

二、扬州围棋活动早期记载

围棋是人类历史上最悠久的一种棋戏。春秋战国时期，围棋已经流行，《左传·襄公二十五年》有"弈者举棋不定"的记载，说明围棋活动在当时社会上已经成为人们常见的事物。但在一个较长的时间里，围棋的发展比较缓慢。直至东汉中晚期，围棋活动才又渐盛行。

魏晋南北朝时期（220—589年），"魏"指的是三国北方政权曹魏，而"晋"指的是司马氏建立的晋朝，此时北方正是五胡十六国时期。这一时期，国家政权更迭频繁，思想自由开放。文化上得到了巨大的发展，文学、思想、美术、书法、音乐都诞生了影响后世的大家。文化史上称之为"魏晋风流"或"魏晋风度"。

南北朝时期，上层统治者也无不雅好弈棋，他们以棋设官，建立"棋品"制度，棋手被分成九个等级，而且出现了十九线棋局，还多次举行大规模的比赛并进行品棋活动等，围棋盛极一时，极大地促进了围棋游艺技术的提高。

魏晋南北朝时期的广陵（扬州）是大发展时期，也是连遭劫难的时期。五胡乱华时期大量北人南迁，京都定在建康，广陵亦成为军事重镇，人口数量激增，有力地促进了经济、文化的发展。"荆、扬户口半天下，江左以来，以扬州为重根本所寄。"

公元383年，前秦百万大军伐晋，谢安任东晋征讨大都督。谢安在扬州一边下围棋，一边指挥东晋的水陆大军，战胜了几乎十倍于自己的前秦军队，取得了淝水之战的辉煌胜利。谢安是我们现在知道的扬州最早的围棋人物。淝水大战后，谢安急流勇退，但他并没有回到自己的家乡会稽东山，而是来到了扬州。

三、谢安从容镇定下围棋

谢安（320—385年），字安石，东晋政治家、名士。谢安多才多艺，善行书，通音乐。性情娴雅温和，处事公允明断，不专权树私，不居功自傲，有宰相气度。

公元383年，在淝水之战中，谢安任征讨大都督，谢安指挥这场战役的一个重要场所就在广陵（扬州）。他以八万兵力打败了号称百万大军的前秦军队，以弱胜强，谱写了中国古代战争史上辉煌壮丽的篇章，为东晋赢得数十年的和平。

在这场著名战役中，《晋书·谢安传》记载了谢安围棋赌墅的典故。苻坚率百万大军逼来，京师震恐，帝封谢安为征讨大都督。谢玄前来问计，谢安神态怡然，没有一点惧色，只说：我另有办法。就再也不说什么了。谢玄不敢再吱声，请张玄重新来问，谢安却起身来到乡间的别墅中。当亲朋好友都来到的时候，谢安和谢玄却下起棋来，以别墅为赌注。平时，谢安下不过谢玄，但是这天，谢玄心有所惧，就输给了谢安。这时，谢安回头对他的外甥羊昙说：“我就把这座别墅交给你了。”后来，“围棋赌墅”这一典故，用来形容人从容镇定，举重若轻。这是我们所知道的扬州最早围棋故事的人物。

唐代大诗人王维在《同崔傅答贤弟》诗中写道：“洛阳才子姑苏客，桂苑殊非故乡陌。九江枫树几回青，一片扬州五湖白。扬州时有下江兵，兰陵镇前吹笛声。夜火人归富春郭，秋风鹤唳石头城。周郎陆弟为俦侣，对舞前溪歌白纻。曲几书留小史家，草堂棋赌山阴野。衣冠若话外台臣，先数夫君席上珍。更闻台阁求三语，遥想风流第一人。”诗中讲到扬州和围棋，这里提到的“草堂棋赌”就是指东晋谢安在淝水大战的前夜与人在扬州郊外的别墅里下围棋，棋兴所至，用别墅（草堂）作为赌注的这样一个真实的历史事件。

淝水之战后，谢安出镇广陵（扬州）时，在城东北20里的步丘筑垒，名曰"新城"。步丘西高湖浅，常遭干旱，东低水涨，又易浸农田，谢安遂率领民众筑垒以界之。从此，西无旱忧，东无涝患，高低两利。后人思其治水之德，比之西周召伯，因以立名，垒称"邵伯垒"，地名"邵伯镇"，并建甘棠庙，植甘棠树，以纪念他。每年春秋两季，邵伯民众都要来这里举行祭拜活动。谢安一生绝大部分时间是在扬州度过的。

四、娄逞女扮男装豪爽对弈

娄逞，中国历史上有记载的第一位围棋美女。

娄逞，是东阳郡人。东阳郡，有人说是浙江，有人说是盱眙，也有人说是扬州宝应。据宝应文史专家刘世昌考证，南齐（479—502年）时期的娄逞是扬州宝应人。《南史·崔慧景传》说："东阳女子娄逞。"宝应旧称东阳，公元前221年秦始皇统一中国，始行郡县制时建东阳县（今宝应），西接盱眙县，南接广陵县，北接淮阴县，东接大海（今宝应射阳湖滨）。汉魏南北朝时本邑分割为东阳、平安、射阳、石鳖四县，隋朝时统一为安宜县。一直到1960年5月21日，江苏将宝应县宝应湖西部分划出，建立了金湖县，东阳故城才被划归西边的盱眙县。

《南史·崔慧景传》讲娄逞下围棋的故事是："东阳女子娄逞变服诈伪丈夫，粗知围棋，解文义，遍游公卿，仕至扬州议曹从事。事发，明帝驱令还东。逞始作妇人服而去，叹曰：'如此之伎，还为老妪，岂不惜哉。'"

娄逞出身于南朝齐（479—502年）时期的围棋世家，她的父亲是当时有名的围棋高手，娄逞自幼受父亲熏陶练就了一身高超的棋艺，奈何身为女子却无处施展。聪颖的她渴望走出闺阁与其他男子一起切磋棋艺。于是她就想到了女扮男装。在父亲去世之后，娄逞终于没有了管束，她男装打扮与各路名士清谈切磋棋艺，渐渐地大家都忘记了她本是女儿身。

娄逞棋艺高超，渐渐出了名。在南朝做官的途径比较少，要有名人举荐方可入仕为官，在娄逞晚年的时候，已经是声名远播了，有好友看重她的才华，便推荐她去扬州做官。

娄逞终于等到了一展抱负的机会，虽然她知道，一旦她女子的身份暴露，那就是欺君之罪。可是，为了实现自己的梦想，她最终还是决定前往扬州赴任。

不过，这时的扬州与现在的扬州地理位置并不重合。古代扬州地盘最大时有六个郡。《禹贡》时把扬州列为九州之一，当时扬州还没有明确的边界，东南吴越之地统统称为扬州。那么为什么叫扬州呢？因此地位于东南方向，这里河流多，水波飘扬，故曰"扬州"。

娄逞生活在南齐时期，这时的扬州包括苏南、皖南、皖中，以及浙江全省、上海。一直到唐朝初年，唐高祖李渊武德八年（625年），撤销丹阳的扬州治所，迁到了江北的江都（今扬州市区），成为淮南道"省会"。从此，江苏扬州才真正成为现在的扬州。扬州在江南已无寸土。所以说，娄逞任扬州议曹从事（州刺史或州牧的属官），有可能并不在现在的扬州。

又说到，娄逞到任后，开始整饬当地的贪官污吏为百姓做实事。一时之间扬州官场人心惶惶，当地官员便想送美人来讨好她，都被一一拒之门外。有心之人发现她没有妻妾同房，怀疑她有什么特殊的癖好。纸终究包不住火，最终发现娄逞的女性身份。于是，有人立马上书齐明帝揭露她女子的身份。

齐明帝是个喜爱围棋的皇帝，年少时曾慕名与娄逞下过棋，虽说娄逞所犯之罪理应处死，但因为齐明帝爱惜她的才华，又看在娄逞在扬州为官政绩也不错，也没弄出大乱子的情况下，便下旨将她遣送回乡。

齐明帝的旨意到了扬州，娄逞无奈换上四十多年未曾上身的女装。临行之时叹道："我有这样的才华，自认不输于任何人，就因为我是女子，一身本事无处施展。"

在当时那个男尊女卑的社会，娄逞的行为无疑是勇敢的，是对男权的挑战。虽然，她最终失败了，但其精神可嘉。

第二章　扬州围棋的发展

一、承前启后的唐代扬州围棋

唐朝时期（618—907年）是中国古老围棋活动发展的一个重要时期，即承前启后时期。唐代围棋的形制与现代围棋的差别已经不大，比如说十九道的棋盘已经成为主流，所用棋子也由先前的方形演化为圆形。因为棋盘上有纵横交错的线条，这些线条就像地图，所以围棋在唐代有"吴图"的别名；又由于下围棋的时候要用手拿起一个个棋子往下放，所以有人又把下围棋称为"手谈"。

在唐代，围棋是流行于文人雅士之中的休闲方式，不仅有很多王公贵族成为围棋迷，就连杜甫、杜牧、白居易、元稹等赫赫有名的大诗人也不例外，在一张张不大的棋盘上，展示出他们生活中的别样风采。不闻人语响，但

新疆吐鲁番出土的唐代绢画《弈棋仕女图》

闻棋子声。下棋静中有动，思虑周密，既可消时，又可忘忧，同时又为诗歌创作提供了很多有趣的话题。今天我们对唐代围棋活动的了解，有不少就是借助于唐人诗歌才完成的。如刘禹锡《观棋歌送俦师西游》诗说："蔼蔼京城在九天，贵游豪士足华筵。此时一行出人意，赌取声名不要钱。"京城上层贵族好棋之风可见一斑。

扬州在唐代被誉为"扬一益二"，意思是除了长安京都外，扬州是全国最大的城市，是经济上最发达繁荣的城市，可以肯定也是围棋的一方沃土。扬州风流繁华，它像一块巨大的文化磁石，让无数文人墨客为之倾倒，流连忘返。

唐代诗人会下围棋的有很多。如初唐四杰的王勃、杨炯、卢照邻、骆宾王，以及王维、李白、杜甫、白居易、杜牧、韩愈、柳宗元、李商隐、刘禹锡等著名大诗人，都是围棋爱好者，这些诗人都到过扬州，也写下过很多咏叹扬州的诗句。在他们的诗作中，有提到围棋的诗。

唐敬宗宝历二年（826年）冬，"诗豪"刘禹锡（772—842年）从和州回洛阳，路过扬州；唐代"诗王"白居易（772—846年）因病免去苏州刺史，回京途中经过扬州。两人相遇，筵席上觥筹交错，刘禹锡写了一首千古名篇《酬乐天扬州初逢席上见赠》："巴山楚水凄凉地，二十三年弃置身。怀旧空吟闻笛赋，到乡翻似烂柯人。沉舟侧畔千帆过，病树前头万木春。今日听君歌一曲，暂凭杯酒长精神。"诗中的烂柯是指围棋，两位诗人都喜爱围棋，他们第一次在扬州见面就在诗中说到围棋，那他们在扬州逗留期间，手谈数局是当然的了。

唐代杰出的诗人杜牧（803—852年）的祖父杜佑在扬州做过官，他本人也在扬州任过职，他对围棋恋情很深。他曾信誓旦旦地准备70岁以后在棋盘上消磨余生，可是仕途上不得意，空有一身本领却无人重用，于是便提前"借酒放情，寄意声色，尤忘形于弈棋"。后来，杜牧又同国手王逢相遇，杜牧送给王逢两首围棋诗，情思细腻，感人至深。《送国棋王逢》："玉子纹楸一路饶，最宜檐雨竹萧萧。羸形暗去春泉长，拔势横来野火烧。守道还如周柱史，鏖兵不羡霍嫖姚。浮生七十更万日，与子期于局上销。"

王逢是当时著名的围棋国手，杜牧在诗中细腻地描述王逢高超的棋艺。又一首《重送绝句》："绝艺如君天下少，闲人似我世间无。别后竹窗风雪夜，一灯明暗覆吴图。"这是杜牧对国手王逢棋艺的赞佩和对自己的自嘲。是说像王逢这样棋艺精湛的人天下很少，像诗人自己这样的闲人世上没有；离别之后竹窗外的晚上风雪交加，在一盏明暗交替的灯光下想起了诗人研习国手精彩高妙的对局的场景。

通过这些诗词，我们可以大致了解到唐朝时期扬州围棋在社会上流行的情况。

二、扬州围棋高手大小周后

南唐后主李煜的《虞美人·春花秋月何时了》词"问君能有几多愁？恰似一江春水向东流"无人不晓。而他的两任皇后大周后和小周后姐妹俩都是扬州的围棋高手。史料记载有皇帝下围棋的，还有不少著名的女棋手，但皇后围棋高手只有大小周后。

周娥皇（936—965年），史称大周后。民国时期，鸳鸯蝴蝶派作家的小说曾称大周后为周蔷、小周后为周薇。20世纪80年代，台湾史学家根据台北故宫博物院收藏的历史资料，走访江南诸地进行考察，考证出大周后大名叫周宪、小名娥皇，小周后大名叫周嘉敏，字女英。周娥皇出身于南唐世家，其父周宗，南唐元勋功臣，官至司徒（相当于宰相）。据《南唐书》记载，"周宗字君太，广陵人，宗二女，皆为后主后"。周宗的两个女儿大小周后，是广陵人，即今天的扬州人。

陆游在《南唐书·昭惠传》中说："后主昭惠国后周氏，小名娥皇，司徒宗之女，十九岁来归。通书史，善歌舞，尤工琵琶。至于采戏弈棋靡不妙绝，后主嗣位立为后，宠嬖专房，创为高髻纤裳及首翘鬓朵之妆，人皆效之。"

周娥皇19岁时，因她本人十分有文采，而且她父亲又是南唐的元老重臣，所以皇帝就把她赐给了当时喜爱的儿子吴王李煜为妻子。后来李煜即位，周娥皇就成了皇后。周娥皇小的时候非常聪明，对于经书上的造诣非常深。而且大周后在乐曲方面也很出色，尤其是琵琶，弹得十分动听，围棋也下得非常好。周娥皇成为皇后之后，更加受皇上的宠爱，李煜还亲自为周娥皇留了一个专属于她的房子。周娥皇不仅人长得漂亮，平时对于一些妆容还十分有研究，她当时所画的一些妆，看起来非常地灵巧美丽，使后宫的女子都抢着来效仿她当时的妆容。

大周后的夫君李煜（937—978年）是南唐最后一位国君，又称南唐后主。他善诗文、工书画，享有"千古词帝"的尊号。李煜在位期间，虽后宫嫔妃甚多，却对周娥皇用情极深，恩宠有加。周娥皇比李煜大一岁，李煜作《念家山》，周娥皇便弹奏词调，作《邀醉舞》，二人可谓才子佳人、志同道合。周后的曲，李煜的词，两者都充满着旖旎绮丽的风流韵味，有如天作之合。公元964年，大周后生病，年仅4岁的次子突然夭折，大周后感伤不已，李煜朝夕相伴左右，衣不解带，药必亲尝。病魔将娥皇折磨得形如枯槁，神态木然，不久便病故。

李煜在照顾大周后娥皇期间，移情别恋，开始追求比大周后小14岁的妹妹。大周后的妹妹开始是拒绝的，但是面对这位才华横溢的姐夫，她动摇了，后来被立为皇后，称小周后，此时年仅18岁。

大周后是一个有着极高艺术修养的美女，也是一个围棋水平很高的女棋人。大周后采戏弈棋靡不妙绝，好到极点。小周后（950—978年）棋艺精湛，精于情趣享乐，为当时的著名美女棋手。有一次，李煜正与小周后下棋，有位三朝元老紧急求见，闯到跟前看到国君在下棋，一怒之下就把棋盘给掀了，棋子落了一地。李煜生气地问道："难道你想做魏征吗？"元老反唇相讥："我可以做魏征，可惜你做不了唐太宗！"李煜竟无言以对。

这一时期，在中国围棋史上有两个赫赫有名的人物，一个叫徐铉，广陵（扬州）人，字鼎臣。他酷爱围棋，还搜集整理汇编了前朝列代的棋谱，并改革创新围棋记谱方法。另一个叫贾玄。他从南唐到北宋都是棋待诏，是官方职业棋手，相当于全国冠、亚军的水平。

公元974年，北宋大举进攻南唐。次年，李煜被俘，他与小周后夫妻俩在异国他乡过上了亡国奴的生活。后来，李煜在凄风冷雨中，写下了自己的最后一首词《虞美人·春花秋月何时了》，成为他的千古绝唱："春花秋月何时了？往事知多少。小楼昨夜又东风，故国不堪回首月明中。雕栏玉砌应犹在，只是朱颜改。问君能有几多愁？恰似一江春水向东流。"

公元978年，小周后随李煜而去，年仅28岁。

三、扬州著名围棋理论家徐铉

徐铉（917—992年，南唐至北宋时期），字鼎臣，广陵（扬州）人。杰出的文字学家、书法家，也是一位颇有成就的围棋理论家。徐铉少年时聪慧过人，10岁即能吟诗作文，被誉为神童，与韩熙载齐名，人称"韩徐"。成年后先后在吴越、南唐、北宋朝廷为官，任校书郎、中书舍人、翰林学士、吏部尚书等职。

徐铉酷爱围棋，花了大量的时间和精力去研究围棋，搜集整理前朝历代的各种棋谱和资料，编写了许多关于围棋方面的书籍。他著有《棋图义例》《金谷园九局图》《棋势》等围棋理论著作。他的《棋图义例》可以说是我国围棋史上第一本全面研究围棋战术的著作。到了元代有人汇编围棋资料和围棋棋谱，收集到唐至宋的各种围棋书籍共有作者七人、书二十六卷（本），其中仅徐铉一人就有《棋图义例》一卷，《金谷园九局图》一卷，《棋势》三卷，共有五卷之多，几乎占了唐宋流传后世的棋书的五分之一。

特别是《棋图义例》这本书，是我们现在所能见到的专门解释围棋基本术语的最早

徐铉

的著述，后来广为流传的《棋经十三篇》中所述的三十二种围棋基本术语，有三十种与徐铉所述完全一样，这说明《棋经十三篇》成书时参考了包括徐铉所著的棋书在内的许多棋书。如果说《棋经十三篇》的成就要高于前人，那是因为写这本书的人站在了徐铉的肩上。

徐铉还做了一件对推广、传播围棋产生重大影响的事，就是对沿用已久的围棋记谱法作了重大的改进。在此之前，围棋对局的记谱是采用361个不同的汉字分别代表围棋盘上361个不同的点，为了便于区分，又把围棋盘以天元为中心切分成四个相等的方块区，以"平、上、去、入"为四隅的代号。这种记谱法又叫"四大景盘式"，可以想象要记录一盘围棋实战对局，是极为麻烦的，非经长期的特别的训练，很难完成好记谱的工作。

徐铉提出围棋盘的一边十九条线用一到十九标注；另一边用十九个汉字标注，它们是：天、地、才、时、行、宫、斗、方、州、日、冬、月、闰、雌、望、相、星、松、客。通过这个改革，围棋的记谱、读谱都比原来快了许多，清晰了许多。

其实这种记谱法，与我们现在围棋比赛电视直播中的挂盘和教学用的挂盘的标识方法几乎是一样的，只不过是汉字与英文字母的区别而已。但是在时间上，徐铉比我们早了一千年。

徐铉曾作《棋赌赋诗输刘起居（奂）》一首："刻烛知无取，争先素未精。本图忘物我，何必计输赢。赌墅终规利，焚囊亦近名。不如相视笑，高咏两三声。"从这一首诗中我们可以看出徐铉将一局棋的胜负，看得很淡，完全沉浸在围棋带来的快乐之中。这首诗流传很广，直到今天，许多棋迷还经常引用和吟唱诗中的句子。

徐铉是一个大学问家，他所经历的几个朝代，都能得到当权者的重用。他在古汉语、古文字学上有很深的造诣，与其弟徐锴并精文字学，世称"大小二徐"。

徐铉曾受诏与句中正、葛湍、王惟恭等校许慎《说文解字》，校正、增补、注释，按唐韵为补反切；补录原著注义、序列中所载而正文漏落的19字；增录经典传承及时俗通用，而许慎所著《说文解字》不载的402个字，附于正文之后。世称其所校之《说文解字》为"大徐本"。又曾编纂《文苑英华》《太平广记》。著有《骑省集》（又名《徐公文集》）30卷，小说《稽神录》6卷，并行于世。

徐铉精书法，工于篆字、隶书，有篆书《千字文》，刻石南昌。

四、扬州状元围棋高手吕溱

吕溱（1014—1068年），字济叔，扬州人。宋仁宗时官至翰林学士，杭州知府，宋神宗时为龙图阁直学士兼开封府知府。是真宗、仁宗、英宗、神宗四朝的大臣。吕溱的围棋被推为当时第一，但他从不夸自己的棋艺。他做官为政也和下棋一样出色，清廉公正的事迹类似包拯，因此得到"吕龙图"的美称。吕溱性格开朗，思维敏捷，善于议论，其言论颇为当时名流所推许。

吕溱是宋宝元元年（1038年）戊寅科状元。扬州市区三元巷即纪念他

和王昂、李易三位宋代状元的。扬州三元路（今文昌中路）的前身三元巷，是明嘉靖四年（1525年），扬州知府易瓒为了昌明圣学、宏开文运，将年久毁坏的"文津坊"坊名改称作状元坊，用以纪念宋代扬州的三位状元，并把他们的官讳、职衔镌刻在新建的牌坊上。自此，这条巷便被称作三元坊或三元巷。

在吕溱之前，围棋高手或职业棋手成为政治家，或者成为士大夫阶层杰出人物的很少，而吕溱的围棋当时被称为第一，也就是全国冠军；而同时他又是一个出色的无论是在上层社会还是在民间都有很大影响、口碑极佳的政治家。吕溱为官清廉，为人正直，说话简洁明了，用词精练。大书法家米芾评价吕溱："溱为人简倨，每接宾

客，不过数言而已，时人目为七字舍人。"经常每句话七个字，七言绝句或律句，说起话来平仄起伏，抑扬顿挫，铿锵有力，既富有文采，又有艺术感染力。

五、超级棋迷欧阳修

欧阳修（1007—1072年），字永叔，号醉翁，晚号六一居士，北宋政治家、文学家、唐宋八大家之一。宋仁宗时进士及第，历仕仁宗、英宗、神宗三朝，官至翰林学士、枢密副使、参知政事。

欧阳修是在宋代文学史上最早开创一代文风的文坛领袖，与韩愈、柳宗元、苏轼、苏洵、苏辙、王安石、曾巩合称"唐宋八大家"，并与韩愈、柳宗元、苏轼被后人合称"千古文章四大家"。

宋庆历八年（1048年）欧阳修由滁州太守转知扬州，不久便在蜀冈中

峰修建了平山堂，并在堂前种竹栽花植柳，公暇之时，他常在平山堂举行游宴，以诗传情，以文会友，诗酒相和，演绎出许多风流韵事。从平山堂远眺，江南诸山，一目千里，如在眼前。宋叶梦得在《避暑录话》中说："欧阳文忠公在扬州作平山堂，壮丽为淮南第一。堂据蜀冈，下临江南数百里，真、润、金陵三州隐隐若可见。"欧阳修在扬州为官一年，离任之后，还对他修建的平山堂怀有无限眷恋之情。他在《朝中措·平山堂》词中写道："平山栏槛倚晴空，山色有无中。手种堂前垂柳，别来几度春风？文章太守，挥毫万字，一饮千钟。行乐直须少年，尊前看取衰翁。"平山堂千百年来一直是人们向往之地，赞颂平山堂的诗文更是争奇斗艳，

数以千计。康熙、乾隆、嘉庆等帝王也都游幸过平山堂，并且留下了多篇诗文。

宋朝崇尚文气，士大夫中爱下围棋的有很多。欧阳修喜欢修棋苑，开棋轩，他当初修筑平山堂是否有当作棋室的初衷，目前还没有史料佐证。但是欧阳修爱好围棋，痴迷围棋，这是尽人皆知的事。欧阳修自号"六一居士"，就是藏书一万卷，金石遗文一千卷，琴一张，棋一盘，酒一壶和我这一个老头。欧阳修认为围棋是与琴、书、画并列的高雅文化艺术，下围棋的环境自然也就十分重要，他在《新开棋轩呈元珍表臣》诗中为我们描绘了这样一个弈境："竹树日已滋，轩窗渐幽兴。人间与世远，鸟语知境静。春光霭欲布，山色寒尚映。独收万籁心，于此一枰竞。"诗中的"轩窗、鸟语、境静、山色"，是新开棋轩的要素，也是对扬州平山堂风光的最贴切的写照。欧阳修笃信佛教，他将平山堂建在蜀冈之上的大明寺内，在这深山老林，古刹钟声的氛围中纹枰对弈，手谈数局，忘却人世间的一切烦恼，实在是一种莫大的享受。把平山堂看作棋室，是欧阳修的最佳选择。

六、天才棋手方子振

方子振（1556—1621年），扬州人，明代传奇式天才棋手。又名方新、方日新、方渭津等，但是否同一人，目前资料尚不能完全确定。

中国围棋发展到明清时期，蔚为兴盛，流派纷呈，国手辈出。尤其是在明代中后期，围棋不再是士大夫的专利，越来越多的平民开始成为棋坛上的新星。其中，方子振就是万历年间最为知名的围棋国手之一。上海辞书出版社出版的《围棋词典》说："方新，扬州人，嘉庆至万历年间名手，幼年知弈，六七岁时观父与来客对局，即能指摘局中有可攻瑕，复局布子，不差一路，稍长，同郡无人可敌。"

方子振是围棋神童，年幼时便已颇有名声。明代李维桢的《弈微序》记载，"方子振父故善弈，子振五六岁时旁睨，辄若有会。试令为之，出人

《方子振学弈》

意表……遂以弈名江南，好事者延致无虚日"。时人对方子振小小少年如此手段大惑不解，以为是得到仙助，于是敷衍出一个与张良拜师一模一样的方子振学棋的故事，故事地点在扬州市区琼花观。故事说，方子振在年幼时，遇到了一位老人约他对弈。第二天方子振到了约定地点后，老人早已经到了。老人因方子振迟到而生气，让他明天再来。方子振次日早早地赴约，老人这才高兴，与他在地上布局，"与对四十八变，每变不过十余著耳，由是海内遂无敌者"。这个故事在当时广为流传，以至于明代著名学者胡应麟专程去拜访方子振，询问事情的真伪。方子振说："这是喜欢多事的人所说的。我8岁的时候就喜欢下棋。当时已经在学校中念书，每当我上课时，必然先学完功课，并且和老师说：'我学有余力，请老师允许我下棋。'老师起初也责打惩罚我，后来也就禁止不了了。我每天在桌案下布局计算。到13岁时，天下就没有对手了。"

《江都县志》称方子振"精弈有神解"。棋艺独步海内、号称"海内第一品"的"京师派"棋手李釜路过扬州，与方子振对局，初邀，李得手，方仅输一子；次日，两人弈和；第三日，方胜。事后，李釜说，方子振"骎骎未可量也！"明代王世贞著的《弈旨》中提到各地棋手时说："闽有蔡生（福建有蔡学海），越有岑生（浙江岑小峰），扬有方生（扬州有方子振）鼎立。"

方子振从14岁开始，游历江南，至南京、吴下、通州等地，后在南通馆于凌太学逊庵家。他每到一地，达官贵人、缙绅士子率倒屣相迎，争相与之博弈。他弈棋往往是随手而应，漫不经心。钱廉益曾在一篇文章中写到方子振与虞山林符卿对局时的情形：方"渊静闻止，神观超然"，对弈时"客方沉思努目，手颤颊赤"，方则"闭目端坐，如入禅定""下一子如钉著局上，不少挪动"。人们常常问方子振：你怎么就每棋必胜呢？他举出"卖油翁"的故事，说是"此亦熟耳"。

方子振在万历六年（1578年）进京。在京城，他与蔡学海、岑小峰等人手谈多次，竟使这两位国手不得不为自己护名而外出避战。这时，权宦冯保也打起了方子振的主意，特意将其安置在上宾客舍，起居出入都有童仆服侍。这些童仆均是专门挑选受命而来，为的是向方子振学习棋技，以便传入宫中，取悦少年神宗。方子振见冯保权势炙热，预感不会长久，便于万历八年、九年（1580年、1581年）间由京城达官贵人出资入了太学，并另荐友人蔡梦斗代为授棋。果然，冯保不久失势，蔡梦斗受到牵连，而方子振却安然无恙。后来他将蔡梦斗解救出来，送其归家。由是，京城士绅更加赞其为人。

方子振入太学后，迁居山东临清，乾隆十四年版的《临清州志》第十二卷"侨寓志"中记载，"方日新，字子振，扬州人。以弈名，因入太学，徙家临清"。

万历三十一年（1603年），方子振由于弈名久著，来访者日多，四方踵门求见，来者皆受七八子，极少受二三子。他不胜其烦，便也像当年蔡学海、岑小峰一样，逃弈出游了。他先后去宁夏拜访镇守蓟州的萧如薰（左军都督佥书管事），入蜀访王象乾（左侍郎兼巡抚四川），再东行铜梁交县令米万钟。米万钟了解方新的情况后，对他说："子不能使子之弈无名。为子计，莫若笔之书。"方子振便听取米的建议，在铜梁闭门著录《弈微》一书。后来他又出川入湖广，访提学副使李维桢，并请李为其著作作序。李维桢在序中对方子振之棋艺予以高度评价，说方之棋"详错综变化，无方无礼，不佞以为，犹楚之屈昭景，其宗一也"。可惜的是，《弈微》这本书已经散佚，没有流传下来。但《弈微》写好之后，李维桢为之作《弈微序》，高僧憨山德清为之作《弈微后序》，这两篇文章保存了下来，成为研究方子振生平以及其围棋思想的重要资料。

方子振作为扬州籍的国手，驰骋晚明棋坛数十年，与稍后的王元所、周元服、季心雪等扬州籍的棋手活跃在晚明清初的江淮地区，为清代康乾盛世围棋在扬州步入辉煌鼎盛，拉开了序幕。

万历三十三年（1605年），方子振在入太学20多年后，补授广东宪幕之缺，步入仕途。天启二年（1621年）前方子振去世。

七、明末清初扬州三大国手

王元所，亦称王玄所，明代万历年间棋手，六合县人。六合在汉代开始属广陵郡，隶扬州。

明代以善弈闻名的冯元仲集古今棋书，倾心研析，著《弈旦评》《弈难》行世。《弈旦评》概述了历代围棋的发展状况，以棋手、棋事、棋著为线索，汇录了从陶唐氏、有虞氏到明万历末年间一百七十一位著名棋手的事迹，并加以评论。《弈旦评》云："明兴……六合之王玄所、广陵之方渭津……吴则范君甫，范在王玄所下，其局极大，弃取变幻为诸人冠，惜哉收局无成耳！王局小，但善守而能收局。"

明代诗作家谢肇淛为人豁达，学问渊博，好发议论。他在《五杂组》云："近代名手，弇州论之备矣。以余耳目所见，新安有方生、吕生、汪生，闽中有蔡生，一时俱称国手。而方于诸子，有白眉之誉。其后六合有王生，足迹遍天下，几无横敌。时方已入资为大官丞，不复与角。而汪、吕诸生皆为王所困，名震华夏。乙巳（万历三十三年，公元1605年）、丙午（万历三十四年，公元1606年），余官白门（南京），四方国士，一时云集。时吴兴又有周生、范生，永嘉有郑头陀，而技俱不胜王。洎余行后，闻有宗室至，诸君与战，皆大北。王初与战，亦北。越两日，始为敌手。无何，王又竟胜。故今日称第一手者，六合小王也。汪与王才输半筹耳，然心终不服。每语余，彼野战之师，非知纪律者。余视之良信。但王天资高远，下子有出人意表者，诸君终不及也。"意思是，王元所在万历三十三年至三十四年间（1605—1606年）与当时的国内棋坛高手会聚南京，来自浙江等地的名手湖州周生、范生、温州郑头陀均不能战胜王，王被人称为当时第一高手。

清朝李子燮编纂的《弈墨》如实录下明末清初名手宿将的泱泱百局鏖战实况，使人领略当时诸多棋手的风格，流派与总体水平，史料价值非同一般。书中云："明清鼎革，海内国手如过百龄、许在中、周元服、汪幼清、汪汉年、周东侯、盛大有、季心雪十数人，往来江淮间，十余年未尝虚席，争雄竞霸，累局不啻千盘。"明末清初的扬州人季心雪、周元服等以精湛的棋艺抗衡当时的顶尖高手。

季心雪，名德，清初顺治、康熙年间活跃于弈坛的知名棋手，扬州邗江人。他未及弱冠，就孤身一人游走四方拜访名师。家人虽极力劝阻，亦不为所动。至顺治初年，已隐然有国手之誉。于同年遍邀海内名家宿将过百龄、许在中、周元服、汪幼清、周懒予、李元兆、汪汉年等数十人会战于扬州，纹枰激战，盛况空前。清顺治十六年，他又参战于江淮淮浦署中的争雄竞霸大会，与汪汉年、周东侯、盛大有、汪仲容等名将同场竞技，一较高下。这几次棋坛盛会，洋洋大观，影响深远。季心雪与当时诸国手共同开创了清一代围棋的鼎盛时期。康熙元年秋，季心雪精选了其中百局加以评注，著《弈墨》一书，该书精彩纷呈，弥足珍贵，评注简明扼要，鞭辟入里。是了解当时名手的棋艺、风格和流派，领略当时定式的变迁及围棋的总体水平不可缺少的重要著作。他不遗余力地提携后辈亦被人津津乐道。姚书升"九岁能作云梯仰攻栈道"，为季心雪赏识，遂倾心相授。姚书升15岁时已称国手，与季心雪"名藏兔苑，已鞭鞅齐驱矣"。

周元服，名冕，明末清初扬州人，清代出版的一些重要棋谱如《弈时初编》《弈墨》中均收有他的实践对局棋谱。《弈悟》评周元服的棋说："其着法变动可取""紧细"。清康熙年间围棋国手吴贞吉编写的围棋谱书《不古编》选辑明清间围棋名手盛大有、周东侯、黄龙士、周元服等六十六局棋谱，略作评说。不古，即"不囿于古"，意谓不应泥古守旧，亦不应拘守现状。周元服与汪幼清自南京对弈激战多局之后成为挚友，终日共同探讨棋艺，于是合力选定了当时多位国手的对局，汇成一部《弈时初编》，刊行于明崇祯年间。由陈丹衷作序。共上、下两卷。上卷选刊明代棋手李养泉、程汝亮、王玄所、范君甫、林符卿等名手共二十八局棋谱，附有简短评语。下卷分起手三十五变、侵分三十九变和残局四十变，主要研究当时流行的边角变化。此书由两大国手评定，又是当时国手之间的对局，于是火爆一时，众人争相传阅。

明代的扬州，地处南北要冲，是全国的水上交通枢纽，明代围棋几大派别的核心人物经常会聚扬州。据刘善承先生主编的《中国围棋史》说，明代"永嘉派"的代表人物"徐希圣，他游历至江苏一带，最后客死于扬州，时年仅及中年"。再加上扬州籍的围棋国手不断出现，说明明末清初围棋活动的中心在扬州。

第三章　扬州围棋的鼎盛

一、清代扬州是古代围棋发展的巅峰

清朝经历康熙、雍正、乾隆三代皇帝的励精图治，迎来了国力的巅峰，在这一时期，中国社会在封建体系下达到极致，改革最多，社会稳定，经济快速发展，人口增长迅速，疆域辽阔。

扬州是我国水陆交通的重要枢纽，东南地区政治、经济、文化的重要都会，自古以来就是人文荟萃之地。从空中俯视扬州老城区，一条条或弯或直、纵横交叉的巷道，恰如围棋盘上的线条，让整个古城仿佛成为黑白对弈的棋枰。清康乾盛世时期是扬州古代围棋发展的巅峰，是全国围棋活动的中心之一，是一座当之无愧的围棋之城。

清代，扬州围棋星汉灿烂，全国棋手云集扬州，"海内国手几十数辈，往来江淮之间"。八方英雄会聚，众多棋坛高手到扬州来寻找对手，扫平扬州即能扫平天下，称霸扬州即能称霸天下。从唐朝开始，与扬州有关的围棋国手或爱好围棋的名人不胜

清代围棋

枚举。他们在扬州或游览或长期居住，他们身上衍生出的围棋故事、诗歌，构成一道绚丽多彩的围棋文化风景。他们中有李白、白居易、刘禹锡、杜牧、杜荀鹤、皮日休、杨行密、庞师古、欧阳修、苏轼等。

扬州的天才棋手方子振代表了明代围棋的最高水平。他13岁时便与号称"天下第一品"的京师派代表人物李釜旗鼓相当。到了晚年，在他身上体现出围棋的最高艺术境界："临局若无意，遇敌若不知……处胜而若不争，局若澄波，心如皓月。"

清朝初期的"圣人"棋手黄龙士是姜堰人，长期在扬州城里活动，是承前继后的巨匠，他转变了流行多年的狭窄滞重的棋风，开出一代阔大深远又轻灵多变的风格。他的围棋艺术成就使他与黄宗羲、顾炎武这样的儒林学士并称为"十四圣人"。中国棋坛上，自古至今获如此殊荣的唯有斯人。他18岁时打遍天下无敌手，在清初独步一时。

周小松是晚清棋坛上的最后一座高峰。他为振兴日渐衰弱的围棋呕心沥血，留下多部围棋著作，为后人所称道。他一生经历嘉庆、道光、咸丰、同治、光绪五个朝代，50岁以后，走遍中国，与所有的人下棋都要让两子以上，与海宁陈毓仙并称晚清两大国手。

200多年来，黄龙士、范西屏与施襄夏及周小松高超的棋艺，像磁石一样产生强大的吸引力，将全国各地的棋手吸引到扬州来。使扬州成为全国围棋的最高殿堂。

清代中期被称为"诗中李杜"的范西屏与施襄夏，代表了中国封建社会围棋的最高水平，中国围棋几千年绽放出来的双巨星，两人棋艺达到座子棋时代从未有过的最高峰。这两人虽不是扬州籍人氏，但他们一生中的大部分时间都活动在扬州，他们在40岁以后便定居扬州。乾隆四年（1739年），两人在湖中对弈十局，这是古代围棋中的登峰造极之作。同代棋手认为"寥寥十局，妙绝千古"。今人陈祖德评价更高："他们在纹枰上所表现出的综合统筹全局的方略，惊心动魄的手法，精妙深奥的技巧，以及沉毅坚强的风格，不正体现了中华民族的智慧和才华，精神和气质吗？"这十局中的许多下法，范、施后来在扬州写成的《桃花泉弈谱》和《弈理指归》

中多有评述。

范、施两人在扬州下棋的许多趣闻逸事，散见于许多古籍资料中。

范西屏有次看见扬州一家小客店里有人赌棋，就加入行列，竟然输棋，于是将胯下的驴子抵押。几个月后，他又来到小店再赌，赢得轻松，驴子物归原主。他暗自窃笑：略施小计，驴子养得膘肥体壮，省却很多麻烦。

裴毓麐《清代轶闻》记叙："胡兆麟，扬州醝贾也，好弈。梁程、范、施皆授于二子。每对局，负一子，辄贶白金一两，胡弈好浪战，所谓不大胜则大败者也，同人称为胡铁头。然遇范、施辄败。每至数十百子。局竟，则朱提累累，盈几案矣。胡一日与范弈，至中局，窘甚。乃伪称疾，罢弈（封盘）。而急图局势，使急足求援于施。胡乃称疾愈，出与范续弈，如施所教以应。范笑曰：定庵人未至，弈先至邪？胡大惭。胡授二子与范、施弈，三十余年，然终不能成对手。"文中提到的胡兆麟是扬州大盐商，酷爱围棋，棋力相当高，应在国手之列。《镜花缘》作者李汝珍评价胡兆麟的棋力时这样说："兆麟乃百战百胜之健儿，同辈诸人，无不退避三舍，呼为铁头，勇可知也。"从上诉史料所记载的内容，可以看出，范西屏与施襄夏两个人在扬州前后活动达30多年，他们一生中大部分时间是在扬州度过的。他们在扬州的生活是非常富裕的，下一盘棋就可能有几十两甚至上百两白银的收入。

除此之外，扬州优越的人文条件，众多的扬州籍的围棋国手，吸引各方棋士来扬交流。扬州的许多大官僚、大盐商、上层士大夫阶层具有相当的文化格调和品位，审美情趣高雅，其中许多人不是艺术家就是鉴赏家。

清政府在扬州设置的一个十分重要的官职是两淮盐运使。高恒和卢见曾曾担任两淮盐政和两淮盐运使，他们都喜欢下围棋，把棋坛巨匠奉为上宾，凭他们的地位和手中的权力，给外地棋手提供优裕的生活条件。范西屏50岁后，长期居住扬州。盐政使高恒将他安排作幕僚，住在盐运署。范西屏在此写成棋谱两卷。当时盐运署西面有桃花书屋，阶下有一井名桃花泉，高恒便题书名为《桃花泉弈谱》，并拨署中公款代印此书。《桃花泉弈谱》"戛戛独造，不袭前贤"，独到深刻地表现了范西屏的超群见识，一经问世，立即震动棋坛，洛阳纸贵。以后又重新刻印多次，后世棋手大概没有人不知道这部巨著的。

施定庵第一次来扬州时，住在盐运使卢见曾处，卢对他礼遇甚周，以至施再次来扬后，索性长期客寓，并在扬州写成多部著作，最有价值的数《弈理指归》。这部棋著几乎总结了当时围棋的全部着法，如纳百川之大海，异常丰富而精深，与《桃花泉弈谱》一起被称作古典围棋的典范之作。

《弈理指归》与《桃花泉弈谱》两部巨著在扬州写成并刊印，清代的还有一部围棋巨著《官子谱》于康熙三十三年（1695年）成书刻印。这部书是由陶式玉、吴瑞征等棋坛名家以明末清初过百龄、曹元尊合编的《官子谱》为基础，增添许多实战精妙看法，前后经过六年时间，六次修订而成。书中收入收官、侵分、死活图例1478例，是我国古代围棋中关于死活、官子问题的一部完整而系统的巨著，这部书的编写、修订也是在扬州。曾在扬州担任两淮盐运使的陶式玉在序中说："己巳秋余客广陵……而辑是谱。"吴瑞征在序中说："年来倦游，僦寓维扬，尝欲续为《官子》一谱，而有志未逮。己巳秋……"两位主编都在序中点名编修的地点是广陵、维扬。上述三项巨著诞生于扬州，以后一版再版，对后世的围棋发展产生了深刻而巨大的影响。

扬州本土多有国手，季心雪、周元服、卞邠原、卞子兰、韩学元等，都是享誉棋坛的人物。出身围棋世家的卞邠原是康熙时的一流国手，儿子卞子兰也是国手，著有《起手侵分角图诸法》十余种。孙子卞文恒更为出色，他是一个好学的青年，《桃花泉弈谱》《弈理指归》的成书均与他有关。他的学习方法不是墨守成规，而是取范、施"二师传授之秘，及之兰庭训之精，细加揣摩，将其繁冗者释之，简略者补之"，形成自己全面周密，尤重官子的风格。范、施去世后，卞文恒主持东南棋坛数十年，"负弈学盛名"。

扬州民间也有围棋高手。《履园丛话》记载，范、施有一次夜宿一处村塾，双双输棋给一个小儿，害得两位大家"怅若失"。又有一回，范在一座寺庙与一樵夫对弈数局，都不能取胜，伤心的范受到樵夫的嘲弄。孰真孰伪，难以考证，不过起码说明一个事实：扬州民间有藏龙卧虎之辈。连收集天下奇异之事的蒲松龄也知道围棋高手出自扬州，《聊斋志异》中，"见弈遂忘其死"的棋鬼看到扬州人下棋，居然也"逡巡避侧，耽玩不去"。

瘦西湖是扬州的著名风景区，该湖时宽时窄，逶迤数公里。康乾时期，湖边私家盐商园林密布，所谓"两岸花柳全依水，一路亭台直到山"的旖旎风光，如诗如画的景色在中国园林中完美地体现了人与自然的和谐。清代各路围棋高手云集扬州，不仅在扬州的茶馆、园林和会馆中对弈，还经常乘船到瘦西湖上手谈。李斗所著的《扬州画舫录》中多次提到这种情景，"画舫多以弈为游者，李啸村贺园诗序有云：'香生玉局，花边围国手之棋'是语可想见湖上围棋风景矣""客与舟子二十有二人，共一舟，放乎中流。有倚槛而坐者，有俯视流水者，有茗战者，有对弈者，有从旁而谛视者，有怜其技之不工而为之指画者，有捻须而浩叹者，有颂成败于局外者，于是一局甫终，一局又起，颠倒得失，转相战斗，纵横位次，席不暇暖"。李斗生动传神地记叙了画舫中弈棋的情景。在古代典籍中记录有到湖上乘船下围棋，并且成为一种风气的，仅见于扬州。

乾隆时期，扬州最大盐商江春，被人称为"布衣结交天子第一人"，他酷爱围棋。史书称："范（西屏）、施（襄夏）皆久馆斋中，一时海内弈者云集。"他的私人花园"净香苑"就在瘦西湖东岸，史书记载范西屏和施襄夏到扬州后就长时间居住在江春家中，江春家中的私人游船画舫就停在净香苑里，这些弈坛巨星来坐画舫，泛舟湖上，一边欣赏风景如画的瘦西湖风光，一边纹枰对坐。

《扬州画舫录》说全国各地的围棋高手云集扬州，在画舫中下棋，有一段很传神的描写："若寓公则樊麟书，程懒予（李斗先生搞错，应为周懒予，本书后面全部改成周懒予），周东侯，盛大有，汪汉年，黄龙士，范西屏，何谙公，施定庵，姜吉士诸人先后辉映。懒予曾与客弈于画舫，一劫未定，镇淮门已扃。"围棋高手周懒予在画舫中与人下围棋，从瘦西湖上开始打一个劫，船到北门时，城门都关了，这个劫还未打完。但是天色已晚，水门关闭，船进不了城了。

扬州之所以成为围棋之城，并产生许多出类拔萃的围棋高手，又吸引全国的国手云集扬州，绝非偶然。因为，扬州有得天独厚的优越条件，即悠久的围棋史、经济重镇、舟楫便利、人文荟萃，再有爱好围棋腰缠万贯的盐商。棋手的最大夙愿是战胜高手，在风景如画的古城里手谈，真是人生一大快事。国手们在扬州弈棋著书乐不思蜀、流连忘返，他们在扬州留下一局局精彩纷呈的棋局，以及一部部流芳百世的弈谱，粗略统计，清代由扬州棋手撰写的，或在扬州写成的抑或是与扬州棋手有关的棋著，竟有二十余部之多。这不是历史偶然的垂青，而是这座钟灵毓秀的文化名城，它身上最具有适合围棋艺术发展的充分条件。

二、扬州围棋活动场所弈乐园

　　弈乐园，清顺治、康熙年间（1638—1722年）扬州围棋活动的著名场所。

　　赵之云、许宛云编著的《围棋词》曰："弈乐园也称'亦园'。清顺治、康熙年间围棋活动场所。范西屏《桃花泉弈谱·自序》：'国初弈乐园诸公，冥心孤诣，直造单微。'鲍鼎《蜗移遗札》：'《弈乐园谱》前列黄、周三十局。'所谓'弈乐园诸公'，指以周东侯、黄龙士为代表的一批清初国手，后人遂以园名概称这一时期名手。地点不详，有人认为在扬州一带。"

　　在弈乐园弈棋的这些棋手，有三五十人，而且是全国国手云集。这说明扬州已成为清代围棋活动的中心，也反映了扬州人的围棋水平是很高的，这已成为我国史学界的共识。

　　弈乐园在扬州何处呢？有学者认为，是在扬州瘦西湖卷石洞天一带的"依园"。

　　清代，扬州富庶一方，兴起修建私家园林之风，城内园林，处处精巧，决胜天下。清代的《扬州画舫录》中说："扬州以园亭胜，杭州以湖山胜，苏州以市肆胜。"扬州园林不仅数量多，规模大，质量尤为上乘。清代大诗人袁枚为《扬州画舫录》作序说，扬州园林"其壮观异彩，顾、陆所不能画，班、扬所不能赋也"。明清两代扬州园林在史书上有据可查的达上百处。扬州园林无论从数量上，还是从质量上，抑或是从影响上都超过了苏州，是明清时期最享有盛名的园林城市。不难想象，弈乐园或亦园在扬州的可能性是最大的。

现在我们还可以看到保护比较完好的个园、何园等精美私家园林，但翻开清代扬州园林史，却找不到叫弈乐园或叫亦园的园林。原来，现在保存比较好的园林，大多是晚清时期修建的，之前的众多园林大多毁于战火。1851年至1864年，太平天国农民起义军数次到扬州与清军血战，扬州城遭到空前劫难，扬州园林等建筑经过太平军、清军、流民的几番洗劫，所剩无几。弈乐园等园林当然也就全然消失在历史的尘埃中，踪迹全无了。

弈乐园为什么就是"依园"呢？有学者认为：依园，"依"和"弈"或"亦"两字不同，但音相同，在时间上与弈乐园诸公的活动时间也是一致的，其位置大约在今天瘦西湖的卷石洞天一带。

康熙三年（1664年）春暮，扬州名士陈维崧与林古度、杜濬、龚贤等同游依园后写了一篇《依园游记》："出扬州北郭门百余步为依园。依园者，韩家园也。斜带红桥，俯映绿水，人家园林以百十数，依园尤胜。屡为名士宴游地。甲辰春暮，舟次依园，先生则已从亭子上呼客矣。园不十亩，台榭六七处。先生与诸客分踞一胜，雀炉茗碗，楸枰丝竹，任客各选一艺以自乐。少焉，众宾杂至，少长咸集。由东门至北郭，一路皆碧溪红树，水阁临流，明帘夹岸，衣香人影，掩映生绡画縠间。园门外青帘白舫，往来如织。凌晨而出，薄暮而还，可谓胜游矣。"

陈维崧（1625—1682年）江苏宜兴人，明末四公子之一陈贞慧之子，清初大词人。爱好围棋，长期居住扬州。与他同游依园的一行人都是围棋爱好者。陈本人在许多词作中都提到围棋。同行者杜濬还写过一首《观棋行》的诗。他与黄龙士交往甚密，还专门为黄龙士写过一篇文章《送黄童子序》。从年龄上讲，杜是黄龙士的长辈，但是他能屈尊为一个小孩子专门写一篇文章，从中可以看出两人关系之密切、交往之频繁以及黄龙士在棋坛上日益隆升的地位。

我们从游记中可以知道，依园主人爱好十分广泛，琴棋书画样样精通，他请来的客人都是这方面的行家里手，他在园中已为客人准备好了围棋和各种乐器，让客人们一展身手。

在当时上百处园林中，依园是出类拔萃的，它与城内园林相比有依山傍水的优势，视野更开阔，环境更幽雅，人在山水间，身处幽谷中，手谈唯胜境，弈乐复吴图。依园在扬州的影响大，对棋手的吸引力也大。

以此分析，弈乐园，也称"亦园"应当就是扬州的依园。来自全国各地的棋手用不同的方言土语在交谈中把"依园"说成"亦园"，他们在依园中获得无比的快乐，于是在他们的语汇中"亦园"又变成了"弈乐园"。以一处私家园林作为一代棋手代称的，在古代围棋史料中，应当是一个孤例。

三、扬州盐官盐商与围棋

盐官主要是指，清朝驻扬州的两淮都转盐运使司盐运使（简称盐运使）及两淮巡盐御史（简称盐政使）。

盐商是指，特许的具有垄断食盐运销经营特权的食盐专卖商人。清代盐商以扬州盐商最为闻名。清朝初年，徽商大举涌至扬州经营盐业，力压晋商、陕商，形成垄断。一些盐商为牟厚利在盐中掺入杂物，以次充好，盐价高昂造成官盐滞销，私盐泛滥，政府盐税白白流失，两淮食盐专卖制度步履艰难。清道光年间，即1830年前后，盐务制度实行改革，导致一批"寄生"盐商最终破产，扬州盐商逐步走向衰弱。

扬州盐商凭借特权攫取巨额的商业垄断利润，成为清代显赫一时的豪商巨贾。他们大多生活奢侈，修建楼台馆榭，养戏班开戏院，琢磨精致的菜肴，逛妓院养"瘦马"，调脂弄粉。

清代中期，在盐业经济的推动下，扬州繁华达到鼎盛。经济社会的繁荣，带动了文化事业的兴旺发达。当时驻扬州的两淮盐官有两淮都转盐运使司盐运使（简称盐运使）及两淮巡盐御史（简称盐政使）。他们大多富有才学，利用自身雄厚的财力，大力提倡文化事业，对扬州地方及东南一带的文化产生了深远影响。围棋是中国传统的文化艺术活动之一，扬州又是清代重要的围棋中心之一。两淮盐官与清代扬州围棋活动关系密切。

乾隆元年（1736年）卢见曾被擢升为两淮盐运使，卢见曾在任时不但修了虹桥，还倡导并参加了虹桥的诗文之会和围棋活动。他的棋艺不算高，一次与扬州布衣张辂对弈。张辂的草书水平很高，围棋下得也相当不错，在当时全国围棋高手云集扬州的情况下，张辂的围棋能够在棋坛占有一席之地，在士大夫阶层颇有名气，也算是当时棋坛一高手。卢见曾请张辂来府上对弈。张辂的友人告诫他："你与盐运使下棋，千万不能全赢，下三盘，你赢一盘就行了。"张辂当时点头答应。到了与盐运使下围棋时，却将朋友的话忘到了九霄云外，连赢四局，在旁观战的人为之色变。

清乾隆二十二年（1757年）高恒被授两淮盐政使。著名围棋国手范西屏在1759年后，长期居住扬州。盐政使高恒安排他作幕僚，住在盐运署。范西屏在此写成棋谱两卷。当时盐运署西面有桃花书屋，阶下有一井名桃花泉，高恒便题书名为《桃花泉弈谱》，并拨署中公款代印此书。《桃花泉弈谱》"戞戞独造，不袭前贤"，独到深刻地表现了范西屏的超群见识，一经问世，立即震动棋坛，洛阳纸贵。

高恒和卢见曾都喜欢下围棋，把棋坛巨匠奉为上宾，凭他们的地位和手中的权力，给外地棋手提供了优裕的生活条件。施定庵、范西屏虽然出生在浙江海宁，但造就他们走上围棋生涯辉煌顶点的却是扬州。

清咸丰年间，黄冕（1795—1870年）20岁时就任两淮盐运使，他颇具才干，还善弈棋，当时被誉为国手第二、湘手第一。"冕善弈，其技传之余金诏，开湘弈之风。"黄冕将围棋技艺传给妻侄余金诏，后来余金诏到湖南，主持湘中弈坛三十余年，当时流寓湖南或湖南本地的善弈者，基本上都师出于余金诏。有人认为湖南围棋之风导源于黄冕。

同治八年（1869年），方浚颐（1815—1888年）被授两淮盐运使。

方浚颐是清代政治家、思想家、文学家、书画家、诗人、收藏家、鉴赏家。他自幼聪明好学，6岁入塾读书，14岁便参加郡试获得第三名，1831年在江南贡院、京师贡院任职开始走上仕途。1869年3月初，方浚颐临危受命，被授两淮盐运使。当时，扬州连续经受13年战争灾难，扬州城千疮百孔、百废待兴。他有计划、有步骤地整修被战火破坏的古城建筑及民生设施，修筑了大明寺、观音山、天宁寺、大王庙等，还大刀阔斧裁革陋规、改革盐务，制定《两淮盐法》，使盐税大增，繁荣了扬州经济，被称为"战后重建扬州第一人"。方浚颐淡出政界后，没有回安徽老家养老，而是住在扬州湾子街，命名自己的住宅为"梦园"。他在扬州教书育人，著书立说，诗词唱和，以文会友，过着悠闲的生活。

在烦冗的公务之余，方浚颐酷爱围棋，且棋艺颇高。早在道光、咸丰年间，他在京师任御史时便与京师国手释秋航、沈介之等人常有来往。到扬州后，经常与早年在京师认识的扬州籍大国手周小松在景贤楼手谈。国手徐耀文来扬州时，方浚颐与其对弈，一开始徐让方四子，每日八局，三日后即减为二子，又二十日，"居然对垒争雄矣"。方浚颐还将对局辑成《待月簃弈存》、《蜀山草堂弈存》和《皖游弈萃》，合称《棋谱三编》传世。周小松晚年的棋谱《蜀山草堂弈存》《皖游弈萃》也由方浚颐刊行。1876年方浚颐离扬州赴新任后，百姓为感激他对扬州的贡献，特在天宁寺设立了"钦加布政使衔总理两淮都转盐运使司盐运使方大人官印浚颐长生禄位"牌位，为他祈求福寿。2016年，方浚颐成为扬州市政府重笔颂扬的扬州建城2500年历史上"五贤"之一。

扬州盐商中不乏围棋爱好者甚至国手，最有名的是胡兆麟和江春。

胡兆麟，扬州人。清乾隆时期盐商，酷爱围棋，棋力似在国手之列。《镜花缘》作者李汝珍评价胡兆麟的棋力时说："肇麟乃百战百胜之健儿，同辈诸人，无不退避三舍，呼为铁头，勇可知也。"《清代轶闻》上说，胡兆麟是当时仅次于国手范西屏和施定庵的著名棋手，下起棋来大刀阔斧，甚为凶猛，人称"胡铁头"。胡下棋憨态可掬，仗着财大气粗，与范、施对阵爱下赌注，输一子奉送白银一两。一次他与范西屏对弈，下了一半，已是楚歌四起，他急中生智，诡称身体不适，要求封盘，改日再战，暗中却连夜赶赴东台，求救于施定庵，终于讨得"安邦治国"之策，第二日拖来范西屏接着厮杀。他刚着一子，范哈哈大笑，说："定庵人未到，棋却先到了！"铁头见机关被识破，脸上居然也飞出胭脂颜色。

江春（1720—1789 年）字颖长，号鹤亭，又号广达（行盐的旗号为"广达"），安徽歙县人。清代著名的客居扬州的徽商巨富，为清乾隆时期"扬州八大商"之首。因其"一夜堆盐造白塔，徽菜接驾乾隆帝"的奇迹，而被誉作"以布衣结交天子"的"天下最牛的徽商"。

江春酷爱围棋，史书称："范（西屏）、施（定庵）皆久馆斋中，一时海内弈者云集。"江春的私人花园"净香苑"在瘦西湖东岸，史书记载，范西屏和施定庵到扬州后长时间居住在江春家中，江春家中的私人游船画舫就停在净香苑里，这些弈坛巨星来坐画舫，泛舟湖上，一边欣赏风景如画的瘦西湖风光，一边纹枰对坐。

1789 年，江春在贫困潦倒中黯然辞世。江春晚年家业衰败，关键原因是长年接待皇帝下江南的铺张靡费和无穷无尽的报效捐输。

四、扬州围棋"圣人"黄龙士

黄龙士（1651—？），名虬，又名霞，字月天，号龙士，以号行，泰州姜堰人（1996 年前属扬州），长期在扬州城里活动。清代围棋国手，和范西屏、施襄夏并称"清代三大棋圣"，康熙朝中期围棋霸主。

黄龙士自幼聪明，才气过人，一遍成诵，百日不忘，尤其对于围棋更是天资过人，少年时就以围棋水平高超称雄梓里，饮誉江淮。

清初至乾隆中期，中国围棋艺术发展到前所未有的鼎盛时期，名手辈出，各领风骚。少年黄龙士不满足偏于一隅，为追求棋艺的发展，他立志遍访全国名家。康熙三年（1664 年），13 岁的黄龙士随父走南闯北，经过二上京城棋坛烽火的磨砺，黄龙士棋艺日臻上乘。十六七岁时弈遍京师，所向披靡，战绩辉煌，被誉为"常胜将军"。刚进京时，他第一次拜见杜茶

黄龙士纪念馆

村，棋艺距国手还差一截，第二次见杜的时候，他已一跃而为国手。他与在棋坛驰骋五十余年久负盛名的盛大有对弈，七战七捷，大获全胜。战胜盛大有，标志着黄龙士登上了清初棋艺的巅峰，奠定了黄龙士"棋圣"的地位。

康熙二十年（1681年），黄龙士接到浙江钱塘徐星友的信札，表示欲从师棋艺，并相邀教弈。徐星友40岁学棋，大黄龙士七八岁，学艺勤奋，矢志不移，曾三年足不出户。黄龙士为之感动，为造就新人，倾力相携，全力相助，采取了种种育人新法。

当徐星友具备让二子抗衡的能力时，仍向徐星友让三子下10局，因为黄龙士有自己的骄傲。这开创棋坛历史先河的10局，黄龙士呕心沥血，最终互有胜负，成为空前绝后的不朽之作，史称"血泪篇"。也正是这10局棋之后，徐星友棋艺猛进，一跃成为与黄龙士齐名的围棋高手。

黄龙士与徐星友同享盛名，誉满全国。康熙皇帝将他俩奉为内廷供奉、五品职衔。黄龙士为人诚朴，耿直不阿。徐星友则为人机敏，善于交际，结交了不少内廷太监。一天，康熙命两人对弈，胜者重赏。徐星友通过内廷得知，胜者皇上将奖授知府。而黄龙士无意为官，他要著书立说为后学者指路，反劝徐星友胜棋受赐。第二天，两人对弈激战，配合默契，演绎了一场"欺君大战"。徐星友获胜后即被康熙委任为浙江钱塘知府，而黄龙士则回故乡一心一意撰写棋书。

传说，黄龙士晚年退隐扬州田园，清代《扬州画舫录》记载：乾隆时，范西屏、施定庵渡江去扬州途中，曾宿于村中私塾，二人戏与塾中一童子对弈，皆输。后遇一挑草人，范与其对弈数局皆不能胜。二人问他姓名，他不答，只说："当今盛称施、范，但都是我的儿孙辈罢了！弈是小技，何必问我是谁，难道还要与儿孙辈去争荣吗？"说完担草而去。近人考证，担草者系年近90的黄龙士。

黄龙士卒年不详，死因不明。有一种说法，康熙二十九年（1690年），黄龙士至不惑之年，他带着融进自己全部心血、弈搏一生的《黄龙士全图》和《弈括》两篇著作与徐星友在钱塘江畔重聚。棋友、挚友、师徒相逢，相互问候，仍离不开开局落子，黄龙士一谈到围棋仍是壮心不已。一天，徐星友三个棋友一时高兴，示意黄龙士演绎"一对三"对弈大戏。黄龙士向以"弈圣"自负，争强好胜，誓不言败，当即许诺要"大杀三方"。这三人全是浙江一流名手，黄龙士在三人间来回穿梭走动，全神贯注，全力以赴，使尽了浑身解数，终于将三人"赶尽杀绝"，将三盘棋赢了。不过由于操劳过度，心血耗尽，黄龙士气息奄奄，微弱的呼吸随着烛火的跳跃一闪一闪。当徐星友将书桌棋枰上的黑白两粒棋子送到黄龙士眼前，又放到他手中时，黄龙士才面带微笑，神魂飘向了生生不息的天地之中。

黄龙士之弈，上掩过周（过百龄、周懒予），下启施范（施襄夏、范西屏），为有清一代弈家之正宗。吴清源大宗师评价黄龙士棋力有十三段。

黄龙士对局实践对围棋发展的最大贡献，在于他转变了围棋的风格。在他之前，棋风局面狭窄凝重。黄龙士使棋风大变，他着子看似平淡无奇，但寓间极深，对手不易察觉，若敢于用强，他即随机应变，出奇制胜，迫使对手相形见绌，反以自困。邓元鏸推崇说："龙士用思尤密，深入奥窔……或当危急存亡之际，群已束手智穷，能于潜移默运之间，益见巧心妙用，空灵变化，出死入生。"又说："龙士如天仙化人，绝无尘想。"徐星友这样概括黄龙士的棋，"寄纤农于滔泊之中，寓神俊于形骸之外，所谓形人而我无形，庶几空诸所有，故能无所不有也""一气清通，生枝生叶，不事别求，其枯滞无聊境界，使敌不得不受。脱然高蹈，不染一尘，臻上乘灵妙之境"。总的来说，黄龙士对局时考虑全面，判断准确，力争主动，变化多端，不以攻杀为主要取胜手段。

黄龙士的棋著有《弈括》和《黄龙士全图》。此外，邓元鏸还将黄龙士的七十盘对局集成《黄龙士先生棋谱》一本，黄龙士对局中的精华大都收

八、酷爱围棋的盐官方浚颐

方浚颐（1815—1889年），清代政治家、思想家、文学家、书画家、诗人、收藏家、鉴赏家。字饮苕，号子箴，又号梦园，安徽定远人。清道光二十四年（1844年）进士、翰林，历任浙江、江西、河南、山东各道御史等，同治八年（1869年）被授两淮盐运使。

方浚颐出生在北京正阳门外贾家胡同，4岁时便失去生母，随后由大夫人杨氏带大。方浚颐自幼聪明好学，6岁入塾读书，14岁便参加郡试获得第三名，接着参加院试又获得补博士弟子员（县学优廪生）身份，14岁写的《禹疏九河赋》诗作，曾被众行家称道。1831年在江南贡院、京师贡院任职开始走上仕途。

1869年3月初，方浚颐临危受命，被授两淮盐运使，面对太平军11次进攻，3次进城，连续经受13年战争灾难，扬州城千疮百孔、百废待兴。他有计划、有步骤整修被战火破坏的古城建筑及民生设施，修筑了大明寺、观音山、天宁寺、大王庙、题襟馆、盐义仓等，还修建了史公祠和江都的头道桥、二道桥、万福桥；重建了育婴堂、创办了仪董轩等，又兴修水利保百姓平安。今天，在扬州平山堂，仍可见到方浚颐亲笔所书"平山堂"匾额，以及他为平远楼、谷林堂、洛春堂、晴空阁等题写的楹联。同时，他还大刀阔斧裁革陋规、改革盐务、制定《两淮盐法》，使盐税大增，繁荣了扬州经济，从而有了足够的经费为民办实事。方浚颐被称为"战后重建扬州第一人"。

方浚颐淡出政界后，没有回安徽老家养老，而是住在扬州湾子街，命名自己的住宅为"梦园"。他在扬州教书育人，著书立说，诗词唱和，以文会友，过着悠闲生活。他的好友芥航法师曾在一首诗中写道：漫道禅心无著处，半床诗画半床书。这正是方浚颐晚年生活的写照。他在扬州开设淮南书局（在今扬州东关街小学处），重修并扩大扬州安定、梅花两书院，并在其中了。黄龙士为《黄龙士全图》写的《自序》是其丰富经验的宝贵总结，较全面地论证了围棋的战略战术，见解独到精辟，发人深省。如他谈到布局和全盘战略时说："辟疆启字，廓焉无外，傍险作都，扼要作塞，此起手之概。"谈到攻守和战术原则时说："壤址相借，锋刃连接。战则羊师独前，无坚不暇；守则一夫当关，七雄自废。此边腹攻守之大势。"谈到对形势判断时说："地均则得势者强，力竞则用智者胜，著鞭羡祖生之先，入关耻沛公之后，此图失之要。"谈到策略时说："实实虚虚之同，正正奇奇之妙，此惟审于弃取之宜，明于彼此缓急之情。"这些都是黄龙士从对局实战中总结出来的真知灼见，也显示出黄龙士自己的棋风。

《血泪篇》为黄龙士之代表作，黑方是徐星友。双方在对局里殚精竭虑，苦心运筹，为中国古棋谱中不可多得的佳作，与后来的范西屏、施定庵的《当湖十局》并称为中国古谱的最高峰。

黄龙士的棋谱在晚清时流传到东瀛日本，对日本围棋的进步起了很大的影响，被日本棋界推崇备至。2008年贵州天元围棋电视频道推出"古谱钩沉"栏目，陈祖德先生讲的都是黄龙士的棋谱，对其精确凶悍的搏杀技巧赞叹不已。

黄龙士的棋艺出神入化，黄龙士的棋品也磊落超群。他的名字不仅在棋坛产生回响，而且在文士名流中也获得极高的推崇。著名经学家阎若璩在其《潜邱札记》中将黄龙士列为清代十四"圣人"之一。阎氏所列圣人，如顾炎武、黄宗羲、朱彝尊、汪琬、杜濬等，皆是学可究天人、文可变风俗的巍然大师。黄龙士能以棋艺而与上述诸人并列，可知在阎氏心中，围棋与经史、文学相比肩而毫无逊色。

五、客居扬州的棋仙范西屏

范西屏（1709年—？），清乾隆时期著名围棋国手。一作西坪，名世勋，浙江海宁人，但造就他走上围棋生涯辉煌顶点的却是扬州。

范西屏的父亲是个棋迷，直下到家道败落仍未尽兴，可惜棋艺始终不高，只把这一嗜好传给了儿子。范西屏自幼聪颖，3岁时，看父亲与人对弈，便在一旁咿呀说话，指手画脚了。父亲见儿子与己同好，甚是欢喜，唯恐儿子和自己一样不成气候，便带儿子拜乡里名手郭唐镇和张良臣为师，棋艺日见长进。不久两位老师的棋力都不及他了。父亲又送他拜山阴著名棋手俞长候为师。俞长候棋居三品，有这位名师指点，范西屏长进更快，12岁时就与俞长候齐名了。三年后，西屏竟已受先与先生下了。他与先生下了十局，先生完全不能招架学生的凌厉攻势，均败在学生手下。从此，俞长候不再和他下棋。他16岁时，便成为闻名天下的国手。

范西屏学成时，正值雍正、乾隆年间。他和俞长候同住松江，受到棋艺家钱长泽的盛情招待。十余年后，范西屏再访松江，帮助钱长泽，"晨夕参研"成《残局类选》。

《墨余录》记载：嘉庆初年，范西屏前往上海。当时上海最优秀的棋手是倪克让，其次是富加录等人。倪克让不屑与他人对弈，富加录等人则在豫园设棋局与四方棋手下棋赌钱。范西屏一日来到豫园，见有人对弈便站下了。看了一会见客方将输，便给他出主意。旁边人不高兴了，对范说："这是赌博，旁观者不能多话。你既然会下棋，为什么不自己来决一胜负呢？"范西屏笑了笑，从怀里取出一大锭银子，对众人说："这就是我的赌注。"看到这么多银子，所有的人都眼红了，纷纷争着要和范对弈。范接着说："我下棋时不怕别人说话，你们可以合在一起和我对局。"棋没下到一半，对手们已经手足无措，一筹莫展了。于是有人赶紧去报告富加录。富加录赶到，范西屏坦然自若，先受先三子与他下了一局，富加录输了。范西屏再让，富加录还是输了。大家傻了眼。不得不

范西屏和施夏雕塑

去搬来最后的援兵倪克让。倪克让闻风而至，一见面，二话没说，伸手弄乱了棋盘，告诉众人："这是范先生，你们哪是他的对手！"这消息很快就传开了，上海的富豪们纷纷请他教棋。范西屏在西仓桥潘家受先四子与倪克让下了棋，观棋者把对局情况记录下来，《棋圣范西屏全谱 下册·让子谱》一书有收录。

范西屏20余岁游京师，与各地名手较量，战无不胜，名驰全国。被棋坛推崇为"棋仙"。他弈棋出神入化，落子敏捷，灵活多变。时人评论称其"布局投子，初似草草，绝不经意，及一着落枰中，瓦砾虫沙尽变为风云雷电，而全局遂获大胜"。

范西屏出名之后，大官们闲聊无事，争着拿银子请强手与范西屏较量，以此为乐。当时棋林高手梁魏今、程兰如、韩学之、黄及侣都纷纷败在范西屏手中。棋手胡兆麟，人称"胡铁头"，棋力甚凶猛，也常是范西屏手下败将。

范西屏棋名闻达四海，他的学生毕沅曾写了一首长诗《秋堂对弈歌》，其中有这样一句，"君今海内推棋圣"。那时，范西屏还不到40岁。当时能与范西屏抗衡的，只有一个人，就是四大家之一的施襄夏。据史料记载，施襄夏思路不如范西屏敏捷灵活，两人对弈，施襄夏常锁眉沉思，半天下不了一子，范西屏却轻松得很，似乎全不把棋局放在心上，甚至应子之后便去睡觉。有一回对局，范西屏全局危急，观棋的人，都认为他毫无得胜希望了，必输无疑。范西屏仍不以为意，隔了一会儿，他打一劫，果然柳暗花明，七十二路棋死而复生，观棋者无不惊叹。

乾隆二十九年（1764年），范西屏56岁时长期居住扬州。盐政使高恒将他安排作幕僚，住在盐运署。扬州后起之秀卞文恒携着《弈理指归》求教范西屏，疑难变化之处范均详细解说。后来范根据书中原有的棋局，加上自己的教学心理，"择其文化"，写成棋谱两卷。当时盐运署西面有桃花书屋，阶下有一井名桃花泉，高恒便题书名为《桃花泉弈谱》，并拨署中公款代印此书。《桃花泉弈谱》是我国历史上最有影响，价值最大的古谱之一。这本书"戛戛独造，不袭前贤"，内容异常丰富、全面，精辟地记载了范西屏对于围棋的独特见解。此书一经出版，便轰动棋坛，风行一时，以后重刻版本很多，二百年来影响了无数棋手。在扬州，范西屏还写了《二子谱》和《四子谱》等围棋著作。

范西屏和施襄夏本是同乡，年龄又相仿，未出名前，两人常在一起下棋。后来他们相继成为国手，便分道扬镳，各奔前程，相聚时日便不多了。据《国弈初刊·序》引胡敬夫的话，范、施雍正末、乾隆初曾在京师对弈十局，可惜这十局棋的记录现已无处找寻。以后，乾隆四年时，范、施二人受当湖（又名平湖）张永年邀请，前往授弈。张永年请二位名手对局以为示范，范、施二人就此下了著名的"当湖十局"。原本十三局，现存十一局。"当湖十局"下得惊心动魄，是范西屏、施襄夏一生中最精妙的杰作，也是我国古代对局中登峰造极之局。同代棋手对其评价很高。钱保塘说："昔抱朴子言，善围棋者，世谓之棋圣。若两先生者，真无愧棋圣之名。虽寥寥十局，妙绝千古。"

范西屏为人耿直朴实，他不求下棋之外的生财之道。有了钱财，也将一半分给同乡中的困难人家。袁枚对他的为人盛赞不已，说："余不嗜弈而嗜西屏。"他认为那些"尊官文儒"都不及范西屏人品高尚。

范西屏的棋风，前人有不少总结。棋手李步青曾对任渭南说："君等于弈只一面，余尚有两面，若西屏先生则四面受敌者也。"这是说范西屏全局观念特别强。李松石在《受子谱·序》中谈得更为详细，他说：范西屏"能以弃为取，以屈为伸，失西隅补以东隅，屈于此即伸于彼，时时转换，每出意表，盖局中之妙"。范西屏不是很注重一城一地的得失，而是更多地从全局着眼。具体手法就是"时时转换，每出意表"。这种手法不少棋手都有领教，评价甚高。施襄夏说："范西屏以遒劲胜者也。"邓元鏸说，"西屏奇妙高远，如神龙变化，莫测首尾""西屏崇山峻岭，抱负高奇"。毕沅在《秋堂对弈歌》中，也这样描述了范西屏的棋风："淮阴将兵信指挥，钜鹿破楚操神机。鏖战昆阳雷雨击，虎豹股栗屋瓦飞。鸟道偏师方折挫，余子纷纷尽祖左。忽讶奇兵天上下，当食不食全局破。"

清代棋艺家李汝珍谈到四大家时曾说："此四子者，皆新奇独造，高出往古。而范尤以出神入化，想入非非。"范西屏认为，围棋之所以这样不断向前发展，其根本的原因就在于，"其不坐困千古也"。这充分说明范西屏不迷信前人的创新精神。李松石还说过这么句话："范于弈道，如将中之武穆公（即岳飞），不循古法，战无不胜。"范西屏的可贵之处，还在于他并不认为围棋发展到自己这里就停止了。他认为围棋的发展是无穷无尽的。他说："以心制数数无穷头，以数写心心无尽日。勋生今之时，为今之弈，后此者又安知其不愈出愈奇？"可见这位围棋大师的胸襟是很宽阔的，对围棋事业的发展也是充满信心的。

六、客居扬州的棋圣施襄夏

施襄夏（1710—1771年），名绍暗，字襄夏，号定庵。浙江海宁人，清代著名围棋国手。他50岁以后，客居扬州教授学生，并写了不少围棋著作。施襄夏与程兰如、范西屏、梁魏今并称"清代围棋四大家"，与范西屏、黄龙士并称"清代三大棋圣"。

施襄夏从小就读于私塾，是个老实文静的孩子。他父亲是位雅士，擅长诗文书法，也画些兰竹之类。施襄夏念完功课，便坐在父亲身边，看他抚琴下棋。渐渐地，他对这棋艺发生了兴趣，开始向父询问其中的道理。父亲对他说："学琴需要'淡雅'，而不能'繁枝'，学棋需要'灵益'，而不能'沾滞'。你瘦弱多病，学琴好些。"于是施襄夏开始学琴了。

施襄夏6岁时的一天，当时棋坛名手徐星友来施家做客。午后，他和施襄夏的父亲在庭院下棋娱乐。施襄夏虽想观棋，但怕父亲骂，只好一个人在室内弹琴。如泣如诉的琴声从内室传来，引起了徐星友的注意。他问明缘由，便对施襄夏的父亲说："让孩子出来见识见识吧。"召唤声还没落，施襄夏就连蹦带跳地来到了棋桌旁。他向徐星友行过礼，便坐下来观棋。施襄夏观棋十分认真，虽然这局棋下了很长时间，但他毫无疲倦之感，坐在那里纹丝不动。施襄夏的父亲面对弈林强手，并不紧张。虽然败局已定，仍从容不迫，泰然自若。徐星友下棋也不是咄咄逼人，锋芒毕露，而是显得平淡、轻闲、温和，而平淡之中却总有着一种无形的力量。施襄夏的父亲自知不是徐星友

赵寰夏《弈理指归》

的对手，便随意下去，几次走出软着。施襄夏见父亲谨慎有余，失去了几次反攻的机会，早就想说，但怕父亲责骂，又把话咽了回去。徐星友获胜后，见施襄夏仍专心地注视着棋盘，一副若有所思的样子，就问他对这局棋的看法。施襄夏怯生生地问道："我想复复盘，好吗？"徐星友高兴地同意了。令人吃惊的是，这个小孩子居然能摆回到中盘厮杀时的局面，继而指出了在一关键时刻其父完全可以反守为攻的一步紧要的棋。这步棋徐星友当时也没考虑到，此时他沉思片刻，接着与施襄夏走下去。施襄夏果然不凡，他先走出了对方暗设的圈套，接着依仗刚才那关键一子的威力，竟一举形成了胜势。徐星友兴奋异常，觉得发现了天才，当即劝施襄夏的父亲说："让孩子弃琴学棋吧！将来他一定能超过我的。"

施襄夏在俞长候那儿，先生受先三子教了他一年，他便能与范西屏争个高下了。徐星友慧眼识珠，非常看重这位少年棋手，把自己的棋著《兼山堂弈谱》赠给他。施襄夏也果然不负厚望，对这本名著认真钻研数年，受益很大。

施襄夏21岁时，在湖州遇见了四大家中的梁魏今和程兰如，两位长者都受先与他下了几局棋，施襄夏从中又悟出不少道理。两年以后，施襄夏又遇梁魏今，他们同游砚山，见山下流水淙淙，都很兴奋。梁魏今对施襄夏说："你的棋已经下得不错了，但你真的领会了其中奥妙了吗？下棋时该走的就得走，该停的就得停，要听其自然而不要强行，这才是下棋的道理。

你虽然刻意追求，然而有'过犹不及'的毛病，所以三年来你仍未脱一先的水平。"施襄夏细细体会了这番深刻的评论，意识到自己以前好高骛远，走了弯路。从此，施襄夏一变往日棋风，终于成为一代名师。此后三十年间，施襄夏游历吴楚各地，与众多名手对弈，交流棋艺。

施襄夏43岁时游历扬州，时任两淮盐运使的卢见曾邀他至署，他50岁时又客居扬州数年。其时，施襄夏深感在围棋教学中"学者资禀不一，教者立法殊科"，急需一种融基本手法基本定理于一体，指明"尽变之义，极变之致"的、使学者既易学习又得原委的书。他总结他人的经验教训，于1759年写成《弈理指归》，由两淮盐运使卢见曾作序并刊行。《弈理指归》是一本著名的围棋书谱，与清代范西屏所著《桃花泉弈谱》并称为古棋谱中的典范之作。

《弈理指归》分三卷，属于以基本定式为主兼及序盘布局的入门提高书。由于此书是施定庵十年棋艺思想、棋艺实践的总结，寓意深刻，是弈者必循之途径。书成五年后，因感学者"病其而不能入"，施定庵又著《弈理指归续编》，包括《凡遇要处总诀》《攻角总旨》《四子总指》及制孤、大铁网等局部图谱，也是用歌诀写成，除个别地方外，多精辟通俗，易诵易记，影响也很大。

在《弈理指归·序》中，施襄夏对前辈和同辈棋手有十分精粹的论述："圣朝以来，名流辈出，卓越超贤。如周东侯之新颖，周懒予之绵密，汪汉年之超轶，黄龙士之幽远，其以醇正胜者徐星友，清敏胜者娄子恩，细静胜者吴来仪，夺巧胜者梁魏今，至程兰如又以浑厚胜，而范西屏以遒劲胜者也。"正是基于对其他棋手如此深刻的研究分析，施襄夏集各家之长，成为中华民族文化史上一颗闪烁异彩的明星。

施襄夏的棋风是深谋远虑、稳扎稳打，他说："盖穷向背之由于无形，而决胜负之源于布局也。"他在《自题诗》中写道："弗思而应诚多败，信手频挥更鲜谋，不向静中参妙理，纵然颖悟也虚浮。"施襄夏特别强调这个"静"，他在《凡遇要处总诀》中说："静能制动劳输逸，实本攻虚柔克刚。"这和他说的"化机流行，无所迹象，百工造极，咸出自然""棋之止于中止"，是一个意思。"静"即"自然"，即"止于中止"，也就是当年梁魏今对施襄夏说的"行乎当行""止乎当止"。这并不是提倡被动。施襄夏一向重视争取主动，他曾说："逸劳互易忙须夺，彼此均先路必争。"这与"静"是不矛盾的。"行乎当行，止乎当止"，关键还在"行"和"止"都必须是主动的，这样才可能以静制动，以逸待劳，以实攻虚，以柔克刚，这正是施襄夏棋风的奥妙所在。

施襄夏在未出名前，与同乡且年龄相仿的范西屏，常在一起下棋。起先施襄夏并不精心于围棋，见到同乡范西屏棋艺出众，闻名乡里，就向范西屏请教，开始范西屏要让施襄夏三子，一年以后两人就可以分先对弈。不久二人先后拜师俞长候，共同学弈，20岁不到，前辈棋手梁魏今、程兰如等均不是范、施的对手，二人同时齐名于天下。时人曾如此评论施范二人："西屏奇妙高远，如神龙变化，莫测首尾。定庵（施襄夏名号）邃密精严，如老骥驰骋，不失步骤。与之诗中李杜，询为至今。"

施襄夏去世后，他的学生李良为他出版了《弈理指归续编》，这本书的《凡遇要处总诀》部分，几乎总结了当时围棋的全部着法，是部全面论述围棋战术的著作，是我国古典围棋理论十分少见的精品。这些口诀，都是施襄夏平生实战和研究的心得，句法精练，内容丰富。

范西屏和施襄夏代表了中国封建社会围棋的最高水平，是中国围棋发展史上的一座高峰。时人誉范西屏为"海内棋圣""弈林太白"，称施襄夏为"棋中杜陵"。范西屏、施襄夏等人把中国围棋推到了前所未有的高度。

七、古装电影里的清代扬州围棋盛况

2011年，由武志刚编剧、萧锋导演的古装剧情片《大国手之扬州论枰》问世，此片讲述了清朝围棋大师范西屏和施襄夏的往事。范西屏和施襄夏在历史上被称为棋仙和棋圣，有围棋中的李白与杜甫之称。此片也从一个侧面如实反映了清代康乾时期扬州围棋的盛况。

此片讲述的故事是：

乾隆初年，天下围棋高手会聚扬州，争夺"天下第一大国手"之美誉。

三年前，范西屏曾横扫京城无敌手，乾隆帝龙颜大悦，封范西屏为第一大国手，颁旨三年后在扬州举办公开论枰，遍邀天下各路高手与范西屏对弈。天下围棋高手久慕范西屏大名，纷纷云聚扬州瘦西湖畔，个个都想与范西屏一决高下，争夺天下第一大国手之美誉。与此同时，一场更大的黑白博弈在扬州论枰的背后悄然进行。

京城翰林院首席棋待诏施襄夏回乡丁忧，无意中听说御史窦明政因弹劾江苏官场而官司缠身。原来，窦明政发现江苏官员监守自盗府库亏空，

窦明政上奏朝廷后，江苏官场借谷输仓贷银填库，骗过钦差大臣，倒打一耙给窦明政套上一个欺君之罪。窦明政清正廉明却身陷囹圄，施襄夏决定施以援手，救窦明政。

适逢扬州论枰开始，各路围棋高手云聚扬州，瘦西湖棋楼老板公孙策主持公正，扬州大米商孙伯昭出巨资襄助。扬州论枰分初论和定论，山东一拂居士、辽东关氏兄弟、扬州胡兆麟杀退各路高手，进入前三名。施襄夏为搜集江苏官场借谷输仓贷银填库的证据，在烟雨楼摆下江苏论枰，"以棋招亲"，尽收江苏官场在民间的票据，夺走扬州论枰的风头。钦差大臣伙同江苏巡抚从中作梗，派人偷走刚刚拿到的票据，让营救窦明政的努力又无据可凭。

范西屏与三年未曾见面的施襄夏重逢，他们兄弟联手，决心打败所有对手，面见皇上，道出实情。在施襄夏的助战下，范西屏在扬州论枰上分别与定论的前三名对弈，给足江苏米商孙伯昭的面子，从孙伯昭手里拿到田谷县的官印票据。同流合污的钦差大臣和江苏巡抚没有料到，范西屏战胜各路高手，并再次收集到重要证据。

范西屏横扫扬州论枰，最终引出"躲"在幕后"看热闹"的乾隆帝。三年前，乾隆帝在京城不敌范西屏，如今想借扬州论枰挽回颜面。范西屏再不敢抗旨不遵，奉召对弈乾隆，在各路高手都不曾看懂的一盘

电影《大国手之扬州论枰》

棋上，凭借黑子在棋盘上赫然"写"下"亏空"二字，当场揭露江苏官场的腐败，使贪官受到惩罚，救御史窦明政于不死。

电影中的胡兆麟，历史上确有此人。《清代轶闻》上说：扬州盐商胡兆麟，棋艺比较高超。他的棋风剽悍，好勇斗狠，常常不顾自己死活，横冲直撞，专门吃"大龙"，每次下棋，不是大胜就是大败，被人称为"胡铁头"。

在电影中，范西屏与一拂居士的左右手互搏棋局，十分精彩。一拂居士是乾隆口中的"棋坛异人"，棋力在扬州论枰名列三甲，可谓一流的国手。而范西屏是空前绝后的一代棋圣。对局中，范西屏模仿了周东侯和黄龙士两大高手的对局。

电影是表现生活的一门艺术，它源于生活而又高于生活，是对现实生活的一种艺术概括。《大国手之扬州论枰》中的"一拂居士"确有其人，不过他是宋朝人，而非清朝人。

"一拂居士"，名郑侠，字介夫，北宋诗人，福州福清（今属福建）人。《宋史》记载，他少年时代就刻苦好学，很受王安石赏识，并予以鼓励。考中进士后，又得到王安石提携和重用。郑侠对此心存感激，每思报答。但后来王安石变法，郑侠有不同看法，给王安石提意见，王安石不听，郑侠也坚持自己的意见。后因天灾，流民失所，苦不堪言，郑侠上书神宗皇帝，导致王安石罢官。但郑侠又因弹劾新任宰相，遭贬。后两度被起用，又两

度被贬。

陆游《渭南文集》中记载，郑侠晚年不做官，居住在乡下，自称"一拂居士"，过着俭朴的生活。他喜欢喝酒，又喜欢下围棋。他时常拉着客人下围棋，如果客人不会下，他就让客人坐在一边看，他自己和自己下。每当这种时候，他就左手执白棋右手执黑棋，而且下得十分严肃认真，像真的遇上了对手一样。如果白棋胜了，他就用左手斟酒，用右手端起来喝；如果黑棋胜了，他就用右手斟酒，左手端起来喝。据说他二十年如一日，总是这样做。（郑侠在无人与他下棋的时候，竟然自己跟自己下，真是把棋迷到了极点。）

无独有偶，明末清初山东人黄道明，外号"独弈先生"，隐居不做官，不爱从事生产劳动，也不参加社会活动。他特别喜欢下围棋，经常一个人关起门来坐在屋子里。屋外的人听到屋子里围棋落子的声音，便从窗户向里偷看，原来黄道明一个人在下棋，一手执黑，一手执白，让双方互相攻杀。据说，棋圣聂卫平在知青下乡的时候，由于没人下棋，也经常自己和自己下。

电影中的范西屏和施襄夏在历史上确有其人。范西屏、施襄夏是清代著名围棋国手，与程兰如、梁魏今并称"清代围棋四大家"，与黄龙士并称"清代三大棋圣"。两人在雍正、乾隆年间同时驰骋棋坛，所向披靡。范、施两人棋艺各擅其妙，难分高下，行家比作"诗中李杜"，范西屏、施襄夏等人把围棋推到了前所未有的水平。范西屏、施襄夏是浙江海宁人，但他们长期客居扬州著书立说，进行围棋活动。

乾隆皇帝六下江南驻跸扬州，但是否在扬州与范西屏对弈则未见历史记载。

此片导演萧锋说，围棋是中国的国粹，如何表现好乾隆时期的围棋，展示当年国手的风采，如何将静态的棋赛，枯燥的棋谱，以生动炫目的视觉形象，呈现给观众，是摆在我们面前的艰巨任务。要通过棋局的精妙，传递出围棋深邃的内涵。

方浚颐先生小像

亲临书院讲学。他广揽四方贤士，校刊群籍，兼主修《续扬州府志》。方浚颐才思敏捷，极善言吐，又能著书。60岁后终日研究诸子史传，撰写随笔，日一篇或三五篇，笔耕不辍，实属罕见，因而名冠江南。

在烦冗的公务之余，方浚颐酷爱围棋，且棋艺颇高。早在道光、咸丰年间，他在京师任御史时便与京师国手释秋航、沈介之等人常有来往。到扬州后，经常与早年在京师认识的扬州籍大国手周小松在景贤楼手谈。国手徐耀文来扬州时，方浚颐与其对弈，一开始徐让方四子，每日八局，三日后即减为二子，又二十日，"居然对垒争雄矣"。方浚颐还将对局辑成《待月簃弈存》、《蜀山草堂弈存》和《皖游弈萃》，合称《棋谱三编》传世。周小松晚年的棋谱《蜀山草堂弈存》《皖游弈萃》也由方浚颐刊行。

1876年方浚颐离扬州赴新任后，百姓为感激他对扬州的贡献，特在天宁寺设立了"钦加布政使衔总理两淮都转盐运使司盐运使方大人官印浚颐长生禄位"牌位，为他祈求福寿。

方浚颐生前著作颇丰。1976年由台湾地区台北市联经出版事业公司整理印行的方浚颐手稿著作，全书共21册41集上百卷，他留下的诗词竟多达5859首，精选刊行1800首，颇受当时文朋诗友推崇。清人蒋超伯高度评价方浚颐的诗作：温柔敦厚，精于布局，而皆博大昌明，"有高自标树，犹为李杜，如空车走峻坂，著靴行旷野者"。

方浚颐著有《二知轩文存》《忍斋诗文集》《古香凹词》《朝天录》《蜀程日记》《东瀛唱答诗》等著作流传后世。他在《二知轩文存》中，强调做官办事，一定要"调查研究"，并提出"与时俱进""纲举目张""精兵简政""开源节流""清正廉明""英才治国"的主张。

方浚颐是扬州市政府重笔颂扬的扬州建城2500年历史上"五贤"之一，现扬州西郊"半岛公园"内塑有方浚颐塑像，供游人瞻仰，塑像旁特标明他是两袖清风的贤官。

九、晚清扬州围棋国手释秋航

释秋航，晚清的围棋国手。名湛静，字秋航，扬州仪征人。释秋航不但棋高，享寿也高。他的生年和寿数，诸说不一。《清代轶闻》载："僧秋航，振奇人也。……同治癸亥年，百十九岁矣。"

释秋航出生于乾隆年间，一生经历乾隆、嘉庆、道光、咸丰、同治五个朝代。释秋航在少年时与范西屏、施襄夏这两位棋坛巨擘都下过棋，接受其指导，并且达到让二子的水平。

释秋航约在中年的时候来到北京，长期留住梁家园寿佛寺。他虽托身僧侣，但不受佛教清规戒律的束缚，而是饮酒茹荤，以棋为佛事。白天和慕名前来的棋友手谈，夜晚不枕不卧，结跏趺坐，蒲团面壁。释秋航生性好客，时常约人餐聚，饮啖之后，必以角逐棋艺为乐事，有时也受地方士绅的招待，参加棋会。弈棋之余，秋航也常至街坊里弄收集废纸焚化（当时称为"惜字纸"），这也是僧侣所从事的善事之一，目的是了却前生的宿债，祈祷冥福。从秋航一生的行迹看，他性格洒脱，不拘理法，行为常不被世人理解，颇像一位隐身寺院的世外高人。

释秋航在梁家园寿佛寺期间，与当时的沈介之、李湛源并称"京师三国手"，沈、李下世后，释秋航被推为北京棋界巨擘，是清代北京地区最后一名国手。樊彬著的《燕都杂咏》中是这样评价他的："手谈谁国手，善弈数秋航。"他的对局谱被许多重要的棋书收录。释秋航下棋还有一个特点，就是古籍中说他"不耐思索"，从不长考，落子迅速，用现在的话来说就是快棋王。

同治初年，释秋航已年逾百岁，他的友人金陵陈伯敏赴任浙江衢州知府，释秋航和他同行到杭州，第二年正月元宵节前一日，忽然遍辞同人。友人为其饯行，当晚畅饮，又与一人对弈。棋下完了，他将棋子收好说：

"今日之会难再，即此局亦是绝著也。"叩之不告而去。诸友以为是他醉话，第二日却接到了他趺坐圆寂的消息。

古代围棋国手中的长寿者，见诸史料的并不多见，其中扬州籍的长寿国手就有三人，第一当数释秋航，90多岁，第二是接驾乾隆皇帝的棋童卞立言活到80多岁，第三是周小松，75岁。就现有资料看，古代棋手的长寿冠军非释秋航莫属。

为纪念这位国手，2018年，仪征已举办过数届"释秋航杯"中国扬州业余围棋公开赛。

十、清末扬州第一流之弈家周小松

周小松，名鼎（1810—1891年），扬州江都县人。清道光年间著名围棋国手，杰出的围棋理论家，"清末第一流之弈家""棋历悠长，承先启后"，自二十一岁成为享名全国的棋手后，驰骋晚清棋坛五十多年。周小松棋风稳健平和，算路准确，局谱流传有《餐菊斋棋评》，评解精当，为清代重要围棋著作。

周小松出生在嘉庆年间，此时清政权已越来越腐败，中国围棋也日趋冷落衰败。周小松毕生致力于重振围棋，为日薄西山的棋坛带来一抹夕照。

周小松出生的扬州，自古以来就是繁华富庶的水陆重镇，也是达官商贾、文人墨客荟萃之所，地灵人杰，棋风大倡。《扬州画舫录》里约略记叙了康乾盛世，围棋国手在扬州活动的情况。周小松虽生于晚清，但扬州作为清代围棋活动的中心，仍在世人心中占据着重要地位。大江南北的高手也常聚集扬州，以棋会友。

周小松年轻时，在乡间下棋，已有相当水平。18岁时跟仪征老和尚释秋航进修，小松被授二子，下了一百多局，用功勤勉，取得长足的进步。小松21岁时，适逢南通老国手李湛源来到扬州，小松慕名已久，遂摆开纹枰求教，先由湛源让二子下指导棋。未及中局，湛源的棋已呈败象，只好推开棋盘，起身对小松说："你的棋已算到七路，步入了大成阶段。只可分先对局，怎么能饶子呢！"湛源的意思是说，小松计算棋路精确深远，已可与自己分庭抗礼，也就是承认他的棋已经达到国手水平。从此，小松的声名四处播扬，成为棋坛一颗冉冉上升的明星，各方争相聘请。

道光年间，小松受镇江丁建侯、丁理民叔侄的聘请去他家教棋，过路高手也常寻上门来与小松对垒。咸丰年间，太平天国起义的战火蔓延到淮河流域，镇江首当军事要冲，乃兵家必争之地。丁氏全家去苏北东台避难，邀小松同往，小松的儿子五云也随侍左右。五云的棋艺，约小松让二三子的样子，水平不能算低，因此常随小松下些指导棋。东台虽只是沿海的偏僻县城，但因小松父子来到这里（光绪初年，小松又来过一次），一时弈棋的风气大盛，邻近的泰州、盐城两县的围棋活动也因此而兴旺起来。由此也可见一代大国手的影响，以及对围棋普及发展的推动作用。

清同治年间，安徽巡抚英翰慕名将他邀至衙署，待以上宾之礼，请他为范西屏、施襄夏所弈《当湖十局》撰写评解。小松独居楼上，悉心揣摩不已，数日后回报英翰说："《十局》用意精深，我仍有少数不能完全领会。不便随意评解，自欺欺人。"表现了一个围棋艺术家严肃认真的态度。

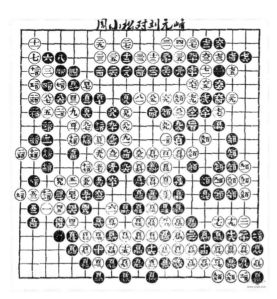

周小松对刘元峰

英翰感觉这位青年诚恳谦虚，深相赞许。彼时安徽还有一位道台刘文柟，嗜棋好客，家中常聚一些各地的围棋高手。小松也常出入其门，与众棋手较量高低。其中与另一大国手陈子仙对局尤多，彼时两大高手都处于技艺成熟的全盛时期，为争夺棋坛霸主地位而全力以赴，他们的棋虽然比不上范、施《当湖十局》那样登峰造极，但也留下了许多精彩的棋谱为后世所效法。后来子仙去世，小松便独执棋坛牛耳了。

曾国藩在其两江总督任内，也曾召小松去下棋。曾国藩棋艺不高，棋瘾却很大。他素有癣疥之疾，一手下棋，一手抓痒，皮屑满座。但小松也无嗜痂之癖，无心退让。尽管让子很多，曾国藩的棋仍旧处处受窘，往往被分割成几块，每块勉强做成两只眼。他不由得恼羞成怒，终至悔约，赖掉应付给小松的盘费。

光绪十三年（1888 年）将近 70 岁的周小松接受肃亲王善耆的邀请，一年中三次赴京师，在肃王府里与当时北京地区的刘云峰等许多名手对弈，以一盘不败的战绩取得完胜。

周小松晚年受江苏学史之聘，到过江阴，在那里的南菁书院教授棋艺。后来，编辑对局谱《追来集》的高云麟，邀小松到杭州。高家有别墅红栎山庄在西湖边上，湖光山色颇能陶冶性情，小松住在那里与高云麟下棋，地方好手徐艺斋、金明斋前来求教，均被授二子。从杭州北归时，小松曾在上海停留一个时期，上海棋手争欲亲炙一代国手的绝艺，纷纷上门求教，其中范楚卿、杨士珊、李祥生、陈子怀等人都是受子中的佼佼者。

浙江陈子仙 1871 年去世后，周小松主盟棋坛二十年，天下无敌。李耀东先生所著《中国围棋史》评价周小松为"清末第一流之弈家"，周小松游走大江南北，足迹遍布北京、山东、安徽、江苏、浙江、上海、广东等地，各方棋界名人高手与周小松对弈皆不成对手，一律被让二子下指导棋。晚清的知名棋手，多数直接或间接受其指导，并以师出周门为荣。

周小松平生注重围棋研究和著书立说。他的棋谱留存较多，主要见于《尊天爵斋弈存》《尊天爵斋弈录》《皖游弈萃》《待月簃弈谱》《追来集》《蜀山草堂弈存》等棋书中。其中《尊天爵斋弈存》《尊天爵斋弈录》由傅崧泉刊行于道光年间，彼时小松年事尚轻，当是小松早期谱局。《蜀山草堂弈存》由方浚颐刊行于光绪初年，已是小松晚年的谱局了。小松北上入京时，路经山东，曾被武峄东留住，两人合编了《新旧弈谱汇选》，其中所选乃是清代前期和当时的棋局。周小松自选编辑《餐菊斋棋评》一书于同治十一年（1872年）首次刊印于扬州无弦琴室，与清初徐星友编著的《兼山堂弈谱》并称为清代两大评谱名著。

周小松弈品棋风高尚，有史称："小松如名儒硕学，经明行修，均称定论。"刘善承所主编的《中国围棋史》中说："周小松弈品高，棋风好，不畏权势，不受贿赂，谦逊而不自夸。"

周小松的声名不但遍于国内，而且远播海外。日本棋书多次提到，著名八段棋手井上庵幻因硕想来中国，与小松切磋棋艺的故事。可惜限于种种条件，井上竟不能如愿以偿。

在我国近代围棋史上，小松是一个关键性的人物。他虽然来不及看到"势子对局"以后的时代，但是在中国开始废弃"势子对局"这个围棋发展的转折点上，他起到继往开来的作用，对我国的围棋发展做出了巨大贡献。小松一生足迹遍于大江南北，桃李满天下。遗憾的是，他的弟子之中竟然没有一个人能够超过老师，为华夏的围棋增光。

周小松活了七十余岁，称霸弈台近半个世纪。他虽为振兴围棋呕心沥血，但也无力回天，中国封建社会围棋的最后一道晚霞消失在扬州，只留下苍茫的暮色。

1891年周小松辞世后，中国围棋跌进谷底，进入一个没有国手的时代。"周卒后，迄今尚无国弈也。故有清一代弈国手，实以周为之殿云。"（裴毓麐《清代轶闻》）周小松的去世作为一个围棋时代结束的标志，从这种意义上讲，末代国手周小松成为我国古代围棋的绝唱。

十一、聊斋志异与扬州围棋

蒲松龄（1640—1715年），世称聊斋先生，自称异史氏。清代杰出文学家。清初文言短篇小说集《聊斋志异》的作者。他在《棋鬼》一篇中讲到一个扬州副总兵下围棋时遇到一个"棋痴"的故事。

蒲松龄是山东人，扬州是他唯一一次远游的地方。蒲松龄曾随孙蕙一起到过扬州，并有《元宵后与树百赴扬州》诗。清康熙九年（1670年），31岁的蒲松龄应同乡学友、宝应知县孙蕙之邀，到宝应做幕宾，开始了他的南游之行。《聊斋志异》的故事，有揭露当时社会黑暗、政治腐败，鞭挞贪官酷吏，同情穷苦善良民众的；有抨击科举制度的罪恶和弊端的；还有写男女之间真挚爱情的。这些故事的主题思想自然和蒲松龄在宝应一年的幕宾生活有关，而直接源于扬州宝应传说的至少有30篇。

蒲松龄在《聊斋志异》中讲了一个"棋鬼"的故事，一个爱好下围棋的书生，他对围棋的爱好竟然到了变态，令人发指的程度，最终自毁前程。蒲松龄形象生动刻画了一个棋痴：明知道自己下棋很烂，却仍嗜好下棋，并喜好到了忘乎生死的程度，这种人的确少见。这就告诉人们，人不可没点爱好，有爱好的人生才是充实、丰富、有滋味的人生；但如果把"爱好"换成"嗜好"，那就不好了。

蒲松龄讲的故事是：

梁公曾任扬州副总兵，他辞官归乡后，每天的爱好就是邀上一两个好友到山间饮酒下棋取乐。这天，他和朋友正在下棋，来了一个衣着寒酸的书生，站到他们旁边就目不转睛地瞧了起来。这书生虽然衣着简陋，但神态之间却颇为儒雅，梁公一看，就觉此人不俗，颇有文士之风。

于是，梁公热情地邀请他坐下来一起对弈，并把自己的位置让给他。

聊斋志异　棋鬼

开始书生还很推让，但也就是推辞了那么一下，他马上屁股像是粘在石凳上一般坐了下去，就再也不起来了。本来梁公以为这位公子应该棋艺颇高的，谁承想那一手烂棋下得，简直惊天地泣鬼神，连跟他对弈的人都怕了，几次吵着要回家。但他就是拉着人家不让走，无奈，人家只得陪他下，一直从早晨下到黄昏，中间这书生连一趟厕所都没上过！而且给他酒也不喝。当真是"棋痴"啊！

一直快到傍晚的时候，他因一个落子问题跟对方激烈争吵了起来，吵着吵着离开了棋盘，他忽然整个人都呆立住了，忽然之间变得失魂落魄，好像他忽然幡然醒悟，想起了什么重要的事情一般。

他颓然地呆立在那里，没有一丝言语，梁公看了也不禁大惊失色，忙问他出了什么事。书生长叹一声对梁公说道："我本非人，而是鬼，此次本是奉阎罗王之命，前往东岳大帝那里奉上诗文以示庆贺东岳风楼建成的，而且阎罗王也早已跟东岳大帝说好，时间就定在今日下午。没承想，哎！我因痴迷下棋成嗜，经过此地看到你们在此下棋，一观之下，竟把这么重要的事情都给抛诸脑后了，实在该死，该死啊！"良久，他又哀叹道："我出离地狱无期矣！"

梁公一听也很惊讶，武人出身的他倒并不害怕，又问道："那我该如何帮你呢？"书生长叹一声说道："事到如今，您已帮不上我了。不过还烦请将军嘱咐您的家臣马成抓我的时候不要系我的脖子，那会很疼。"

原来，马成这个人时常替补阴间的差事来阳间抓人，这叫作"走无常"，这几天刚好马成又赶上走无常，又刚好是要奉命来捉拿书生的。梁公回到家之后，果然看到马成僵卧在床上，没有一丝气息，但他知道马成是可以听到的，就立即斥责僵卧中的马成不得对书生无礼，可等他再回过头看时，本在他旁边的书生早已化为一缕青烟消散不见了。

又过了一天，马成醒了，梁公差人唤他来问话，一问之下才知道书生的身世：

原来，这书生本是湖襄一带人氏，家中本颇有家资，只因此人性癖下棋，而且已到了无棋可下就发狂的程度，慢慢地竟把大好家业都给败进去了！他父亲也无可奈何，看他这样，又怕将来他因此耽误了学业更无出路，就把他反锁在书斋里，不许他出门。谁承想，这人半夜竟趁家人不备，自己偷偷翻墙出去，又找那些人下棋取乐了，几次三番都是这样。他父亲知道后，竟被他活活给气死了。阎罗王知道了这件事，认为此人大不孝，就大大减少了他的阳寿，并将他罚进了饿鬼道，至今已整整七年有余！

前几天适逢东岳大帝凤楼建成，广招天下各府文人作碑记，阎罗王本已将他的名字给报上去，并将此行作为给他自己还阳的一次机会，只要他能准时赴宴并作好文章，立即就可再托生为人。谁承想……

梁公听罢，也不禁长长叹了口气，说道："一个癖好误人，竟能到了如此地步啊！"

异史氏说："看见下棋就忘记这可能会让自己早死，而等到死了之后，再看见人下棋，又能忘记自己本有机会可以复生。这难道不是因为他所欲求的东西更有甚于生者吗？但是爱好下棋都爱好到这个地步了，却仍然不能下得哪怕一招妙棋，这实在是徒然令九泉之下，永远永远都有一个长死不生的棋鬼啊！悲哀啊！"

附《棋鬼》原文：

> 扬州督同将军梁公，解组乡居，日携棋酒，游翔林丘间。会九日登高与客弈，忽有一人来，逡巡局侧，耽玩不去。视之，目面寒俭，悬鹑结焉，然意态温雅，有文士风。公礼之，乃坐。亦殊拘谦。分指棋谓曰："先生当必善此，何不与客对垒？"其人逊谢移时，始即局。局终而负，神情懊热，若不自已。又着又负，益愤惭。酌之以酒，亦不饮，惟曳客弈。自晨至于日昃，不遑溲溺。方以一子争路，两互喋聒，忽书生离席悚立，神色惨阻。少间，屈膝向公座，败颡乞救，公骇疑，起扶之曰："戏耳，何至是？"书生曰："乞嘱付圉人，勿缚小生颈。"公又异之，问："圉人谁？"曰："马成。"

> 先是，公圉役马成者，走无常，十数日一入幽冥，摄牒作勾役。公以书生言异，遂使人往视成，则已僵卧三日矣。公乃叱成不得无礼，瞥见书生即地而灭，公叹咤良久，乃悟其鬼。越日马成寤，公召诘之。成曰："渠湖襄人，癖嗜弈，产荡尽。父忧之，闭置斋中。辄逾垣出，窃引空处，与弈者狎。父闻诟詈，终不可制止，父赍恨死。阎王以书生不德，促其年寿，罚入饿鬼狱，于今七年矣。会东岳凤楼成，下牒

诸府，征文人作碑记。王出之狱中，使应召自赎。不意中道迁延，大
愆限期。岳帝使直曹问罪于王。王怒，使小人辈罗搜之。前承主人命，
故未敢以缧绁系之。"公问："今日作何状？"曰："仍付狱吏，永无生
期矣。"公叹曰："癖之误人也如是夫！"异史氏曰："见弈遂忘其死；
及其死也，见弈又忘其生。非其所欲有甚于生者哉？然癖嗜如此，尚
未获一高着，徒令九泉下，有长死不生之弈鬼也。哀哉！"

十二、扬州八怪与围棋

扬州八怪，是清康熙中期至乾隆末年活跃于扬州地区的一批风格相近
的书画家的总称，美术史上也常称其为"扬州画派"。一般指金农、郑燮、
黄慎、李鱓、李方膺、汪士慎、罗聘、高翔。也有人提到其他画家，如阮
元、华岩、闵贞、高凤翰、李勉、陈撰、边寿民、杨法等，因画风接近，
也可并入。因"八"字可看作数词，也可看作约数。他们大多出身贫寒，
生活清苦，清高狂放，书画往往成为抒发心胸志向、表达真情实感的媒介。
扬州八怪的书画风格异于常人，不落俗套，有时含贬义，因此称作"八
怪"。

早在唐代，围棋已成为流行于文人雅士之中的休闲方式，不仅有很多
王公贵族成为围棋迷，就连杜甫、杜牧、白居易、元稹等赫赫有名的大诗
人也不例外，他们下围棋的逸闻趣事也不胜枚举。到了清代，扬州八怪与
围棋就必然有着千丝万缕的联系。

郑板桥（1693年—1766年），原名郑燮，字克柔，号理庵，又号板桥，
人称板桥先生，江苏兴化人。康熙秀才，雍正十年（1732）举人，乾隆元
年（1736年）进士。官山东范县、潍县县令，政绩显著，后客居扬州，以
卖画为生，为"扬州八怪"重要代表人物。郑板桥一生只画兰、竹、石，
自称"四时不谢之兰，百节长青之竹，万古不败之石，千秋不变之人"。其
诗书画，世称"三绝"，是清代比较有代表性的文人画家。

郑板桥青少年时代，曾经与表妹有一段刻骨铭心的爱情经历，但由于封建礼教、曲折的生活道路以及其他原因，有情人终于未成眷属。然而早年那炽热的感情却使他终生难忘，不时在他的诗词中发出回响。他在《虞美人·无题》中写道：

"盈盈十五人儿小，惯是将人恼。撩他花下去围棋，故意推他劲敌让他欺。而今春去花枝老，别馆斜阳早。还将旧态作娇痴，也要数番怜惜忆当时。"

词中前半部分是描写表妹十五岁时，郑板桥和她下围棋的情景，后半部分是描写表妹嫁人以后，板桥在外地馆舍中的一番痴想。可见板桥始终没有忘记这位表妹。

郑板桥在《满庭芳·赠郭方仪》词中，曾用真诚坦率、质朴本色的语言，以围棋做比喻劝导朋友：

"白菜腌菹，红盐煮豆，儒家风味孤清。破瓶残酒，乱插小桃英。莫负阳春十月，且竹西村落闲行。平山上，岁寒松柏，霜里更青青。乘除天下事，围棋一局，胜负难评。看金樽檀板，豪辈纵横，便是输他一著，又何曾著著让他赢！寒窗里，烹茶扫雪，一碗读书灯。"

词中"乘除天下事，围棋一局，胜负难评"。天下事，盛衰无常，这就好似下围棋一样，一局棋胜负难以料定。许多英雄豪杰，看破红尘，了悟人生无常，有人就此放下欲望、执念，潜迹歌酒。世事既如棋局，输赢乃是常事，一着输，不意味着着着输，又何必计较这一着的输赢呢！读书就是书生的本分，放下执着妄想，心情惬意，烹茶扫雪，用心读书，顺其自然就是了，安贫乐道，不必执着于去追名逐利。这里，郑板桥用安贫乐道和世事盛衰无常之理来开导友人郭方仪。三言两语，朴实易懂，却蕴含哲理，"便是输他一著，又何曾著让他赢！"

郑板桥与清代围棋国手梁魏今有过交往。梁魏今，江苏淮安人。清雍正、乾隆年间，与程兰如、范西屏、施襄夏并称围棋四大家。梁魏今可说是四大家中的师长，而范、施二人青出于蓝，棋艺超过了梁魏今。梁魏今的棋风，以奇巧多变为最大特点。施襄夏在《弈理指归》自序中言："奇巧胜者梁魏今。"

梁魏今不但棋艺高超，品行亦高。从不自傲，在云游江浙一带时，他结交了许多名流，包括郑板桥。在《板桥集》中有一首《赠梁魏今国手》的诗：

> 坐我大树下，秋风飘白髭。朗朗神仙人，闲息敛光仪。
> 小妇窃窥廊，红裙扬疏篱。黄精煨正熟，长跪奉进之。
> 食罢仍闭目，鼻息细如丝。夕影上树梢，落叶满身吹。
> 机心付冰释，静脉无横驰。养生有大道，不独观弈棋。

这首诗将梁魏今弈棋时的神态描绘得淋漓尽致，对弈中的梁魏今超然若仙，思绪完全沉浸在棋局中。全诗仿佛是一幅生动画卷，作者赞扬了梁魏今的良好风范，也再现了对弈中悟出的养生之道，可见大画家郑板桥对梁魏今是十分佩服的。

"扬州八怪"之一的李方膺与围棋有一段传奇式的悲剧故事。

李方膺（1695年—1755年），字虬仲，号晴江，别号秋池、抑园、白衣山人等，江南通州（今江苏南通）人。中国清代诗画家、官员，能诗，擅画松竹兰菊，尤长写梅。用笔倔强放纵，不拘成法，苍劲有致，为"扬州八怪"之一。他为官刚正不阿，廉洁爱民。出身官宦之家，曾任乐安县令、兰山县令、潜山县令、代理滁州知州等职，为官时"有惠政，人德之"，后因遭诬告被罢官，去官后寓南京借园，自号借园主人，常往来扬州卖画。

李方膺在合肥当县官时，年尾将至，按官场惯例，年关各县都要向知府送年礼，此事切不可怠慢。有人提醒他，要准备年礼了。结果，李方膺准备了两大坛子酸白菜送给知府。知府心想，这家伙名不虚传，果然是只刺儿头。过了年，知府约李方膺喝茶，李方膺来了，知府跟他说些闲话，可是李方膺只是木头木脑。知府见此，就邀李方膺下围棋，说："盛世太平，天下无事，今日春和景明，听说李大人棋艺不凡，不如切磋两盘？"

两人下着棋，渐渐时间过了中午，衙门里静悄悄的，阳光照进窗子，杨花雪扑了进来，落到棋盘上，黑的愈黑，白的愈白。李方膺摸摸胡子，揉揉鼻子，左边屁股抬抬，右边屁股抬抬，好像凳子上长了刺。棋局没过半，李方膺就站起身来，拱拱手道，下官有事，日后再奉陪大人吧！说罢扬长而去。过了一段时日，来了一群官兵，把李方膺从县衙里抓走，罪名是囤米、受贿、贪赃。官司一审就是三年，最后却是查无实据放人。李方膺离开合肥到南京、扬州一带以卖画为生。

金农（1687—1763年），清代书画家，扬州八怪之首。字寿门、司农、吉金，号冬心先生、稽留山民、曲江外史、昔耶居士、寿道士等，因其人生历经康熙、雍正、乾隆三朝，所以自封"三朝老民"的闲号，钱塘（今浙江杭州）人，晚寓扬州，卖书画自给。其画造型奇古，善用淡墨干笔做花卉小品，尤工画梅。

金农，诗、文、书、画无所不精，围棋的水平如何无法考证，不过金农曾写过《水北兰若与孔毓铭对棋即送归里》："僧寮一局子丁丁，本欲忘机机反生。""子丁丁"指的就是下围棋的声音。

瘦西湖万花园景区中有一座静香书屋，传说为金农而建。静香书屋重建于1992年，"静香书屋"几个字则是金农的漆书。书房内，松林梅的木雕罩格，条几上供桌屏、花瓶，书桌上置文房四宝，多宝架上摆放线装古书，圆桌上一盘围棋，令人驻足其间，仔细把玩，余味无穷。

2011年"4·18"期间，在扬州东关街长乐客栈门前，扬州艺术家曾表演了一出"扬州八怪"情景剧，其中有郑板桥与金农在下围棋的场景。

清乾隆年间，金农与丁敬、吴颖芳并称为"浙西三高士"。吴颖芳（1702—1781年），字西林，自号树虚，清仁和（今杭州）人。喜欢下围棋。吴颖芳出身商人世家。15岁时父亲去世，家业沦入奸商之手，所得父业财产不到一半。一次赴县应试，遭到吏役呵斥，引以为奇耻大辱，从此不再应举，唯以发愤读书自娱。他家有桑竹园池之胜，游客常至，必以赏花、钓鱼、下围棋、赋诗、吹笛、鼓琴等相待，尽欢而散。吴颖芳在《金寿门》（金农，字寿门）一诗云："淮山新月照摇鞭，数载平生是犬仙。水馆驿前联句会，赋归还剩几巴笺。"由此可见两人友谊之深。

陈撰为"扬州八怪"画家群体之一，是扬州八怪中唯一不以卖书画为生计的画家。陈撰，清朝乾隆年间著名学者、画家、诗人、文学家、收藏家。字楞山，号玉几、玉几山人等。浙江鄞县（今宁波鄞州区）人，曾寓居钱塘（今浙江杭州）。常游走于江淮间，并流寓扬州，常与汪士慎、高翔、万鹗等在扬州马日琯玲珑山馆赋词作画。所作花卉，疏简间逸，格调清雅，尤精写梅。为人品性孤洁，不愿与达官贵人交往。

陈撰在纂录的《书画涉笔》中曾引用明人徐渭《宴游烂柯山》一诗："万山松柏绕旌旗，少保南征暂驻师。接得羽书知贼破，烂柯山下正围棋。"根据浙江衢州民间传说，围棋之根在烂柯山。北魏郦道元《水经注》中云：晋时有一叫王质的樵夫到石室山砍柴，见二童子下围棋，便坐于一旁观看。一局未终，童子对他说，你的斧柄烂了。王樵回到村里才知已过了数十年。因此后人便把石室山称为烂柯山，并把"烂柯"作为围棋的别称。至今"烂柯"一词在国内外棋类书刊上仍屡见不鲜。日本高段棋手还常将"烂柯"两字书于扇面，用以馈赠亲友。我国一些围棋古典弈谱，还有不少根据"烂柯"而定书名。

边寿民（1684—1752年），是为"扬州八怪"画家群体之一，初名维祺，字颐公，又字渐僧、墨仙，号苇间居士，江苏山阳人（今淮安区），晚号苇间老民、绰翁、绰绰老人，清代著名画家。曾考中秀才，善画花鸟、蔬果和山水，尤以画芦雁驰名江淮，有"边芦雁"之称。他又工诗词、精中国书法。和郑板桥、金农等人齐名。

边寿民绘有《围棋图》杂画册页，纸本墨笔，今藏于故宫博物院。《围棋图》中画有围棋盒和棋盘，左上方题款云："长日如年，午睡初足，素心客来，与之对局。余不知弈，而能领弈趣，故图清具必及之，如渊明之无弦琴耳。"“余不知弈，而能领弈趣”，说明边寿民并不擅弈，但能够领略棋趣。

华岩（1682—1756年），一作华嵒，字德嵩，更字秋岳，号白沙道人、新罗山人、东园生、布衣生、离垢居士等，老年自喻"飘篷者"，福建上杭人，后寓杭州。他的中晚年一直频繁往来于杭州、扬州，以卖画为生。在扬州他结识了金农、高翔、李鱓、郑板桥及盐商巨子马曰琯、马曰璐兄弟，彼此交流切磋，诗画酬答，使其绘画修养得到多方面的拓展。华岩工画人物、山水、花鸟、草虫，脱去时习，力追古法，写动物尤佳。又善书，能诗，时称"三绝"，为清代杰出绘画大家，扬州画派的代表人物之一。

华岩绘有《竹楼雅居图》，写王禹偁《黄冈竹楼记》。

王禹偁（954—1001年），北宋白体诗人、散文家。敢于直言讽谏，因此屡受贬谪。写有《黄冈竹楼记》：

　　黄冈之地多竹，大者如椽。竹工破之，刳去其节，用代陶瓦。比屋皆然，以其价廉而工省也。

　　子城西北隅，雉堞圮毁，蓁莽荒秽，因作小楼二间，与月波楼通。远吞山光，平挹江濑，幽阒辽夐，不可具状。夏宜急雨，有瀑布声；冬宜密雪，有碎玉声。宜鼓琴，琴调虚畅；宜咏诗，诗韵清绝；宜围棋，子声丁丁然；宜投壶，矢声铮铮然；皆竹楼之所助也。

　　公退之暇，被鹤氅衣，戴华阳巾，手执《周易》一卷，焚香默坐，消遣世虑。江山之外，第见风帆沙鸟，烟云竹树而已。待其酒力醒，茶烟歇，送夕阳，

边寿民绘围棋图

迎素月，亦谪居之胜概也。彼齐云、落星，高则高矣；井干、丽谯，华则华矣；止于贮妓女，藏歌舞，非骚人之事，吾所不取。

吾闻竹工云："竹之为瓦，仅十稔；若重覆之，得二十稔。"噫！吾以至道乙未岁，自翰林出滁上，丙申，移广陵；丁酉又入西掖；戊戌岁除日，新旧岁之交，即除夕。有齐安之命；己亥闰三月到郡。四年之间，奔走不暇；未知明年又在何处，岂惧竹楼之易朽乎！幸后之人与我同志，嗣而葺之，庶斯楼之不朽也！

咸平二年八月十五日记。

这篇文章以竹楼为核心，先记叙黄冈多竹，可以用来代替陶瓦，且价廉工省。继而描写在竹楼上可观山水、听急雨、赏密雪、鼓琴、咏诗、下棋、投壶，极尽人间之享乐；亦可手执书卷，焚香默坐，赏景、饮酒、品茶、送日、迎月，尽得谪居的胜概。借齐云、落星、井干、丽谯各名楼反衬竹楼的诗韵，表明作者甘居清苦、鄙夷声色的高尚情怀。继而写奔走不暇，眷恋竹楼之意。

华岩的《竹楼雅居图》薪篁如云，曲径通幽。临江箭楼，远吞山光，近挹江濑。画境平和开阔，与隐者的心境甚合，亦与华嵒一生清贫、晚年但求安宁的心境甚合。

《竹楼雅居图》题识写道："予城西北隅，雉堞圮毁，蓁莽荒秽。因作小楼二间，与月波楼通。远吞山光，平挹江濑，幽阒辽夐，不可具状。夏宜急雨，有瀑布声；冬宜密雪，有碎玉声。宜鼓琴，琴调和畅；宜咏诗，诗韵清绝；宜围棋，子声丁丁然；宜投壶，矢声铮铮然；皆竹楼之所助也。公退之暇，被鹤氅衣，戴华阳巾，手执《周易》一卷，焚香默坐，消遣世虑。江山之外，第见风帆沙鸟，烟云竹树而已。待其酒力醒，茶烟歇，送夕阳，迎素月，亦谪居之胜概也。乙亥冬，偶录竹楼记一则并图。新罗山人，时年七十有四。"

文中"宜围棋，子声丁丁然"的意思是这里适宜下棋，棋子声叮叮动听。

十三、著名美食家与扬州围棋

袁枚（1716—1798年），清朝乾嘉时期代表诗人、散文家、文学批评家和美食家。字子才，号简斋，晚年自号仓山居士、随园主人、随园老人。钱塘（今浙江杭州）人。曾先后任江苏溧水、江宁、江浦、沭阳县令，为官政治勤政，颇有声望，但仕途不顺，无意吏禄。后辞官隐居于南京小仓山随园，著有《小仓山房文集》《随园诗话》《补遗》《随园食单》等书。

袁枚与扬州有着很深的渊源。在他的传世著述中，最著名的是《随园诗话》，记录了那个时期许多与诗歌创作有关的趣闻逸事。其中，书中直接提及扬州的就有60处之多。扬州与南京毗邻，当年扬州经济繁荣，文风炽烈，文人雅士时常聚会于此。袁枚的四妹嫁到扬州，于是，他常来常往于扬州。时任两淮盐运使的卢雅雨，创议虹桥修禊，邀袁枚赴扬州。他即以四首奉和之作称颂："人间此后论明月，未必扬州只二分。"东关大街的小玲珑山馆，藏书丰富，袁枚莅临扬州经常借宿在此。

袁枚与扬州八怪相知相识。扬州八怪之一的罗聘感于人情世态，作《鬼趣图》，讽世意味甚深。袁枚赋诗相赠："我纂鬼怪书，号称《子不语》。见君画鬼图，方知鬼如许。得此趣者谁，其惟吾与汝。"罗聘为袁枚画过像，据说，袁枚家人不满，说罗聘的画太失真。袁枚极力辩白："我有二我：家人目中之我，一我也；两峰画中之我，一我也。人苦不自知，我之不能自知其貌，犹两峰之不能自知其画也。"袁枚的一番阐释使家人气平，又给朋友罗聘留住了面子。

《扬州画舫录》作者李斗是袁枚的晚辈，比袁年轻34岁，对这位文坛前辈奇人，充满崇敬之情。袁枚则对《扬州画舫录》这本书，非常钦佩。他欣然命笔，为《扬州画舫录》写下了文采飞扬、感情真挚的序言。

乾隆时期，社会上的文士名流推崇围棋，推动围棋浪潮不断高涨。袁枚则一生嗜好围棋。袁枚辞官隐居随园后，便开启了快意而洒脱的人生旅

袁枚

程，用心于花鸟鱼虫，琴棋书画。他在《送霞裳之九江》诗中写道："新共扬州看月明，谁知转眼赋西征。残棋再著知何日，怕听秋藤落子声。"袁枚用围棋表达对友人的情深谊长：听到秋藤上种子熟落到棋盘上，便联想到故人离别前未下完的棋局，对重逢向往，对失落惆怅。

袁枚喜欢下棋，也喜欢观棋，在《春日偶吟》中，他写道："拢袖观棋有所思，分明楚汉两局时。非常欢喜非常恼，不看棋人总不知。"

袁枚在这首诗中刻画了一位棋迷有时欢欣有时焦急的心理状态，写得栩栩如生，惟妙惟肖，不尽之意犹在言外。诗的第一句描写了观看下棋时的神态，撸起袖子静静地观看别人下棋并随棋局而思索，第二句揭示了对局的紧张气氛的原因：下棋的双方分明就是楚汉两军对峙。最后两句写感受，其中真正的高兴与苦恼，不是棋迷是体会不到的。全诗风格平易自然，语言浅近通俗。

在袁枚的诗集中，咏围棋的专篇和散句有很多。如《观弈》："清簟疏帘弈一盘，窗前便是小长安。不关我事眉常皱，阅尽人心眼更宽。黑白分明全局在，输赢终竟自知难。凭君着遍飞棋好，老谱还须仔细看。"再如《咏观棋》："悟得机关早，都缘冷眼明。代人危急处，更比局中惊。张步临奔海，陈宫见事迟。分明一着在，未肯告君知。肯舍原非弱，多争易受伤。中间有余地。何必恋边旁。"模拟观棋人的心情，颇为传神。

袁枚曾为棋圣范西屏、国手徐星标撰写墓志铭，对他们的精湛技艺和杰出人品推崇备至。袁枚曾亲见范西屏对弈，他说："余不嗜弈而嗜西屏，初不解所以，后接精髹器者卢玩之，精竹器者李竹友皆醲粹如西屏，然后叹艺果成皆可以见道。今日之终身在道中，令人见之怫然不乐。尊官文儒，反不如执伎以事上者，抑又何也？……"袁枚将"尊官文儒"与范西屏等人对比，认为他们"终身在道中""反不如执伎以事上者"，则是一种发自内心的感叹。

袁枚在其所著《山中行乐词》云："何物共闲戏？围棋亦偶然。买碑争旧拓，染笔试新笺。食品何曾纂，茶经陆羽编。搜奇兼志怪，俱是小游仙。"诗中所列举的围棋、金石、书画、饮食、搜奇，构成了袁枚文化生活的主要内容。晚清学者俞樾曾看过袁枚玄孙袁润所保存的《袁随园纪游册》，其中所记袁枚79岁、80岁两次出游苏、杭、浙东、金陵期间，几乎天天下棋，并详细记录输赢情况。俞樾因此题诗云："日日舟窗几局棋，输赢几子必书之。"可知袁枚对下棋的态度是严肃认真的，而且越老兴趣越浓。

十四、清末民初扬州著名棋手陈子俊

陈子俊，晚清扬州著名棋手，善书法，偶作丹青。生年不详，卒年当在1913—1914年间。他与丁学博、王彦青、范楚卿四人被称为中华棋坛的"南四奇"，他们有的善战，有的善守，有的善屠龙，有的善官子，都是一世之雄。

据上海辞书出版社出版的《围棋辞典》中记载："陈子俊，近代棋手，江苏扬州人。曾于1910年在南京迎战日本高部道平，受二子。棋力与王彦青伯仲。为人寡言沉默，幼即有名弈界，曾校《子仙百局》弈谱。与周（小松）同里闬，闻弈局甚多。（见《周小松受子谱》）现有与张乐山、丁理民、吴祥麟等对局棋谱流传。"

另据《弈人传》载："陈子俊，扬州人，常与周小松对局，是《子仙百局》的校订者。曾在庐山与张乐山分先20余局，胜负大致相当。1910年他与日本高部道平对局，被让二子。"

日本棋手高部道平，1909年首次来到中国，把中国北方的棋手全部打到让二子。后在段祺瑞与南京、上海有关人士的策划下，于1910年下半年由官商合办的博览会"南洋劝业会"邀请高部道平至南京与中国南方棋手会战。首先上场的是上海的范楚卿，对子局大败。第二局让二子仍然大败。随后镇江的丁理民、扬州的王彦青、陈子俊上场，让二子互有胜负。1911年，在"中日首次围棋对垒"中，陈子俊受二子与日本高部道平对弈一胜一负，传为棋坛佳话。从此，陈子俊等著名棋手开启了废除围棋"座子制"旧规则。

中国围棋在创制之初，可能就与"座子"相生相伴了。在座子制流行的漫长岁月里，我国棋手无疑创造过许多足以传世的佳局。但是，随着清末民初日本棋手来华交流棋艺，中日间棋力的巨大差距暴露无遗，座子制越来越显示出它的弱点。黄铭功在《棋国阳秋》中称："日人对弈，不置角（座）子，即其破陈式之道。华人与之对局，古谱公式，废然无所用之。"这一落差，正说明了座子制的被废已成理所当然。所谓"座子"，就是两人对弈，先在棋盘上放两个白子，两个黑子，各占据两个角，然后开始对局。"座子"的历史可以上溯至两千年以前。据《中国围棋史》中的记录："从现有棋谱资料分析，宣统年间，我国名手已开始废除座子的探索性对局，李子平编印的棋谱《手谈随录》中，共刊登清末棋手对局130谱，其中陈子俊与丁理民废除座子分先两局。这两局棋是我国现存最早废除座子的实战谱，棋书的付印时间也最早。此后经过五六年，废除座子对局已占绝对优势，它始于清末，完成于民国初期。"

陈子俊与周小松同住在扬州城内的一个巷子里，比邻而居，长期受到周小松的教诲，在年龄上是周小松的晚辈，在弈道上是周小松的学生。

十五、扬州祖孙三代名棋手

卞立言，生卒年不详，清代棋师，名文恒，江都人（今扬州人），出身于围棋世家，祖孙三代均以围棋而闻名于世。

道光《重修仪征县志》记载，卞立言七岁即知弈，兼善鼓琴，卒年七十四。他的祖父为清初康熙时的一流围棋手卞邠原，与"清代围棋十大家"

之一的周东侯、"清代三大棋圣"之一的黄龙士同时代，常为之角逐，艺虽不及周、黄，但与其余国手则不分轩轾。其父卞子兰，则与梁魏今、程兰如等国手同时代，卞子兰下棋表现出扬州人特有的精细，系让二子水平。卞子兰也曾撰写过围棋谱，约与范西屏的《桃花泉弈谱》同时，亦著有"起手、侵分、角图诸法十余门"，以传其子立言。

卞立言幼从范西屏、施襄夏学棋，后成名手，乃是范、施的高足。他的学习方法不墨守成规，而是取范、施"二师传授之秘，及子兰庭训之精，细加揣摩，将其间繁冗者释之，简略者补之"，形成自己全面周密、尤重官子的风格。

范、施去世后，东南棋坛曾一度后继无人，卞立言担心"后学无人问津"，毅然挑起东南棋主的重担，主持东南棋坛数十年。

卞立言晚年编撰了《弈萃》两卷，其中一卷为官子卷，又名《弈萃官子》。《弈萃》为清代著名棋谱之一，成书于嘉庆二十一年（1816年）。这部著作系统地阐述了围棋战理，对各部分布局的情况、变化和手势有详细的说明，评论了棋法着数的优劣，对手数作了记录。并附有精妙品评，对研究清初众国手的行棋风格具有较高价值。是研究清人对局的重要史料，同时也是清代棋谱的妙笔之作，庶几可略知围棋之源深流长。

卞立言是在中国围棋历史上第一个明确提出官子概念并著书立说的人。他在《官子》中开始比较明确地界定了"官子"一词的含义，其对官子的定义已经十分接近现代围棋的官子概念。

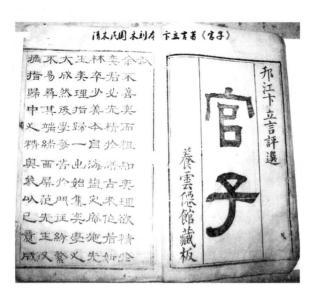

清末民国 木刻本 卞立言著《官子》

十六、扬州出版影印的围棋古籍

扬州雕版印刷技艺始于唐代，发展于宋元时期，兴盛于清代。唐穆宗长庆四年（824年），诗人元稹为好友白居易诗集《白氏长庆集》作序，注云："扬、越（扬州、越州）间多作书模勒，乐天（白居易）及余杂诗，卖于市肆之中也。"宋王明清《挥麈录》记述："《大业幸江都记》自有十二卷，明清家有之，永平时扬州印本也。"此处所说"模勒"即刻印。这都是扬州古代雕版印刷的史证。

明末棋坛造诣最深、名声最大的国手过百龄（1587年—1660年）是无锡人。他天资慧颖，爱好读书，也好下围棋。十一岁时就通晓围棋中的虚势与实地，先手和后手，进攻和防守之间的关系及其处理的方法。他与成年棋手弈局，常常取胜，名震无锡。过百龄所著《三子谱》，清雍正三年（1725年）由扬州梅影楼刊本，题为《过百龄先生秘著：受三子遗谱》，首页刻"雍正三年新镌"书名为《受三子遗谱》，题："过百龄先生秘著"和"梅影楼梓"。该书共一卷，前有题记、序文、凡例，还有参订、批评、校阅人姓氏。因采用写盘诗的方式，没有棋图，所有棋势均由文字展示，计"大角图"四十四变，"大压梁"五十变，"倒垂莲"六十变，"七三起手"五十变；书后没有跋文。四类204个变化图共有47页。在巫信车的序文中有这段文字："（程光珠）欲余携至金陵授梓，余首肯之，其如余萍踪羁滞，又淹留清源载余，乙巳冬始抵维扬，与旧好周确斋、王那居、张畏菴、李约斋、汪云书数先生，耿伯含、贯三、申也、昆季、王侣望、程紫星、陈东起诸君，或风雅领袖或声气英豪，云集剧谈，言及此谱始末，无不爱慕鉴赏，称为弈学津梁。邗上究心于弈者颇众，此则其欲求一见而不可得者也。群相鼓舞怂恿，因即在杨刊行，遂不发金陵之棹矣。"意思是说，本来打算去金陵出版发行，但在扬州棋友的要求下，改在扬州刻印。

《桃花泉弈谱》和《弈理指归》是我国历史上最有影响、价值最大的古

扬州出版影印的围棋古籍

谱之一，被称为古棋谱中的典范之作。这两部巨著都是在扬州首次刊刻问世的。

施襄夏（1710—1771年）是浙江海宁人，清代著名围棋国手。他与范西屏、黄龙士并称"清代三大棋圣"。他43岁时游历扬州，时任两淮盐运使的卢见曾邀他至署，他50岁时又客居扬州数年。他总结前人经验教训的基础上，于1759年写成《弈理指归》，卢见曾作序并刊行。《弈理指归》是一本著名的围棋书谱，与清代范西屏所著《桃花泉弈谱》并称为古棋谱中的典范之作。《弈理指归》是施襄夏十年棋艺思想、棋艺实践的总结，寓意深刻，是弈者必循之途径。

范西屏是清乾隆时期著名围棋国手。他与施襄夏同是浙江海宁人，但造就他走上围棋生涯辉煌顶点的却是扬州。他在56岁时长期居住扬州。两淮政运使高恒安排他作幕僚，住在盐运署。乾隆三十年（1765年），范西屏根据《弈理指归》中的棋局，加上自己的教学心得，写成《桃花泉弈谱》。当时盐政署西面有桃花书屋，阶下有一井名桃花泉，高恒便题书名为《桃花泉弈谱》，并拨署中公款代印此书。邓元鏸在为《桃花泉弈谱》作的序中说："桃花泉者，鹾署井名也。名谱以地，人鲜知之。赖有麟庆见亭《鸿雪因缘图记》，记之也。"《桃花泉弈谱》"戛戛独造，不袭前贤"，内容异常丰富、全面，精辟地记载了范西屏对于围棋的独特见解。此书一出版，便轰动棋坛，风行一时，以后重刻版本很多，二百年来影响了无数棋手。

范西屏和施襄夏代表了中国封建社会围棋的最高水平，是中国围棋发展史上的一座高峰。时人誉范西屏为"海内棋圣""弈林太白"，称施襄夏为"棋中杜陵"。范西屏、施襄夏等人把中国围棋推到了前所未有的高度。

周小松是扬州人，清道光年间围棋国手，"清末第一流之弈家"，自21岁成为享名全国的棋手后，驰骋晚清棋坛五十多年。周小松出生在嘉庆年间，此时清政权已越来越腐败，中国围棋也日趋冷落衰败。周小松毕生致力于重振围棋，为日薄西山的棋坛带来一抹夕照。周小松平生注重围棋研究和著书立说。他的棋谱留存较多，清同治十一年（1872年），周小松晚年编著的《餐菊斋棋评》一书，首次刊印于扬州无弦琴室，与清初徐星友编著的《兼山堂弈谱》并称为清代两大评谱名著。《餐菊斋棋评》从上千局实战对局谱遴选出27局对弈谱，每局棋谱都加上详细精当的评述。

清同治八年（1869年），方浚颐任两淮盐运使时，创办淮南书局，他招集学士，校刊经籍。方浚颐喜欢下围棋，曾与许多围棋高手相过从。据其自述，国手徐耀文来扬州，与其对弈，一开始徐让方四子，每日八局，三日后即减为二子，又二十日，"居然对垒争雄矣"。方浚颐后将对局辑成《待月誃弈存》，与《蜀山草堂弈存》《皖游弈萃》合称《棋谱三编》。另外，周小松晚年的棋谱《蜀山草堂弈存》《皖游弈萃》后也由方浚颐刊行。

1958年，扬州广陵古籍刻印社成立，该社保存着传统的、纯手工的雕版印刷技艺，是国家非物质文化遗产（雕版印刷技艺）传承单位，2009年被联合国教科文组织入选"人类非物质文化遗产代表名录"。

1991年，广陵古籍刻印社出版了《棋谱三编：附周懒予棋谱》。周懒予是明末清初围棋国手。浙江嘉兴人。他与过百龄交手，两人各有胜负，但周懒予占有优势，这就是著名的"过周十局"。"双飞燕"著法是周懒予经常使用并使之流传开的。周懒予的棋著有《围棋谱》一卷。

1991年，广陵古籍刻印社出版了《寄青霞馆弈选》。该书系清末著名藏书家王存善所辑录的大型围棋丛谱，编成于光绪年间，包括正编八卷、续编八卷，共收录棋谱九百六十局，几乎包括了自明末至晚清所有名手的对局，甚至目光远及海外，可为清代棋谱集大成者，为后世研究清代棋坛提供了重要依据，为弘扬中国传统围棋文化做出重大贡献。

1991年，广陵古籍刻印社出版了李汝珍的《受子谱选》影印本。李汝珍（约1763年—1830年）是北京人，清代著名小说家。他博学多才，精通文学、音韵等，现存最著名的作品是《镜花缘》。李汝珍"博物君子，而精于弈"。《受子谱》虽是一部围棋棋谱，但该书渗透了李汝珍的弈棋思想。

李汝珍酷爱围棋，并对弈谱棋势有较深的研究，因此在《镜花缘》中写及才女们弈棋时得心应手，甚至众花仙被贬下凡也是因为百花仙子与麻姑下棋误事引起的。

2013年6月，广陵古籍刻印社重新整理、影印了宋本《忘忧清乐集》。在中国围棋古谱中，宋本《忘忧清乐集》是我国现存最早的一部刻印本围棋专著，由御书院棋待诏李逸民编著，因宋徽宗有"忘忧清乐在枰棋"的诗句而得名。书中收有《棋经十三篇》以及宋以前历代著名对局。广陵古籍刻印社这套影印宋刊本《忘忧清乐集》逼真地再现了宋版风貌，使得《忘忧清乐集》走入大众的视野并受到棋界的广泛关注。

—下 篇—
扬州围棋繁荣

第一章 扬州围棋的春天

一、扬州围棋的复兴

1949 年 10 月 1 日，中华人民共和国宣告成立。崭新的、生机勃勃的社会主义制度，给围棋事业的繁荣和发展提供了良好的社会条件，开辟了广阔的前景。

在清末民初，政权日趋腐败堕落，河道年久失修，运河水竭，又由于津浦、沪宁铁路兴建和海运兴起，扬州运河优势渐失，盐运亦渐衰退，扬州失去原有运河水运枢纽的地位，城市已无昔日繁华，围棋盛况不在。但是，千年古城扬州有着丰厚的文化积淀，围棋在民间还比较普及。

1949 年中华人民共和国成立后，扬州瘦西湖、茱萸湾和城区茶楼有卜围棋的地方。围棋爱好者中，有机关干部、文人雅士，也有贩夫走卒；有耄耋老人，也有垂髫少年。

从 20 世纪 50 年代开始，国家体育运动委员会逐步把开展围棋活动列入议事日程。1956 年，国家把围棋列为国家体育项目。1957 年，开始定期举行全国围棋比赛。1962 年成立了中国围棋协会。扬州也先后组织起有序的竞争、选拔和培养机制，逐步推动围棋事业的发展。

1953 年，扬州市工人文化宫建成，几十年来，一直成为全市职工群众的政治生活中心、文化活动中心、娱乐休闲中心。工人文化宫在新落成的"工人之家"大楼，辟出 200 平方米活动室作为棋室，内有围棋、扑克牌、图书、军棋、跳棋、斗兽棋等。当时，下象棋的人很多，下围棋的人还比较少。

20世纪50年代，广陵小学教师傅兆裕在扬州市的比赛中曾获得第二名，他经常参加棋类比赛的裁判和组织工作，开展围棋的启蒙教育。20世纪90年代，扬州市举行围棋家庭比赛，他和他的儿子组成父子队，获得冠军。他的家也是棋手经常下棋的地方。

1958年全国棋类锦标赛华东地区的比赛在扬州个园举办以后，在扬州引起轰动。

扬州市体育运动委员会在渡江路开设棋类俱乐部，有近200平方米。曾担任扬州私立新华中学校长、后任扬州市副市长的陆勤爱好围棋，一有空就到那里去下围棋。据说，当时江泽民同志在回扬州探亲时，也曾莅临过棋类俱乐部，观看围棋。

1958年，冯业世代表扬州参加全国棋类锦标赛华东赛区（六省一市）的比赛。

20世纪60年代，担任扬州地委第一书记的胡宏爱好围棋，有空闲时喜欢下围棋。

20世纪60年代，扬州棋手参加了江苏省组织的一些比赛。

20世纪50年代至60年代，扬州中学教师陈舜年是江苏棋坛的一代名师。他在扬州市的比赛中曾获得个人冠军，在江苏省和南京市的比赛中也曾得过第二、第三的好名次。他还培养出不少著名棋手。他为江苏围棋的发展做出了巨大贡献。

20世纪60年代，在扬州市体委工作的栾宇春不仅自己钻研围棋，还积极推广围棋。在姚伟鼎的主持下，他积极参与并筹建了扬州市棋类协会，使围棋爱好者队伍逐年发展壮大，为扬州围棋事业的发展，做出了重要贡献。

1966年开始的"文化大革命"，围棋被当作"四旧"取缔了，正常的围棋研究和比赛无法进行，中断了围棋事业的发展，失去了一段宝贵的时光。

20世纪70年代，扬州棋手参加了"劲松杯"全国老干部围棋比赛。

20世纪70年代，扬州市体委棋类教练李翰书是国家级围棋裁判。因他比较喜欢围棋，便专抓围棋工作。他从事围棋启蒙教育工作辛勤耕耘、锲而不舍长达二十多年。我市早期的一批少年儿童围棋手和女子棋手都是经他启蒙培训出来的。

20世纪80年代改革开放后，国家政通人和，国泰民安，围棋事业也蒸蒸日上，爱好者的人数迅速增加，围棋事业展示了繁荣和美好的发展前景。

20世纪80年代，扬州、镇江两市合办了围棋擂台赛。

1987年，姜伟就在北矢巷6号家中开办了棋室，命名为"棋友之家"。对扬州围棋的普及提高起到了很大的推动作用。姜伟爱好围棋，他为了满足广大围棋爱好者学习围棋的愿望，将几间住房腾出供大家下围棋。当时没有棋盘，就动手画。没有棋子，就用冲床的铁边角料冲出圆饼状，再涂上黑白漆当棋子。由于"文化大革命"后，百废待兴，下棋场所匮乏，这里吸引了众多围棋高手前来取乐，也培养了一大批青少年围棋爱好者。他们当中很多成了扬州围棋的中坚力量。所以，后来有人戏称："扬州北矢巷6号是扬州围棋界的黄埔军校。"

1988年，扬州市围棋协会主席姚伟鼎筹措资金在广陵区体委处创办了办公室和棋室。

1988年12月28日，扬州市棋类协会正式成立，从此，开创了扬州市棋类活动的新局面。扬州的围棋活动逐步走向制度化、规范化管理过程。30年来，在扬州直接参与围棋活动的人数有十五万人之多，遍布全市各县（市、区）。

从此，扬州市围棋协会有了固定和完善的围棋活动场所，吸引了许多棋迷前来交流切磋，有力推动了围棋的普及和发展。棋室每年还举办各种形式的棋类比赛。

2008年，接任的扬州市围棋协会主席任杰又筹措资金，拆掉桥牌协会活动室隔墙，将桥牌和围棋活动室合为一家，活动室面积扩大一倍，面貌焕然一新。

随着围棋的普及和提高，扬州市积极参加江苏省、全国各类比赛，特别是1988年扬州棋协成立后，每年都要组织各种类型的围棋比赛，有力推动了围棋活动的开展。市区及各县（市、区）棋类活动活跃，经常举办县级比赛及县际比赛、友谊赛、擂台赛。

从1990年起，扬州每年举办一届"棋协杯"市围棋、象棋比赛，是扬州市水平最高的传统比赛项目。

从1988年到2019年，扬州市举办过20多届扬州市棋协杯比赛、30届"棋协杯"围棋精英赛、11届千人围棋大赛、群英荟萃围棋比赛等。其中，千人围棋大赛被江苏省体育局评为"江苏省群众体育优秀品牌赛事一等奖"。

扬州是几千年来享有盛誉的"围棋之都"，随着新时代围棋知名度的再度提升，一些全国性的围棋比赛也青睐扬州。

从1991到2019年，扬州承接举办了全国围棋各种比赛近20次，如："宝胜电缆杯"全国围棋名人邀请赛、中国大运河城市围棋邀请赛、中国围棋甲级联赛、第七届中国围棋棋王争霸赛、第二届中国女子围棋甲级联赛、"桃花泉杯"全国业余围棋公开赛等。

扬州一直注重对青少年棋手的培养，为加速年轻一代棋手的成长，提高青少年棋手水平，2010年以后，举办了扬州市少年儿童围棋精英赛、"德盛杯巾帼未来之星"比赛、"未来之星"围棋比赛等。

扬州从1982到2011年先后培养出栾斌、孙力、黄昕等中国职业棋手。

近几年，扬州不少小棋手在全国比赛中取得很好成绩，参加全国冲段赛的小棋手，保持在15人左右。

中日之间围棋的交流，大约始于1500年前围棋经朝鲜传到日本。中华人民共和国成立后，在1960年中日围棋重新开始了一年一度的轮流互访。那时，我国的围棋水平很低，与日本棋手差距较大。

20世纪80年代末，著名棋手聂卫平在中日擂台赛中创造了传奇纪录，打破了日本的不败神话，至此引爆了一浪高过一浪的全国围棋热潮，爱好者人数与日俱增。参加围棋活动的人数越来越多，发展速度也越来越快。

1982年2月，扬州市与日本唐津市缔结友好城市，唐津市即派出第一个文化交流使团一行11人，到扬州进行围棋比赛。

1987年3月13日到20日，日本围棋九段、终身"名誉棋圣"藤泽秀行率围棋代表团访问扬州。

1999年起，中国扬州市、日本唐津市、韩国丽水市结为友好城市。在三个友好城市的市长同意下，商定每年分别在各市举行中、日、韩友好城市围棋赛。到2019年，中日韩三国友好城市围棋赛共举办了21届。围棋成为三个城市文化交流的媒介，不仅是在围棋上交流切磋，同时也加深了三个友好城市之间的了解。

2009年，日本名古屋"双关不老"围棋代表团一行六人访问扬州，我市的老干部棋手与他们进行了交流。

2010年8月18日，日本爱知县围棋代表团一行10人访问扬州，我市一批少年儿童棋手上场与他们交流。

为提高扬州围棋爱好者的水平，扬州　直把棋类培训工作放在重要的

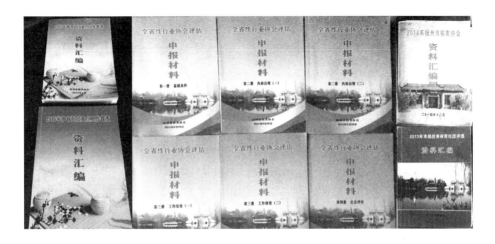

位置。

2009年，扬州市棋协出台扬州棋院分院挂牌申报办法。

2011年底，全市棋类培训机构达50余家，在培训学员近4万人。

2012年底，扬州市持有江苏省棋院考核颁发的围棋教师资格证书的教员将近150人，持有国家二级裁判员资格证书的棋类裁判员150人。为举办各类棋类比赛，确保公平公正，打下了良好的基础。

2012年3月，扬州树人学校成立树人棋院，并将围棋教材列入学校校本教学计划，这在扬州教育史上是前所未有的。同年8月，树人棋院组织三名学生（梁明昊、李翔宇、黄承廷）代表树人学校参加在哈尔滨举办的全国少年儿童围棋比赛知名学校组的比赛夺得冠军，江苏省棋院特此发来贺电。

2013年，扬州棋协专门召开了首次棋类培训工作会议。做到棋类培训更符合规范，更符合市场化运作的要求。各地棋类培训单位在培训质量、培训规模、培训条件上都有了明显的进步。

扬州比较重视棋类文化的传播和教育。市棋协编写《弈棋文明礼仪歌》刊登在《围棋天地》杂志上，扬州在棋类比赛中每轮比赛前，要求全体棋手起立，互相鞠躬行礼，受到社会各界的一致好评，文明儒雅之气，蔚然成风。江都龙川阳光编写了围棋口诀，将育人、棋品、棋德的教育放在突出的位置，收到很好的效果。市棋协还邀请扬州文化界名流专家，举办围棋文化研讨会，这在扬州棋类文化的历史上是前所未有的。

扬州围棋活动取得了优异成绩。2015年，扬州市棋类协会晋升为江苏省5A级全国性社团组织。

2016年，扬州市棋类协会被评为江苏省示范社团。

2017年，扬州市棋类协会被授予全国群众体育先进单位。

随着扬州围棋活动的知名度的不断提升，近年来，中央电视台、新华社、中国围棋报、围棋天地杂志、扬子晚报、新民网、中国江苏网、腾讯网等中央、省级以上新闻媒体数十次报道了扬州围棋活动。扬州日报、扬州晚报、扬州时报、扬州广电中心等本地媒体对棋类事业发展和活动开展都予以及时的宣传报道。

国运兴，棋运兴，伴随着新世纪以来中国国力的提升，现在是扬州围棋发展的最好时代。相信在不远的将来，围棋这一古老的艺术瑰宝，将在扬州放射出更加夺目的光彩。

二、扬州围棋组织机构

1988年12月28日，扬州市棋类协会正式成立。从此，开创了扬州市棋类活动（包括围棋、象棋、五子棋、国际象棋、跳棋、军棋等）的新局面。

扬州棋类协会是具有独立法人资格的群众体育社会团体，是扬州市体育总会的团体会员。协会由围棋管理人员、业余棋手及围棋单位自愿组成，是非营利性的，具有专业性的社会群众团体。

扬州棋类协会的宗旨是热爱祖国，热爱人民。遵守中华人民共和国宪法、法律、法规和国家有关政策。团结全国热爱围棋事业的人士，为普及围棋，提高技术水平而努力。与新闻媒介密切配合，实施全民健身计划，使围棋更好地为人民大众服务。

扬州棋类协会的职能是：研究制定发展计划、竞赛训练规程、规则以及组织全年竞赛，推动普及围棋运动；审批业余棋手及裁判员的技术等级。

2010年9月10日，中国棋院首任院长、中国围棋协会主席陈祖德为"扬州棋院"挥毫泼墨。

扬州市棋类协会和扬州棋院一套班子两块牌子，扬州棋院是市政府专门发文批准成立的。目前，扬州市各县（市、区）均成立了围棋协会，全市共设有扬州棋院分院9家，近50多个培训教室或俱乐部。扬州市棋协还较早地在扬州市体育社团中成立了党支部，实行定点挂钩联系。不断完善例会制度，裁判员管理、评先创优、赛事管理等制度，同时也注重加强棋协内部管理等各项制度。2015年，扬州市棋类协会晋升为江苏省5A级全国性社团组织。2016年，扬州市棋类协会被评为江苏省示范社团。

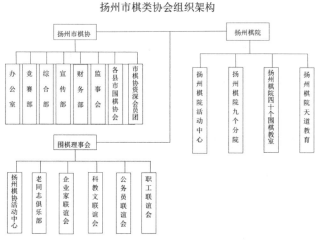

扬州市棋类协会组织架构

扬州市棋协成立后，始终坚持注重文化引领，坚持以服务广大围棋爱好者为中心开展围棋活动，努力把棋类文化建设成为扬州文化建设中的一个新亮点。30年来，在扬州直接参与围棋活动的人数从数百人发展到十五万人之众，遍布全市各县（市、区）单位、学校、团体。

扬州棋协坚持制度化、规范化管理，坚持面向两个基本群体。

一是中青年以及老年棋友群体。在老城区设立了棋类活动中心，每周二至周日下午对社会开放，大部分费用由市棋协承担。在33个社区建立社区围棋活动中心，围棋爱好者步行10分钟就可到达。在新北城区建设了有2500平方米的扬州棋院，成为举办赛事、培训的重要阵地。同时，先后成立了扬州市老同志围棋俱乐部、企业家围棋联谊会，职工、科教文卫、公务员围棋联谊会等，以此为纽带常年组织元旦名人围棋邀请赛、新春联谊赛、企业家队际赛、老同志友谊赛、机关干部围棋赛等赛事活动，不仅让广大棋友有"家"可归、有赛事可参加，还为筹资办各类赛事奠定了坚实

的基础。

二是在各类培训机构学棋的青少年群体。一手抓比赛，一手抓培训。组织每年的定级、定升段赛，加强对各培训机构的管理，每年召开培训工作会议或培训工作座谈会，在听取各培训机构意见的基础上，用市场经济的观念引导各培训机构共商行业公约，倡导行业自律，公平、有序地竞争，以培训保比赛，以比赛促培训。扬州中学教育集团树人学校党委书记、校长、扬州市棋协名誉主席陆建军注重将围棋文化引入校园，每年都招收一定数量的围棋特长生，使该校成为全国围棋名校，为拓展扬州围棋培训市场注入了活力。

扬州市棋协在开展围棋竞赛活动时，把公益性赛事与企业家办赛相结合起来。如"长江机器人杯未来之星"，都是十岁以下的孩子；"华鼎星城5段少儿争霸赛""扬州市少儿联赛"，旨在培养优秀的少年棋手。女童下棋，比男孩少，为提高女童下围棋的积极性，与市妇联联手，由女企业家出资举办"德盛杯""海翔船舶杯"等巾帼未来之星少儿围棋赛，每年近80名少年女棋手云集扬州市棋院，参加围棋赛。以上这些赛事免收报名费，免费提供午餐，还发奖金、发奖品；家长拥护，培训机构高兴，小棋手踊跃参加。这些公益性赛事，得到有关企业家的支持。为鼓励企业家参与社会公益事业，2017年邀请了全国企业家棋友齐聚扬州，举办了全国企业家围棋队际邀请赛，比赛整合社会资源来办围棋赛，受到好评，扩大了扬州的影响。时任中国围棋协会副主席林建超将军来扬观摩指导，召开座谈会，他对扬州深厚的文化底蕴感叹不已。他用"暮春三月江南草长，杂花生树烟雨空蒙"16个字总结了对扬州的感受，给了我们极大的鼓舞和信心。

近年来，扬州市棋协在中国围棋协会的领导下，深入学习贯彻习近平新时代中国特色社会主义思想，坚持以人民为中心，以更开阔的视野、更高的站位，按照林建超主席提出的"五有要求"，让围棋活动进机关、进学校、进企事业单位、进社区、进乡镇，聚焦扬州围棋发展，不断彰显围棋文化魅力，不断满足扬州人民追求美好生活的新期待。

扬州市棋类协会历届领导班子成员名单
（1988—2020年）

第一届（1988年12月）

名誉主席：周兴、姜其温、傅宗华

顾　　问：朱醒民、杨小萍、吴军文、张鹏、周正东

主　　席：姚伟鼎

副 主 席：尤国钟、陈君孝、荣绍德、栾宇春、蒋进

秘 书 长：栾宇春（兼）

副秘书长：李翰书

第二届（1995年4月）

名誉主席：姜其温、蒋进、傅宗华

主　　席：姚伟鼎

副 主 席：尤国钟、朱康、任杰、纪庄康、陈玉林、陈君孝、邰

展、徐建设、栾宇春、谈宝森

　　秘 书 长：栾宇春（兼）

　　副秘书长：黄永年

第三届（2001年4月）

　　名誉主席：孙永如

　　主席：姚伟鼎

　　副主席：王晓庆、朱康、任杰（1996年10月接任主席）、纪庄康、李自敏、杨增硕、陈洁、陈君孝、赵锡保、徐萌、徐建设、栾宇春（常务）、黄永年、潘晨曦

　　秘 书 长：栾宇春（兼）

　　副秘书长：李翰书

第四届（2008年4月）

　　名誉主席：孙永如、袁秋年、董玉海

　　主　　席：任杰

　　副 主 席：王晓庆（常务）、王继荣、朱康、纪庄康、李自敏、杨程、杨增硕、陆建华、陈洁、陈君孝、周军、赵御龙、胡迎慈、徐萌、徐洪林、栾宇春（常务）、黄永年、黄晓民、戚磊

　　秘 书 长：王晓庆（2011年接任秘书长）、栾宇春（兼）

　　副秘书长：江志鑫、蒋永庆、郭有权

第五届（2013年3月）

　　名誉主席：袁秋年、孙永如、董玉海

　　名誉副主席：栾宇春、陈君孝、黄永年

　　主　　席：任杰

　　副 主 席：于茂江、王晨、王历丰、王晓庆（常务）、王继荣、朱康、朱愈民、任新林、刘柏、刘志明、许茂荣、纪庄康、花桃、

李厚生、杨 程、杨文昭、杨增硕、何业栋、陆建华、陆建军、陈剑锋、金 川、周 军、赵顺祥、赵御龙、胡迎慈、顾家旺、钱兆魁、徐建设、徐洪林、徐歌平、陶建年、戚 磊、蒋永庆、谢锡安 虞慕容

  秘 书 长：王晓庆（兼）

  副秘书长：孔 旭、吴登祥

  监事会主席：徐歌平

第六届（2018年4月）

  名誉会长：赵顺祥、胡迎慈、陆建军

  法定代表人：王继荣

  会 长：王晓庆

  副 会 长：王 晨、王历丰、王继荣、刘志明、花 桃、陈剑峰、殷惠新、蒋永庆、蒋杏朝、蒋怀宝、韩斌

  秘 书 长：刘志明

  副秘书长：王大春、王荣庆、孔 旭、成明宏、刘 昕、吴登祥、谷笑冰、陈庆福、莫玉树、夏永国、徐德珺、黄万琪（常务）、管建祥

  监事会主席：徐歌平

资深会员团成员（19位）

  团 长：任杰

  副团长：朱康

  成 员：冯佑红、任新林、刘柏、许茂荣、纪庄康、花桃、杨文昭、杨曾硕、何业栋、陆建华、周军、赵御龙、顾家旺、钱兆魁、陶建年、戚磊、虞慕荣

三、扬州棋室的变化

1949年中华人民共和国成立前后，扬州的瘦西湖、茱萸湾"聆弈馆"和城区的茶楼等有不少下围棋的地方。近代扬州作家洪为法在《扬州续梦·湖上游人》中说："有的聚在画舫中斗棋、弄笛、吟诗、作画。"在《扬州续梦·惜余春》中又说：在茶楼看到"老顾客每天在那里极悠闲地看报、吟诗或着棋"。

在富春茶社，茶客"每天在花丛中品茗、敲诗、着棋、绘画"。

扬州市区教场街望火楼和九如分座茶社前，有常设的棋摊，市区一些室内茶社也兼设棋室，如教场中心名利园茶社、五巷内中华园茶社、小东门公园茶社、紫来轩茶社等，专辟专供对弈的堂口。

东关街疏理道张毓英私宅（今东关街294~298号）是棋坛高手云集对弈的场所。

卞芷湘，出身于扬州著名书香门第、名门望族的官宦之家。卞芷湘公馆地处闹市（今广陵路南，对面路北是梅花书院），有房屋楼十间，室内清静，棋具精良。

即便在宗教场所，也能听到棋声敲击。散落在扬州大街小巷的棋室中也可听到"子声丁丁然"，棋手"纹枰对坐，从容谈兵""忘忧清乐在枰棋"，形成历史文化名城中一个独特的景致。

中华人民共和国成立后，扬州人尤紫轩在广陵路（今渡江路）开设万象棋室，前室象棋，后室围棋，至"文化大革命"初即关闭。当时，在新四军和苏北区党委、政府工作的10多名机关干部，经常聚在万象棋室下围棋。

1953年，扬州市工人文化宫建成，在新落成的工人之家大楼，辟出200平方米活动室，宽敞、明亮、干净、安静，桌凳棋具一应俱全。十几张小方桌，有围棋、扑克牌、图书、军棋、跳棋、斗兽棋等。当时，下象棋的人很多，下围棋的人还比较少。

1958年，市体委在渡江路176号开办棋类俱乐部，楼下象棋，楼上围棋，至1979年房屋拆迁关闭。

1980年代较长时间内，市总工会在市工人文化宫开设棋类活动室，市区职工可凭工作证或工会会员证借棋对弈。1990年后该活动室停止开放。至2005年，市区开设的经营性围棋室近20家。

1987年12月，姜伟在广陵路北矢巷6号住家的一间空房内，开办名为"棋友之家"的棋室。以围棋为主，爱好者云集，规模很快扩为两间，从不足10盘棋增至20多盘棋。棋室共开办了13年，成为当时扬州围棋爱好者下围棋的主要活动场所。

1988年，市棋协主席姚伟鼎筹措资金在广陵区体委处创办了办公室和棋室，从此，市棋协有了固定和完善的围棋活动场所，吸引了许多棋迷前来交流切磋，有力推动了围棋的普及和发展。棋室每年还举办各种形式的棋类比赛。2008年，新上任的市棋协主席任杰又筹措资金，拆掉桥牌协会活动室隔墙，将桥牌和围棋活动室合为一体，重新装修，添置了空调、音响，活动室面积扩大一倍，面貌焕然一新。活动室的门口挂着扬州棋院、扬州市棋类协会、扬州青少年棋类活动中心、扬州市职工棋类活动中心等牌匾。

1991年12月，市棋类协会在汶河路广陵区体育局综合体训楼三楼开设棋类活动中心，面积约80平方米。

2012年，西湖镇山水路8号西湖人家大酒店三楼、四楼设有2400平方米棋室。

四、瘦西湖棋室的"金砖"棋盘

在扬州著名的风景区瘦西湖小金山山麓下，有一座歇山式古典建筑院落，由琴、书、棋、画四室组成，是一处飘逸着中国文人雅趣，散发着翰墨书香的园林建筑。走进院落，沿着像屏风一样的花墙，便来到了棋室，棋室内挂有中国书法家尉天池先生书写的"棊室"匾额一块，"棊"字上下结构，取义下棋时，棋子落在木上棋盘之意。室内有红木方桌两张，分别嵌两方用苏州御窑"金砖"做的棋盘，一方是中国象棋盘，一方是围棋盘，上面刻有乾隆年间江南苏州府造字样。

"金砖"又称"御窑金砖"，是中国传统窑砖烧制业中的珍品，明代永乐年间，明成祖朱棣迁都北京，大兴土木建造紫禁城。经苏州香山帮工匠的推荐，明宫中特地派出官员到苏州陆墓（现陆慕）监制金砖。由于陆慕镇的黄泥适宜制坯成砖，且做工考究、烧制有方、技艺独特，所产金砖细腻坚硬，"敲之有声，断之无孔"，所以永乐皇帝赐封陆慕砖窑为"御窑"。"金砖"名字

小金山棋室

的由来有三种说法，古籍《金砖墁地》这样说：专为皇宫烧制的细料方砖，颗粒细腻，质地密实，敲之作金石之声，称"金砖"。又因转运至北京"京仓"，供皇宫专用，称之"京砖"，后逐步演化称"金砖"。还有一种说法是在明朝的时候，一块金砖烧造后价值一两黄金，所以也叫作"金砖"。

"金砖"制作是一种古老的传统手工技艺。这种世界上独一无二的"金砖"出产在苏州郊外。当年古代苏州工匠制作"金砖"时，选用质地细腻、含胶状体丰富、黏而不散、粉而不沙的泥土。选好的泥土要露天放置整整一年，去其"土性"。然后浸水将黏土泡开，让数只牛反复踩踏练泥，以去

棋室内保存的金砖棋盘

除泥团中的气泡，最终练成稠密的泥团。

再经过反复摔打后，将泥团装入模具，平板盖面，两人在板上踩，直到踩实为止。然后阴干砖坯，要阴干7个月以上，才能入窑烧制。烧制时，先用糠草熏一个月，去其潮气，接着用劈柴烧一个月，再用整柴烧一个月，最后用松枝烧40天，才能出窑。出窑后还要经过严格检查，如果一批"金砖"中，有6块达不到"敲之有声，断之无孔"的程度，这一批"金砖"都算废品，要重新烧制。并且"金砖"的尺寸越大越难烧制。就这样，从泥土到"金砖"，要长达两年的时间。制成的"金砖"坚硬密实。

据资料记载，1911年宣统帝退位后，"金砖"也就此消失于历史舞台，古法烧制"金砖"就停止了。2013年12月，由苏州工匠按明朝嘉靖年间进士张问之所撰《请增烧造工价疏》记载的古法，反复研究烧造的首批复古"金砖"成功出窑。2015年，严格遵循古法重制的"金砖"送到景德镇陶瓷大学国家陶瓷质量监测中心，与乾隆二年款的古"金砖"碎片进行比照，结果是基本成功。2016年2月送故宫博物院再次检测，结果是无论外观色泽和平整度都已达古"金砖"标准。所以，瘦西湖珍藏的光绪年间的"金砖"棋盘，在今天显得尤为珍贵。现在游客有幸能够看到这两块"金砖"棋盘，都得归功于当年在此厅馆工作的全国劳动模范卞凤春。

"文化大革命"期间，因为这两块"金砖"棋盘上刻有光绪字样，当时的瘦西湖保管人员为保护文物，借修缮房屋时将嵌在墙壁上的两块"金砖"棋盘取下藏了起来。等到改革开放后人们想起这两块"金砖"棋盘时，却

怎么也找不见了。棋室没有棋盘，成了瘦西湖的遗憾。

20世纪90年代的一天，瘦西湖小金山厅馆负责人、全国劳动模范卞凤春在木樨书屋前的花台上清理杂物时，发现花台的背面有两块大砖头，待到将上面的泥土清理干净时，刻画着棋盘纹线的"金砖"棋盘露了出来，两块"金砖"棋盘就这样重见天日了。因为当时的棋室墙上还嵌着一对青花瓷屏风，不能将"金砖"棋盘嵌在棋室的墙上了。卞凤春就请瘦西湖的木工师傅做了两张红木桌子，改将"金砖"棋盘嵌在桌子上，放在棋室供游人欣赏。现在瘦西湖棋室的"金砖"棋盘因其年代久远、独特、巨大，成了重点保护的文物了。

2018年4月30日，第一届"桃花泉杯"全国围棋公开赛在扬州举行。参加瘦西湖画舫围棋对弈活动的日本石田芳夫九段、江苏棋院杨伊明院长、彭荃七段、吴新宇六段、栾斌六段、丁波五段、孙力五段、黄昕四段、杭承义四段、冯云散四段和史干生初段等，游览了扬州著名景点瘦西湖与大明寺。他们在瘦西湖小金山参观了"棋室"，对能够亲眼看见中国古老的棋类文化的传承感到欣慰。

五、《扬州弈棋文明礼仪歌》

整装佩证，准时参赛；

赛前鞠躬，赛后握手；

遵守规则，服从裁判；

落座有请，离座示意；

棋子落地，马上捡起；

讲话轻声，落子轻放；

局毕收棋，相互致意；

学习交流，弘扬传统。

2009年，时任市棋协主席任杰积极倡导弈棋文明礼仪，培养良好的棋德、棋风、棋品养成。为此，市棋协副秘书长江志鑫创作了16句话、64个字的《扬州弈棋文明礼仪歌》。同年5月，在"欢乐扬州·市民日"扬州市

第一届千人围棋大赛开幕时，扬州市市长王燕文出席。当时全场千人齐诵《扬州弈棋文明礼仪歌》，引起巨大反响。从此，扬州每次围棋比赛前棋手都要诵读，努力让守规矩、讲礼仪成为扬州下棋人，特别是青少年小棋手的自觉行为。

2017年，扬州棋协还专门请扬州音乐家协会主席为之谱曲，聘请专业老师指导排练了"弈棋文明礼仪歌"歌舞表演唱，参加了扬州市首届体育文化节。扬州市棋协自编自演的节目引起广泛好评，获得最佳编导奖。《围棋天地》杂志还专门刊登了这支歌。现在，《扬州弈棋文明礼仪歌》表演唱已成为扬州各类群众文化活动中受邀请参加的节目。这支歌在倡导一种文明、一种礼仪，也是在弘扬一种精神、一种文化。

2019年5月1日，中国棋院原院长、中国围棋协会副主席华以刚来扬州参加第二届"桃花泉"杯全国业余围棋公开赛暨第十一届"树人杯"千人围棋赛时说，扬州开展围棋比赛活动，组织小棋手朗读《扬州弈棋文明礼仪歌》的形式很好，值得在全国推广。

六、人才辈出的仪征围棋

仪征，江苏省辖县级市，由扬州市代管，古称真州，人口56.3万。仪征历史悠久，现有联营秦汉文化遗址、庙山汉墓、唐代天宁塔、明代鼓楼等古迹。

仪征围棋在古代曾有过辉煌灿烂的一页。

清代"棋圣"黄龙士多说是泰州姜堰人（1996年前属扬州），但也有人说是仪征人。近代作家周家森的《留余簃棋话》中说："黄霞，字龙士，又字月天，清仪征人。善弈，能自出新意，穷极变化，康熙时称为'弈圣'。尝于万寿节日，在御前围棋，下完后于棋盘上排一'寿'字，而四角上亦均各排蝙蝠一只，以示福寿之意。殊为难能可贵矣！"

黄龙士是清代围棋国手，和范西屏、施襄夏并称"清代三大棋圣"，康

熙朝中期围棋霸主。黄龙士自幼聪明，才气过人，一遍成诵，百日不忘，尤其对于围棋更是天资过人，少年时就以围棋水平高超称雄梓里，饮誉江淮。传说，黄龙士晚年退隐扬州田园，

清代《扬州画舫录》记载：乾隆时，范西屏、施定庵渡江去扬州途中，曾宿于村中私塾，二人戏与塾中一童子对弈，皆输。后遇一挑草人，范与其对弈数局皆不能胜。二人问他姓名，他不答，只说："当今盛称施、范，但都是我的儿孙辈罢了！弈是小技，何必问我是谁，难道还要与儿孙辈去争荣吗？"说完担草而去。近人考证，担草者系年近九十的黄龙士，童子系其孙。黄龙士之弈，上掩过周（过百龄、周懒予），下启施范（施襄夏、范西屏），为有清一代弈家之正宗。吴清源大宗师评价黄龙士棋力有十三段。黄龙士的棋著有《弈括》和《黄龙士全图》。《血泪篇》为黄龙士之代表作，黑方是徐星友。双方在对局里殚精竭虑，苦心运筹，为中国古棋谱中不可多得的佳作，与后来的范西屏、施定庵的《当湖十局》并称为中国古谱的最高峰。黄龙士的棋谱在晚清时流传到东瀛日本，对日本围棋的进步起了很大的影响，被日本棋界推崇备至。2008年贵州天元围棋电视频道推出"古谱钩沉"栏目，陈祖德先生讲的都是黄龙士的棋谱，对其精确凶悍的搏杀技巧赞叹不已。

释秋航，晚清的围棋国手。名湛静，字秋航，扬州仪征人。释秋航不但棋高，享寿也高。他的生年和寿数，诸说不一。《清代轶闻》载："僧秋航，振奇人也。……同治癸亥年，百十九岁矣。"

释秋航出生于乾隆年间，一生经历乾隆、嘉庆、道光、咸丰、同治五个朝代。释秋航在少年时与范西屏、施襄夏这两位棋坛巨擘都下过棋，接

受其指导，并且达到让二子的水平。

释秋航约在中年的时候来到北京，长期留住梁家园寿佛寺。他虽托身僧侣，但不受佛教清规戒律的束缚，而是饮酒茹荤，以棋为佛事。白天和慕名前来的棋友手谈，夜晚不枕不卧，结跏趺坐，蒲团面壁。释秋航生性好客，时常约人餐聚，饮啖之后，必以角逐棋艺为乐事，有时也受地方士绅的招待，参加棋会。弈棋之余，秋航也常至街坊里弄收集废纸焚化（当时称为"惜字纸"），这也是僧侣所从事的"善事"之一，目的是了却前生的宿债，祈祷冥福。从秋航一生的行迹看，他性格洒脱，不拘理法，行为常不被世人理解，颇像一位隐身寺院的世外高人。

释秋航在梁家园寿佛寺期间，与当时的沈介之、李湛源并称"京师三国手"，沈、李下世后，释秋航被推为北京棋界巨擘，是清代北京地区最后一名国手。樊彬著的《燕都杂咏》中是这样评价他的："手谈谁国手，善弈数秋航。"他的对局谱被许多重要的棋书收录。释秋航下棋还有一个特点，就是古籍中说他"不耐思索"，从不长考，落子迅速，用现在的话来说就是快棋王。

同治初年，释秋航已年逾百岁，他的友人金陵陈伯敏赴任浙江衢州知府，释秋航和他同行到杭州，第二年正月元宵节前一日，忽然遍辞同人。友人为其饯行，当晚畅饮，又与一人对弈。棋下完了，他将棋子收好说："今日之会难再，即此局亦是绝著也。"叩之不告而去。诸友以为是他醉话，第二日却接到了他趺坐圆寂的消息。

古代围棋国手中的长寿者，见诸史料的并不多见，其中扬州籍的长寿国手就有三人，第一当数释秋航，90多岁，第二是接驾乾隆皇帝的棋童下立言活到80多岁，第三是周小松，75岁。就现有资料看，古代棋手的长寿冠军非释秋航莫属。

为纪念这位国手，2018年，仪征已举办过数届"释秋航杯"中国扬州业余围棋公开赛。

1949年中华人民共和国成立后，仪征围棋的播种者可以说是仪征中学数学教师沈其勋。1963年，沈其勋从军队院校转业到仪征中学教高中数学。

他刚到仪征时，找不到人下围棋，就在学校里教老师下围棋，仪征最早的一批下围棋的人中，有很多都是跟他学会的。

沈其勋棋风彪悍凌厉，计算精准，当时在仪征几乎没有人能与他分先局逐抗衡。1988年1月，在南京首届江苏省"青年文化节"围棋赛时，裁判长诸根友（南京市少年宫棋院院长）说，沈其勋按照围棋标准评定应有业余5段的水平。他的让子棋水平很高，20世纪80年代末，围棋2、3段的棋手，他都要让二、三子。这大概与他早年在上海下彩棋有关。他有一个绰号叫"大尉"。其来历一种说法是棋力太强，居于"大位"。还有一种说法，是他曾经在国民党军队里当过大尉。二十多年来，沈其勋孜孜不倦地利用节假日业余时间在学校传播围棋文化，热心培育下一代，受他影响和指导而爱好围棋的师生有近百人。

任多声是当代仪征围棋事业的领导者、开拓者、策划者。

任多声，原仪征中学校长，1987年至1990年任仪征市政协副主席，仪征市围棋协会首任会长，现为名誉会长。任多声热爱围棋文化，殚精竭虑地推动仪征围棋事业的发展，使仪征围棋发生了巨大变化。他在20世纪90年代初发起成立仪征市围棋协会，20世纪90年代中期在仪征中学建成仪征中学教职工活动中心，也是仪征唯一公益性围棋活动基地。2000年后，任多声重视和培育民办围棋培训机构工作，组建了小太阳棋院、鲁清围棋培训中心、真州棋院、仪真棋院等，开创了围棋文化工作的新局面。

仪征棋坛大致可分为几个时期，以仪征中学老师沈其勋为代表的"沈其勋时期"，他属力战型，有如"天神"一般。沈其勋时期的终结是"王小光时期"，但只保持了不到两年就出现"李宏时期"，他棋风精细，善于搜刮。仪征老一辈棋手还有郑国瑛、黄惜民、黄定官、袁永友、刘范先、朱宝桃等仪征中学老师，他们为仪征围棋事业做出了贡献。

20世纪90年代，仪征成立围棋协会，仪征围棋迎来了崭新的局面。

1991年7月，仪征中学任多声校长把获得江苏省围棋儿童组冠军的鲁清作为体育特招生从小学四年级破格录取到仪征中学初中部。这在当时是破天荒的。1992年，鲁清被送到省围棋专业队，多次参加过全国、全省围棋赛。后来又在仪征设立了鲁清围棋培训中心。此后，仪征许多幼儿园、学校先后开设了围棋课程，一大批高水平少年棋手纷纷涌现。

黄昕，1996年出生，中国围棋职业棋手。他是仪征棋院培养职业棋手计划中，第一位被推荐并赴北京聂卫平围棋道场学习的棋手，还享受每年6000元的经费资助。2009年初，黄昕前往葛玉宏道场，这期间，黄昕多次战胜过职业棋手，而且在让先的情况下战胜过聂卫平九段。2011年7月23日，在全国围棋定段赛U17组，黄昕以9胜1负的成绩提前3轮成功定段。2013年升为三段，2015年升为四段，2018年升为五段。黄昕从一个县级市冲段成功绝不是偶然的，一方面靠的是他本人的刻苦努力，另一方面靠的是仪征围棋的氛围和培养机制。

仪征丁昊、杨鹏飞小棋手在2002年分别获得全国幼儿组冠军和第四名。

刘汤颖，仪真棋院6段棋手，2014年1月在扬州围棋公开赛中以全胜战绩夺冠。2017年，刘汤颖获得中国大学生比赛业余组冠军，同时获得了代表中国参加世界大学生比赛的资格。一批新生代棋手在仪征茁壮成长。

2000年后，仪征市赛事不断，围棋事业繁荣发展。

2004年到2007年，仪征市围棋协会会长王晓光先后四次参加扬州市围棋代表队，前往日本唐津市、扬州市、韩国丽水市进行中日韩三国友好城市围棋交流比赛。2004年8月在日本期间，王晓光在与有"电子计算机"称号的石田芳夫九段下指导棋（受三子）中获胜。三年后的2007年王晓光在唐津市与石田芳夫再次相遇，石田芳夫彬彬有礼，主动和王晓光研究对局中的一个死活题。

2011年12月，"赛格纺机杯"扬州市师生联棋邀请赛在仪征棋院举行。这次比赛出现四人围棋赛，这在扬州尚属首次。这样的比赛相当于亚运会和智运会上围棋混双赛。

2012年5月，中国围棋甲级联赛首次登陆仪征。由中国棋院主办的2012"金立智能手机"杯中国围棋甲级联赛在仪征市枣林山庄举行。比赛特邀了棋圣聂卫平九段、陈盈初段前来进行大盘讲解。中国围棋甲级联赛从1999年创办以来，已经发展成为中国最高水平的围棋赛事。

2015年2月，"皓芸茶业杯"中国扬州第二届业余围棋公开赛在仪征黎明大酒店举行。共有来自北京、上海、大连、青岛、桂林、合肥和江苏等20多个省、市的140名业余围棋高手参赛。经过3天11轮角逐，来自扬州仪真棋院的刘汤颢6段以11战全胜的战绩勇夺冠军。

2016年7月，由仪征市体育局主办、扬州仪真棋院承办的仪征市"行行大药房杯"第三届围棋擂台赛在扬州仪真棋院圆满落幕，本届擂台赛历时半年。

2016年5月22日，由扬州报业传媒集团和扬州市体育局联合主办的"新能源·豪第坊"中国扬州体育休闲大会的第二个比赛项目，及"金立杯"中国围棋甲级联赛第六轮枣林湾专场在仪征枣林湾的枣林山庄开枰。同时进行的，还有中国国象协会和扬州报业传媒集团联合主办的"新能源·豪第坊"中国扬州国际象棋女子特级大师巴斯克赛。除了国象巴斯克赛的10位美女国象特级大师之外，江苏省第一个围棋世界冠军芈昱廷九段、韩国围棋世界冠军崔哲瀚九段以及中国围棋队总教练、世界冠军俞斌九段等国手也来到仪征枣林湾。这已经是仪征枣林湾连续第五年举办围甲联赛的比赛了。俞斌对仪征业余棋手的水平赞不绝口："早就听说江苏的业余5段的水平要比其他地区的业余5段水平要高，今天下了之后，果然名不虚传啊！其中一盘，我的对手下出了不少的好棋；在前一百手，我几乎找不到任何破绽，到了一百手之后，我借着他精神上的松懈，才抓住了他的几个失误，反败为胜，非常不错。"

2017年8月，仪征围棋代表队访问了安徽泾县围棋协会。

2017年11月，仪征围棋促进会成立，王兆云当选为会长，扬州仪真棋院院长徐德珺为秘书长。促进会旨在"促进上"下功夫，要促进仪征围棋事业的进一步发展，要培养更多围棋精英，要团结一切可以团结的力量，力求化解各方面矛盾，营造仪征围棋事业发展健康和谐的新局面。扬州仪真棋院、仪征鲁清围棋培训中心、仪征真州少儿棋院、仪征百花园青少年棋院等四家单位成为仪征围棋促进会首批团体会员单位。仪征首位、扬州第三位职业棋手黄昕四段受聘为技术顾问，就读于上海财经大学的刘汤颢6

段同时也被聘为技术顾问。

2018年4月，仪征—昆山2018年围棋交流赛在仪征青山镇龙山森林公园举行，来自仪征、昆山两地围棋协会的20名成员进行交流切磋。

2018年5月9日，海峡两岸青年围棋交流赛落子仪征。台湾阿里山队、台湾日月潭队、南京大学队、高邮市队、仪征市天宁队、仪征市鼓楼队等6支队伍，进行了5轮团体单循环赛。最终，仪征市天宁队、仪征市鼓楼队和南京大学队获得比赛的前三名。这是仪征首次举行海峡两岸围棋交流赛。本次比赛由仪征市台属联谊会主办，仪征市围棋促进会承办。

2019年1月28日，"石柱山国际康养城杯"扬州第六届业余围棋公开赛在仪征落子。来自全国的170多位高手参加了比赛。

2019年3月9日，仪征市迎新春少儿围棋段位赛在市体育中心举办。本次活动由仪征市体育总会主办，市体育中心承办，市围棋协会、围棋事业发展促进会协办，吸引了全市5家棋院，共计369名选手参加。

2019年8月，应台湾围棋教育推广协会邀请，仪征市体育总会秘书长王荣率8名棋手赴台湾参加了2019台北—扬州（仪征）围棋交流赛和第四届花莲女中教育基金杯围棋公开赛。比赛中，两岸选手们以棋为媒，厚植友谊，在黑与白的"方寸之地"你来我往、斗智斗勇，展现出"友谊第一、比赛第二"的高尚风貌。

2019年9月，仪征市秋季少儿围棋段位赛在仪征羽毛球馆举行。吸引了仪征5家棋院、406名小棋手在黑白世界角逐，体验纹枰论道的快乐。

通过围棋比赛，有效提高了仪征的围棋水平，也为发现和培养优秀围棋后备人才，弘扬围棋传统文化，促进全国各地围棋运动的交流、合作与发展起到了积极的推动作用。

近年来，仪征围棋飞速发展。现在，围棋爱好者从中华人民共和国成立初10多人发展到1980年改革开放初期近百人，1985年中日围棋擂台赛后达几百人，2000年到2019年由千人发展到近五千人。从事围棋教学、裁判等专业工作者有百人。业余4、5段棋手近300人；1~3段有2000人。

七、有声有色的宝应围棋

宝应县，秦时建县，始名东阳县、平安县，有2200多年的历史。唐宝应元年（公元762年），境内获"八宝"献于皇帝，唐肃宗视为定国之宝，遂改上元三年为宝应元年，赐安宜县名为"宝应"。

宝应古代围棋的历史可以上溯到中国南北朝时期（420—589年）。《南史·崔慧景传》记载了中国围棋第一位女棋手娄逞的传奇故事，宝应文史专家刘世昌考证，南齐（479—502年）时期的娄逞是扬州宝应人。

《南史·崔慧景传》说："东阳女子娄逞变服诈为丈夫，粗知围棋，解文义，遍游公卿，仕至扬州议曹从事。事发，明帝驱令还东。逞始作妇人服而去，叹曰：'如此之伎，还为老妪，岂不惜哉。'"意思是说：东阳有一个女子名叫娄逞，她女扮男装，她粗通围棋，也能识字知书，于是遍游当时的公卿之间。后来娄逞做官做到扬州议曹从事。女扮男装的事情被发现，齐明帝将其遣送还乡。娄逞换上女装上路，叹息不已："我虽有这样的本事，却依然要作老妇打扮，真是太可惜了。"

娄逞是东阳人，而东阳为宝应旧称。公元前221年秦始皇统一中国，始

行郡县制时即建东阳县，西接盱眙县，南接广陵县，北接淮阴县，东接大海（今宝应射阳湖滨）。汉魏南北朝时本邑分割为东阳、平安、射阳、石鳖四县，隋朝时统一为安宜县。一直到1960年5月21日，江苏将宝应县宝应湖西部分划出建立了金湖县，东阳故城才被划归西边的盱眙县。

中国围棋历史悠久，内涵丰富，博大精深，几千年来一直受到上层社会有身份、有地位、有知识、有文化道德修养的人士的青睐。清康熙九年（1670年），著名文学家蒲松龄应同窗好友宝应知县孙蕙之邀到宝应任幕僚。蒲松龄是山东淄川人，这是他人生经历中仅有的一次离乡远游。在宝应一年的工作、生活经历，对蒲松龄创作小说有着重要的影响，《聊斋志异》中不少经典故事取材于宝应当地民间传说。2015年是蒲松龄去世300周年，宝应县成立蒲松龄研究会，又全面修缮了蒲松龄游幕宝应纪念馆。蒲松龄在《聊斋志异》中借谈狐说鬼，针砭时弊、抒发忧愤，表达个人的感受，寄托作者精神上的追求与向往。其中，《棋鬼》一篇中讲到一个扬州副总兵下围棋时遇到一个"棋痴"的故事。一个爱好下围棋的书生，他对围棋的爱好竟然到了变态，令人发指的程度，最终自毁前程。蒲松龄形象生动刻画了一个棋痴：明知道自己下棋很烂，却仍嗜好下棋，并喜好到了忘乎生死的程度，这种人的确少见。这就告诉人们，人不可没点爱好，有爱好的人生才是充实、丰富、有滋味的人生。但如果把"爱好"换成"嗜好"，那就不好了。

在宝应围棋历史上，朱、王、刘、邰等几大名门都有酷爱围棋的传统，也不乏名扬淮扬地区的高手。

朱缄三是近代宝应围棋界的元老。民国年间，上海《申报》连载围棋死活题，朱缄三一篇不漏地将问题和答案剪贴起来。最后一道死活题，因为日本人占领上海《申报》停办，没有答案。他把剪下的死活题用纸裱好贴在帐子里，睡觉时也苦思冥想。朱缄三去世后留下一大包围棋书籍和围棋资料，但是，他的女婿不会下围棋，在调往扬州工作前将这包资料赠送给了宝应棋协主席陈袭先生。这里面有一部清代雕版线装书《桃花泉弈谱》，被人借阅后不知下落。一套完整的上海《围棋》杂志也少了好多本。

好在《申报》围棋死活题剪贴尚保存完好。

朱汉山在中华人民共和国成立初期曾获扬州专区围棋比赛第二名。邰让之曾获扬州专区中学教师围棋比赛冠军，其子邰炎孝获扬州专区中学生围棋比赛冠军。

1970年宝应县举办了第一次围棋比赛，参赛棋手16人。此后，宝应围棋进入了一个蓬勃发展的时期。

1983年夏，江苏省体委、江苏棋院在金坛县举办了首次围棋定段比赛。比赛共进行了十二轮，任定华是高邮、宝应、兴化三县唯一一位有资格参赛的棋手，在比赛中取得了七胜五负的较好成绩，获得了一张由江苏省体委颁发的二段证书（当时全国还没有业余段位）。

1987年，在宝应县县长蒋进倡议下，宝应县围棋协会成立，蒋进任名誉会长，邰让之任会长，任定华任常务会长兼秘书长，万存一任副秘书长。1994年，宝应县第二届围棋协会名誉会长为副县长刘克明，会长为宝胜集团总经理潘晨曦。宝应县围棋协会第三届会长为县人大副主任陈袭。宝应县围棋协会第四届名誉会长为玉华容器集团董事长黄玉华，会长为县工商银行行长杨玉林。

1987年，围棋协会成立后，县机关党委与总工会共同举办过三届"宝工杯"围棋团体赛，县体委举办了两届围棋精英赛，围棋协会举办了四届围棋定级、定段赛和两届围棋"名人战"。

1991年10月，宝胜电缆厂出资赞助，在宝应举办了"宝胜电缆杯"全国围棋名人邀请赛。国手聂卫平、马晓春、刘小光、曹大元、邵震中等参加了比赛。"宝胜电缆杯"全国围棋名人邀请赛共举办过8届。

1991年，县委书记蒋进将宝应中学教师任定华调至县体委，负责围棋训练工作。任定华挑选20多名小学生组建了县少儿围棋队，陈袭、秦贻芬等付出了大量心血，涌现出一大批优秀小棋手。1992年，扬州11个县市区围棋比赛在宝应举行，宝应小棋手取得了团体第二名的好成绩。1993年，在扬州市少儿围棋比赛中，顾扬、朱琤两位小棋手均获冠军，团体第二名。十多年来，宝应少儿围棋共获得扬州市冠军二十多次，省少儿赛冠军四次，省幼儿赛团体冠军四次，单项冠军五次，全国少儿围棋赛第四名，全国首届青少年宫少儿围棋赛第五名。江苏棋院院长邵震中多次到宝应指导少儿围棋工作。1996年，因宝应少儿围棋成绩优异，江苏省围棋协会破例接纳宝应县围棋协会为省围棋协会团体。

1996年至2001年，宝应围棋队在省比赛中共获冠军三次，亚军两次，季军五次，最好成绩为省团体第三名。在全国比赛中王文聪获儿童乙组第四名，姜咸成获幼儿组第五名。

2004年11月，韩国棋院总裁许东秀发函邀请江苏棋院访问韩国，任定华为团员之一。

2004年冬，由任定华、万存一、姜军、潘林、贾林峰等创办了宝应棋院。

到2007年8月止，宝应棋院已拥有业务5段棋手16人（成人6，少儿10），业余4段棋手20多人，业余3段棋手40多人，加上1、2段棋手，总人数已超过200人。

2018年2月，宝应举办了第十六届"玉华容器、香格里拉杯"围棋公开赛暨定、升段赛。此次比赛共吸引200多名青少年选手参赛，参赛选手年龄最小的还不足6周岁。

2018年10月，宝应县举办了"五琼浆2018年宝应县围棋联赛"。

2019年1月，宝应县举办了第十七届"达源达杯"围棋公开赛暨升定段赛。

近年来，宝应县棋协为推进宝应围棋文化的普及，尤其是校园青少年围棋运动的开展，举办了多种形式的围棋赛事，同时规范赛事制度，形成品牌效应。还举办名家讲座、围棋进学校、围棋进社区等活动，提高了棋手水平，选拔培养优秀围棋苗子，取得了很好的成效。

宝应围棋活动搞得有声有色，离不开一些同志的辛勤耕耘和无私奉献。

邰让之，宝应第一任棋协主席，宝应中学的教导主任。朱缄三是他的围棋老师。扬州市棋协主席姚伟鼎早年下放宝应时，一直在邰让之家下围棋。在邰让之家中前后有四代宝应棋手，第一代是朱缄三，第二代是邰让之、姚伟鼎、周伯平等，第三代是邰华孝、任定华、陈袭、陈士俊、万存一等，第四代是邵震中、刁任平等。邰华孝在20世纪宝应围棋比赛中不出前三名，在扬州围棋比赛中也取得了不俗的成绩。为培养宝应第五代、第六代棋手，开展宝应的围棋活动发挥了很大的作用。

任定华，扬州宝应人，1941年5月4日出生。中学教师。1970年在宝应第一次举办的围棋比赛中获得冠军。1983年他作为宝应、高邮、兴化唯一有资格参加比赛的棋手参加了江苏省在金坛举办的围棋定段赛，七胜五负获得二段证书（当时全国的围棋业余段位定段还没有开始）。宝应后来涌现的大批青少年儿童棋手如贾林峰、潘林、朱琤、王文聪等都经过他的培训和指导。任定华的书法和诗词都有较深的功底，2004年11月参加江苏棋院访问韩国，他作七绝一首："许愿一诺价千金，东渡研棋结友情；秀丽山河助弈兴，好事千载永留名。"并用毛笔在宣纸上写下来。韩国人评价很高，表示要永远珍藏。

陈袭，原宝应县人大常委会原副主任，宝应围棋协会会长。宝应的围棋活动开展得比较好，他是重要的推动之一。"宝胜电缆杯"围棋赛的筹划和组织者之一。每次扬州市举办围棋比赛，他和老伴一起带着宝应棋队参加比赛。从赛场到后勤生活，里里外外忙个不停。退休后参加扬州市老干部围棋队的活动，棋协举办的围棋比赛他来当裁判协助工作。

万存一，宝应围棋协的秘书长。出身围棋世家，其父会下围棋，家中有围棋，从小学会下围棋。1977年恢复高考，他被扬州师范学院录取，毕业后在宝应中学任教至今。他是宝应围棋比赛的主要筹划和组织者。从1991年开始举办"宝胜电缆杯"连续六届，邀请聂卫平、马晓春、刘小光、曹大元等围棋国手参加比赛，在全国产生很大的影响。2003年万存一与任定华、贾林峰等成立宝应棋院，将宝应的围棋培训和围棋比赛搞得有声有色。

八、 再铸辉煌的高邮围棋

蓬勃发展的高邮围棋

高邮，江苏省辖县级市，面积1600多平方公里，人口83万。高邮历史悠久，公元前223年，秦王嬴政在此筑高台、置邮亭，故名"高邮"。高邮是全国唯一以邮命名的城市。"盂城"是高邮别称，取意宋代词人秦少游描写家乡"吾乡如覆盂"的诗句，盂城驿故而得名。高邮盂城驿始建于明朝洪武八年（1375年），是中国邮驿"活化石"、全国保存最完好的古代驿站，现为全国重点文物保护单位，2014年被列为世界文化遗产。高邮是全国历史文化名城、全国文明城市、全国卫生城市、国家全域旅游示范区、中国最美生态旅游示范市。

【高邮围棋典故与人物】

帝尧诞生地神居山

"尧造围棋，以教子丹朱"。高邮当地一直传说，帝尧诞生在高邮湖西的天山镇神居山一带。《史记·五帝本纪》"帝尧者"一节"索隐"中，皇甫谧云："尧初生时其母在三阿之南。"商务印书馆香港分馆1931年出版的《中国古今地名大辞典》载："三阿，在江苏省高邮县。"《舆地记胜》载："高邮县有北阿镇，离城九十里，即晋时三阿。"《高邮州志》又载："东晋尝侨置幽州，太元四年苻秦将句难、彭超围幽州刺史田洛于三阿，去广陵百里……即此。"中华地图学社出版的《中国历史图集》中，高邮运西处标有"三阿"地名。《明代高邮州境图》中高邮湖区从北到南标有北阿、二阿和平阿（平阿溪、平阿湖）、下阿溪，其南侧为神居山。

神居山原名天山，俗称"土山"，位于高邮市送桥镇（原天山镇）境内，高邮、仪征、天长两省三市（县）交界处，方圆约8万平方米，最高海拔49.5米，与南京方山年代相仿，同属玄武岩。山不算高，却有"淮南众山之母"的美誉。

关于神居山的"神仙"传说，相传南北朝时期曾有名士隐居山中，凿石为枰，弈棋品茗，而留下遗迹石棋即仙人棋。《舆地广记》中记载，公元265年至420年间的晋朝，东晋著名军事家谢安出镇淮南之时，曾一度隐居神山，潜心炼丹。忙时上山采摘药草，开炉炼丹；闲来与客纹枰坐对，品茗弈棋。既可算得上一位炼丹的"神仙"，又是一位高邮的棋客。南北朝南齐有一位亘公，曾在此炼丹，丹成而仙去，当地人曾在山上为亘公建庙祭祀。雍正《高邮州志》载："齐亘公庙，在州治西六十里神居山。旧传南齐时，有亘姓者庵于此山，炼丹种药，升仙后，人为立庙焉。"一直到近当代，山上仍留有当年古人取水炼丹的石井、捣药的石臼和对弈的棋枰遗迹，分别被称作"仙人井"、"仙人臼"和"仙人棋"。

汉代广陵王刘胥常偕围棋高手到神居山下棋，他死后墓葬于此，即比马王堆汉墓大18倍的著名的高邮天山汉墓。

清代诗人孙宗彝在高邮八景诗《西山爽气》中写道："客裔轻桡出水邮，茏葱远岫挂云头。千枰局变三峰老，万里尘飞一镜收。寒井人曾传炼火，荒台我欲倩垂钩。沧桑极目迷蓬阆，天山浮鸥足补游。"正是说的客人划着轻舟，过高邮湖来到天山下围棋。

神居山也是古文人登高抒怀的风景胜地。晴朗之日，山顶极目，高邮湖湖光帆影，历历在目；镇国寺塔，塔级可数。清代大学士阮元登临此山，即景生情，写下一副长联：

> 峭壁贯东西，石棋匝地，银杏参天，望盂城双塔悬空，古寺好修佛果；
> 长湖绕西北，松泉飞瀑，药白含云，看瞢社一帆稳渡，名山定有仙居。

长联以广阔的视野描写了神居山所处的山川地势，还写到了悟空寺、石药臼和参天银杏。而"石棋匝地"足以说明，距今大约300年的阮元可能亲眼见过神居山上前人凿出来的石棋枰。

"风流才子"秦少游

秦观（1049—1100年），字太虚，改字少游，号淮海居士、邗沟居士，今江苏高邮人，北宋著名词人、文学家、政论家。秦观是宋词名家大家，明人王世贞评价："少游词胜书，书胜文，文胜诗。"（《弇州山人词评》）秦少游人称"风流才子"，琴棋书画诸般皆精。但"弈"或"棋"在他的诗文中却很少出现。不像他的老师苏东坡，常有"碧纱窗下水沈烟，棋声惊昼眠"（《阮郎归·初夏》）一类直接涉及弈棋的词句，其师兄黄庭坚更有《弈棋二首呈任公渐》一类直接记叙棋事的诗歌。仔细阅读秦少游的诗词文章，仍然可以从中觅得他喜爱并擅长弈棋的相关信息。

元祐二年（1087年）盛夏，秦少游尚在蔡州教授任上。他罹患肠疾，卧病在床，多日不见好转。正在愁眉不展之时，好友高符仲前来探视，随身带来了一幅王维的《辋川图》，十分神秘地对他说："秦兄只要用心欣赏这幅画，病情自然就会痊愈。"秦少游将信将疑，展开画轴一看，是王维的真迹，不由得大喜过望，于病榻之上斜倚着枕头仔细观赏起来。

辋川在今陕西蓝田县南，风景优美，唐代著名诗人王维（字摩诘）曾置别业于此，《辋川图》就是王维亲绘的辋川风景图。秦少游凝眸观赏，图上的美景渐渐变得灵动起来。恍然之中，大诗人王维翩然而至，携其手一同走进了辋川别墅，优游于秀丽的山水田园景色之中。秦观自述，两人"幅巾杖屦，棋弈茗饮，或赋诗自娱"（《书辋川图后》）。其中明确提到了"棋弈茗饮"，也就是说，他不但下棋了，而且是跟他十分仰慕的唐代大诗人、画家王维品茗对弈，好不自在潇洒。虽然这只是一次神游、神交，而秦少游能够坦然与王维纹枰对弈，其棋艺高低当可想见。一连数日，秦少游手不释卷，肠疾竟在不知不觉中奇迹般地痊愈了。遂欣然命笔，题文于图后。阅图而愈肠疾，这情节近乎传奇，有点儿不可思议。但是，这篇《书辋川图后》收录在《淮海集》卷三十四中；更为难得的是，这幅题有少游真迹的《辋川图》存留至今，现珍藏于台北故宫博物院中。高邮三垛镇少游文化中心还将秦少游《辋川图跋》真迹全文，制成大幅扬州漆器，悬挂在大厅迎面墙上。

秦少游不仅喜欢下棋，对棋艺还有理论上的研究。元祐三年（1088年）九月，秦观应召进京参加贤良方正能言极谏科制举。他精心准备，进策三十篇、论二十篇，向朝廷系统陈述自己的治国理政的方略，涉及政治、经济、军事、人才以至改革等诸多方面。其中《奇兵》一篇是直接论述其军事思想的，是他治国理政方略的重要组成部分。他围绕《孙子兵法》"兵以正合，以奇胜"的观点，提出自古以来用兵"难于用奇、巧于用奇、妙于用奇"，关键在于"通阴阳之机，达万物之变"。他列举"庖丁解牛"和"弈秋善弈"两个典故进行论述。对于弈棋，秦少游说："弈者之斗碁也，谛分审布，失其守者，逐而攻之。至弈秋则不然，倒行而逆施，用意于所争之外，而沛然已胜矣。"斗碁即斗棋，"谛分审布"有仔细察看分布状况的意思。一般斗棋者，虽然也懂得棋面布局，攻防之术；但是弈秋则不然，这里的"倒行逆施"可以理解为能打破常规，不按部就班之意。而神思超然于"所争之外"，即人们常说的"功夫在棋外"。"沛然"者，充沛、盛大之状，写出了弈秋稳操胜券之神态。秦少游《奇兵》一文，引证《孙子兵法》"兵以正合，以奇胜"的观点，如能运用于围棋之中，又何尝不是一种高深而精湛的棋道呢！

晚清高邮围棋高手裘钰

晚清时期，高邮一位民间围棋高手异军突起，引起世人刮目相看。这位棋手名叫裘钰，生卒年不详，是界首镇东边一个普通的农家子。据《三续高邮州志》卷四《人物志·艺术》记载，裘钰的棋艺有其家学渊源，他的父辈就嗜好围棋，裘钰自小随父学棋。他天资聪颖，学棋未满一个月，镇上已经无人与之匹敌。后"夏路门太史闻其名，因招致门下"。夏路门在晚清高邮是一个大名鼎鼎的人物，名子镲，字銮坡，路门是他的号。他是夏之芳——曾任巡台御史兼理学政、与其弟夏廷芝一同入祀高邮乡贤馆

——的玄孙。《高邮夏氏世表》记述，夏路门是"同治癸亥科（1863年）进士"，与晚清中兴四大名臣之一的张之洞为同科进士，张之洞被钦点为探花，而夏路门位列"二甲第二名"。曾先后"授职翰林院编修、充国史馆协修、功臣馆纂修"等职务，故《高邮州志》称为"太史夏路门"。50岁前因感叹朝政衰败，难以实现平生志向，遂称病辞官返乡。返乡后与文化艺术界人士、地方名流多有交往，晚清高邮籍秀才王寅就有一首《沁园春·为夏路门太史题裕园图》词。夏太史兴趣广泛，爱好棋艺，且十分爱才惜才，重视人才的培养，将许多围棋好苗子招揽到自己门下，为他们继续精研棋艺提供优厚的条件，而裘铦这样的优异人才自然会得到他的青睐。进入夏府，裘铦潜心钻研，与棋友相互切磋，棋艺不断精进，视野不断拓宽，名声也越来越大。

当年，扬州棋风很盛，出生于扬州的周小松，道光二十一年（1846年）就已经是一位海内外知名的围棋国手。周小松棋风稳健平和，算路准确。他足迹遍布大江南北，清末至民国初期，在棋坛广有声名的人物大多与他直接或间接有过接触。曾国藩在两江总督任内，也曾召周小松去对弈。周小松还屡屡受聘讲习棋艺，桃李遍布天下。一生有多部棋谱传世，其《餐菊斋棋评》评解精当，是清代一部重要的围棋著作。有一次，夏太史盛邀周小松到家做客，并请周小松下场给他门下几位棋手下指导棋。盛情难却，周小松先后与几位棋手对弈。《三续高邮州志》记述："铦与对局，周仅能授以二子；他客虽授四五子，犹不敌也。"周小松与裘铦对局仅能让二子，也就是说，裘铦与国手周小松之间的差距仅为两子，而其他棋手差距则甚大，即使让四五子，仍然一一败于周小松手下。

裘铦的突出表现令周小松颇感惊异，如此一个农家子，棋艺竟能精进如此，其前程将不可限量。夏太史也因此更加器重裘铦，并且亲自为裘铦取字"弈锋"。"铦"本有"锋利"之意，以"弈锋"作为棋手的字号，则含有"棋风凌厉"之意。因此我们今天介绍裘铦时，就可以完整地表述为"裘铦，字弈锋，高邮界首人"。裘铦后来发展如何，州志未有记载，然联系当时的时代背景亦可推知一二。裘铦生于清朝末年，其时战乱频仍，国运衰微，他的棋运是否会落一个"才自精明志自高，生于末世运偏消"的结局，亦未可知。尽管如此，笔者以为各版本《高邮州志》的《人物志》中很少记述棋界人士，而裘铦算得上一个特例，因而裘铦这个名字理应值得我们今天的高邮人，尤其是围棋界人士所记取、尊重。

附：《三续高邮州志》卷四《人物志·艺术》：

裘铦，界首镇东农家子也。其父嗜弈，铦亦学之。未匝月，镇之人无与敌者。夏路门太史闻其名，因招致门下。扬州周小松，国手也，尝客太史家。铦与对局，周仅能授以二子。他客虽授四五子，犹不敌也。太史因字铦弈锋云。

20世纪80年代后高邮围棋发展

20世纪70年代末，高邮有一个叫吴成武的工人粗通棋艺，他订阅的上海《围棋》月刊成为棋友们争相借阅的"精神食粮"。机关干部和高邮师范老师下围棋人较多，而后逐步影响到企事业单位。高邮县体委每两三年就会搞一个围棋选拔赛，获得优胜者可以代表高邮去扬州参加围棋赛。每次高邮的比赛只有不到十人参加，具有代表性的就是葛乃康、王光照、朱广宏、刘伟等人。

1984年，首届中日围棋擂台赛聂卫平以席卷之威取得胜利，在高邮也掀起了学下围棋的高潮。1988年高邮围棋协会成立，仿照中日擂台赛的模式，率先在扬州地区开展了围棋异地对抗的比赛活动，并举办了兴化（今属泰州市）、高邮、宝应三县围棋擂台赛，随后这样的活动在扬州各地普遍开花。

20世纪80年代末，高邮有少数儿童开始学习围棋，最早开班教围棋的老师是袁京路，开创了扬州民间围棋培训机构的先河。从20世纪90年代中期到21世纪初，袁京路开设的鼎元棋社培养的小棋手在扬州实力最强，代表扬州参加江苏省和全国少儿赛成绩也非常优秀。优秀少年棋手有：孙力职业五段；管业铭获得过省少儿赛儿童组和少年组冠军，扬州首届名人赛亚军；刘立群获得江苏少儿赛冠军，高邮"棋王"称号。

进入21世纪，高邮围棋事业发展可谓精彩纷呈，特色鲜明。对外相继举办了"王氏训诂杯"父子（女）围棋双人赛、江苏高邮业余围棋公开赛、"环高邮湖"县市围棋交流赛等品牌赛事，对内则举办了高邮围棋联赛、高邮棋王赛、围棋元老赛、新春联谊赛等高邮本土系列赛事，其间还组织了如纪念中日围棋擂台赛30周年等重要活动，这些赛事的连续举办和重要活动的组织，扩大了高邮围棋的影响力，丰富了本地棋手的围棋活动，促进了高邮围棋事业的整体发展。

【品牌赛事】

"王氏训诂杯"父子（女）围棋双人赛

2018年至2021年，连续四届举办"王氏训诂杯"父子（女）围棋双人赛，该项赛事由高邮籍职业七段王煜辉出资赞助。首届赛事得到江苏省棋院和扬州棋类协会的大力支持，省围棋队总教练丁波五段、扬州市棋类协会主席王晓庆亲临指导，职业棋手王煜辉七段、刘世振七段、王檄九段携子女参赛。特邀嘉宾文化名人王干先生与职业女棋手范蔚菁三段、王祥云三段搭档参加了第三、第四届比赛。高邮本土职业棋手孙力五段每届专程回邮进行指导棋活动。还有不乏如第五届晚报杯冠军韩启宇、多次国内业余大奖赛冠军周振宇、江苏业余强豪孟繁雄等名手参加。

"高邮二王"王念孙、王引之父子是乾嘉学派的杰出代表，是训诂学大家。王煜辉是"高邮二王"的后人，"王氏训诂杯"父子（女）围棋双人赛正是契合"高邮王氏"父子而举办的一项新颖赛事，被高邮市政府列为品牌体育赛事。

江苏高邮业余围棋公开赛

2011年至2018年，连续八届举办江苏高邮业余围棋公开赛，江苏省棋院、扬州市棋类协会给予大力支持，均派人现场指导。该项赛事在江苏乃至全国有一定影响力，每届比赛，来自围棋道场的冲段少年和业余6段是赛场的"主角"，第六届参赛业余6段达18人。参加过高邮公开赛的冲段少年，后来打上职业段位30多人（蔡文鑫、刘云程、成家业、纪祥、陈镱夫、尹松涛、王泽宇、王星昊、花畅、周润民、袁斯童、高逸典、唐天源、刘汤颢、王楚轩、叶长欣、王天一、邱禹然、何天予、王文聪、韩瑾睿、赵邦桥、史记、胡子豪、韩恩溢、尹渠、张梦瑶、李思璇、潘天行、唐嘉雯、张馨月），高邮公开赛被誉为冲段少年走上职业的练手"福地"。孙力五段每届回家乡参与指导棋活动。从第六届起，公开赛每轮重要场次在上海弈客围棋直播。第七届，"业余天王"胡煜清、王香如夫妇亲临现场，分别担任冲段少年和业余强手队际赛教练。第八届，授予全勤参赛的张嘉睿6段"荣誉嘉宾"称号。2015年起，江苏高邮围棋公开赛连续三年获高邮体育社团年度优秀赛事一等奖。

"环高邮湖"县市围棋交流赛

2015年起，每年举办"环高邮湖"县市围棋交流赛。该项赛事由高邮发起，以高邮湖为地理标志、环绕高邮湖的四个县市——江苏高邮市、宝应县、金湖县和安徽天长市轮流主办。前四届每半年举办一次，自2017年起改为每年一次，至2021年已举办九届。该项赛事为团体对抗赛，前七台为单棋，第八台为双人联棋。九届中，宝应县一枝独秀，5次夺冠，天长市2次，高邮市和金湖县各1次。首届交流赛由高邮承办，中国围棋协会名誉主席王汝南、中国围棋协会领队华学明亲临赛场指导，并参加"多面打"活动。

围棋联赛

2014年起，每年举办高邮市围棋联赛，组织6支队伍参赛，每队6人，每次4人上场，均为高邮本地棋手。6支队伍分别冠以"盂城驿"等旅游景点名称，分主客场共10场比赛，团体、个人均设有奖项。每周比赛一场，历时三个月，成为高邮本地棋手的围棋盛会。

棋王赛

2011年至2013年，举办了三届高邮棋王赛，高邮业余4段以上棋手参赛，每届近50人参赛，是高邮一项规格高、水平高、奖金高的赛事，为高段小棋手创造了竞技平台，起到了扩大影响、锻炼小棋手的目的，得到了社会各界的关注和支持。少儿棋手钱家正和成人棋手刘立群博士棋艺高出一筹，包揽前两届冠亚军，小棋手钱家正分别获得第一届和第三届高邮"棋王"，刘立群博士获得第二届高邮"棋王"。

元老赛

2011年起，由扬州普林斯化工有限公司赞助的"普林斯杯"高邮围棋元老赛，每年在重阳节如期举办，成为高邮固定的传统赛事。参赛对象为55周岁以上的老干部、老同志。老棋手对这项赛事兴趣很高，参赛人数逐年增多，从2011年的11人增加到2021年的23人，元老赛是老同志"手谈"的重要平台，他们渴望聚会、快乐下棋，既享受了比赛的乐趣，又度过了难忘的重阳节。

机关干部职工元旦围棋赛

2013年起，由市总工会、市体育局主办，市围棋协会承办的高邮市机关干部职工围棋赛，在每年元旦举行。比赛分干部组和职工组分别进行，以市级机关为单位设立团体奖，奖励前三名，个人奖励前六名，该项比赛成为机关干部职工的精神食粮。

新春联谊赛

2010年起，每年举办新春联谊赛，高邮围棋协会邀请回邮过年的家乡棋友参加联谊活动。活动形式有双人联棋、职业指导棋、队际赛等，大家议围棋、叙友情，共谋高邮围棋发展大计。

三方擂台赛

2015年、2016年，举办两届高邮市三方擂台赛，团体名称分别定为东塔队、西塔队、奎楼队，擂主由棋院院长担任，每队5人，以此活跃本市棋手参与围棋活动的热情。同时，每位选手奖励古力与李世石番棋对局集《龙渊》。

十强赛

2017年，王煜辉个人出资赞助高邮围棋十强赛，比赛结束后，王煜辉下了1对8让子指导棋。

【重要活动】

邵震中来邮"多面打"活动

1989年，邵震中在扬州全国围棋升段赛上升为八段。随后，邵震中八段来高邮，在高邮师范学校进行1对8"多面打"指导棋，这在当时的县城引起轰动，兴化、宝应等周边县市业余好手闻讯而来，推动了当地围棋事业迅速发展。

扬州市围棋名手邀请赛

2009年9月，举办了"赞化杯"扬州市围棋名手邀请赛，扬州市棋类协会主席任杰亲临现场指导，高邮市副市长钱富强致开幕词。比赛采取师徒组队双人联棋，最终扬州莫玉树6段与其学生庞钰组合获得第一名，第二名贾林峰、桑文宇组合，第三名韩斌（扬州棋王）与卢宇逍组合，第四名吴振宇（职业初段）与阮良琼组合。

著名围棋教练谢裕国先生来邮指导

2013年元旦，著名围棋教练谢裕国先生来邮，举办了成人1对5、少儿1对5两场多面打指导棋活动。其间，谢老师夫妇游览了高邮的名胜古迹，并对我市围棋活动开展及少儿棋手培养情况给予了较高评价。

王煜辉七段来邮寻根

2013年4月，高邮籍棋手王煜辉七段来邮开展寻根之旅及新书首发签售活动。副市长、协会名誉主席钱富强参加活动，邀请朱延庆、陈其昌、王念孙第五代世孙王缵世等社会文化界知名人士陪同王煜辉父子参观了王氏纪念馆等高邮著名文化景观。经考证，王煜辉系王念孙后人。王煜辉在邮期间对我市业余棋手进行指导棋活动，为我市广大业余爱好者作了大盘讲解，与部分小棋手和家长进行了互动。王煜辉至此每年都到高邮，并邀请多名职业高手来高邮，组织与高邮业余棋手的指导交流，为高邮的围棋事业发展做出了积极贡献。

中日围棋擂台赛30周年纪念赛

2015年10月，举办中日围棋擂台赛30周年纪念赛。参赛资格为与中日擂台赛同成长的40岁以上业余棋手，比赛采用双人联棋形式，来自江苏12个县市的16对选手参赛。参赛选手每人提供1篇与中日擂台赛有关的故事征文，组织征文评奖。一等奖1篇，奖金1000元；二等奖2篇，奖金600

元；三等奖3篇，奖金400元。比赛奖励前四名，冠军奖金4000元，姜堰选手钱年丰、孙浦林荣获冠军，扬州选手韩斌、袁京路获得亚军。设中日围棋擂台赛知识抢答，10道题目，答对者奖励古李十番棋《十番再现，巅峰对决》。通过纪念中日围棋擂台赛，重温当年擂台赛的美好记忆，发扬擂台精神，传播围棋文化，推动地方围棋事业发展。

组队参加全国历史文化名城围棋赛

2017年4月，组队参加在昆山举行的全国城市围棋联谊赛，在40个代表队中荣获团体第13名。11月，由市体育局副局长陆翔带队，参加在广东潮州举行的第十一届全国历史文化名城围棋赛，获团体第16名，蒋杏朝获领导干部组个人第八名。两次参赛为高邮适时举办全国历史文化名城围棋赛积累经验。

【围棋交流】

20世纪90年代初，高邮棋友与扬州、镇江、泰州等地棋友自发开展对抗交流，高邮城区公告栏海报时有发出。

20世纪初，仪征开展围棋培训，邀请高邮少儿棋手前去交流。每年，高邮、仪征、宝应三个县市的成人和少儿棋手都进行相互交流，2011年开始，金湖县围棋协会加入交流之中。

2010年，我市获得扬州市第10届体育运动会围棋团体第一名。

2011年元月，蒋杏朝、袁耘参加省棋院组织的庆元旦"茅台酒杯"围棋联谊赛，蒋杏朝荣获第三名，袁耘获得业余五段。5月，赴仪征进行交流活动。6月，龙祥棋院成立，省棋院总教练丁波五段来邮参加活动并指导小棋手。9月，全省邮电系统职工围棋赛在省棋院成功举办，高邮移动公司袁耘七战全胜夺冠。10月，于工、乐荣参加江苏太仓市围棋棋王赛，于工获得冠军，乐荣获第四名。赴扬州观摩"第七届威孚房开杯"中国棋王争霸赛半决赛及国手指导棋活动，高邮6名小棋手参加扬州国手指导棋活动。观摩期间，棋协与祖籍高邮的国手王煜辉七段深入交流。11月，于工获扬州"院长杯"第三名。邀请王煜辉八段在合适时机到高邮访问指导。11月，协会派代表赴金湖祝贺"清风棋院"开业，双方建立友好互访机制。

2012年5月，市围棋协会邀请仪征棋院来邮交流，比赛分教练组和社会各界组分别举行，教练组以4：8不敌仪征，社会组以8：2胜出。组织我市部分小棋手到江都观摩全国围甲比赛，现场观看曹志林八段的大盘讲解。

2012年至2014年，连续三年举行了高邮—金湖围棋交流赛，上下半年轮流作东道主，通过友好交流，以棋会友，增进了两地棋界的友谊。

2013年春节，利用孙力五段回高邮过节探亲之机，安排钱家正、戴君溯两位5段小棋手指导棋活动。

2014年、2018年，举办两届友好县市协会双人围棋赛。各友好县市协会派1对选手参赛，16对选手角逐。

2016年，市围棋协会组织观摩了在仪征和昆山举行的全国围甲联赛，在姜堰举行的中日韩三国女子围棋擂台赛，在淮安举行的春兰杯八强赛。围棋协会为仪征一名患病棋友捐款6600元。

2016年起，每年派人前往昆山、太仓、江都等地，对在外开展围棋教育培训工作的高邮籍棋手进行慰问。昆山少儿棋院由王正龙创办，拥有5个教学区、学员千人以上，为省内著名围棋培训机构；太仓绿星少儿棋院由蔡勇创办，在培学员近400人。

2017年元旦，在扬州棋院举办的围棋名人邀请赛中，蒋杏朝、刘通、吴小刚在公务员组中取得好成绩。12月8日至10日，昆山市围棋协会一行10人在陈卫斌会长的带领下来邮交流指导，并建立互访机制。

【高邮围棋人物及机构变革】

葛乃康（去世）

高邮实验小学教师，牵头成立高邮围棋协会，是第一届、第二届、第三届协会秘书长。20世纪80年代末在实验小学开设围棋班，此举走在扬州前列，葛乃康是中日围棋擂台赛后高邮围棋重要组织者，对协会活动开展、早期少儿围棋培训起到了领导和推动作用。

刘法金（去世）

此人特别酷爱围棋，从高邮公安局局长位置退下来后，由葛乃康牵头，每天组织棋友会去他家下棋，他只看不下，很好客，他家成为20世纪八九十年代业余棋手的重要活动场所。

王煜辉：职业七段

1976年6月14日出生。男，北京人，祖籍江苏高邮，为"训诂学大家"——"高邮王氏"后人。10岁学棋，师从聂卫平。1988年进平顶山煤业集团围棋队，1996年进入国家队。1990年初段，1997年六段，2000年七段。获第2届、第3届"新人王"赛亚军，"牡丹卡杯"全国名手赛冠军，"永大杯"冠军等。2012年退役，著有《新世纪围棋之魅》等。参加江苏卫视《一站到底》综艺节目，充分展示自己的才艺。2015年，创办围棋网校爱棋道，从事围棋培训。

孙力：职业五段

1991年2月8日出生，江苏高邮人；6岁半学棋，师从高邮围棋代表人物袁京路，学棋2年多升为业余5段；11岁第一次参加全国晚报杯围棋锦标赛打进前十名，升为业余6段，同年入选北京清风少年队；13岁入职业段，14岁入选国少队；15岁升为职业三段，同年成为中国国家围棋队总教练、世界冠军俞斌九段的弟子；16岁代表贵州咳速停队参加中国围棋甲级联赛；18岁进入中国职业棋手等级分排名前30位，并且在围甲比赛中陆续战胜了马晓春、常昊、古力、孔杰、朴文垚、柁嘉熹、江维杰、唐韦星、檀啸、党毅飞等世界冠军；19岁起陆续4次打进世界围棋大赛的本赛，并获得东洋生命杯世界围棋网络大奖赛冠军；20岁升为职业五段，荣获运动健将称号。

围棋协会机构变革

1988 年，高邮县围棋协会成立，是该县最早成立群众性组织的体育协会之一，围棋协会历经六届，每届任期及主席为：

第一届，1988—1995 年，协会主席刘伟（去世）；

第二届，1995—1998 年，协会主席张俊斌；

第三届，1998—2004 年，协会主席张家华；

第四届，2004—2009 年，协会主席钟晓来；

第五届，2009—2013 年，协会主席扈德林；

第六届，2013 年至今，协会主席朱震。

第二章　围棋赛事

一、扬州市棋协杯围棋比赛

1990年始，扬州棋协在每年秋季举办 "棋协杯"围棋定、升段赛。截至2019年共举办了31届，其间从未中断，一项群众性赛事连续办30届，在省内实属罕见。

1990年秋，扬州市第一届"棋协杯"围棋比赛在市体育馆开幕。参赛棋手130余人。当时，扬州、泰州还没分开，两地各县市高手基本全部上场，是一场围棋界的盛会。冯云散、姚伟鼎、泰州的翁和参加了这次比赛，裁判长朱立强。

1991年，扬州市第二届"棋协杯"围棋比赛举行。

1992年，扬州市第三届"棋协杯"围棋比赛在体育宾馆举行。冯云散获个人冠军，江志鑫担任裁判长。

1993年，第四届棋协杯在泰州举行，后来成为扬州棋王的韩斌初次登场荣获第三名。

1994年，第五届棋协杯在扬州棋协活动中心举行。李卫军、方志勇、栾映桥、李征全等一批年轻棋手登场崭露头角。棋协杯第五届到第十届，一直在扬州市棋类活动中心举行。泰州从扬州分家后，参赛人数正常在70人左右。

2000年11月，扬州市第十一届"福兴棋协杯"在扬州市老年大学举行。王元、谭炎午、陈临新、邵震中等到场祝贺，并对参赛者进行"多面打"指导。

由老一辈棋协领导创办的棋协杯一代代传承下来

2001年至2008年，第十二届至第十九届棋协杯赛场，分别在市棋类活动中心、盐阜路老干部活动中心、工人疗养院等处进行。第十五届棋协杯冠军是孟繁雄。职业棋手吴振宇先后获得三次冠军。

2009年，第20届"盐业棋协杯"围棋比赛在扬州市工人疗养院举行。

2010年，第二十一届"恒通棋协杯"围棋比赛在扬州市工人疗养院举行。

2011年，第二十二届"芳甸棋协杯"围棋比赛在扬州市工人疗养院举行。

2012年，扬州棋协和扬州东方医院合作，在"棋协杯"赛事中增设"东方医院棋协杯全国业余围棋精英赛"。每年一届，吸引了全国的职业选手和业余高手参赛，提升了扬州棋手的竞技水平。

2012年10月3日至4日，第二十四届"东方医院棋协杯"围棋定段、升段赛在美琪学校举行，有近600名选手参赛。

2013年10月3日，第二十五届"东方医院棋协杯"在扬州棋院举行。来自全国的7名职业棋手和业余五段以上的94名棋手参赛。

2014年8月23日，第二十六届"东方医院棋协杯"第三届精英赛在扬州棋院举行。

2015年10月1日至3日，第二十七届"东方医院棋协杯"围棋定、升段比赛在西湖中心小学举行，近千名棋手参赛。比赛期间，市棋协主席任杰与西湖中心小学校长张志桃共同为"扬州市棋类协会培训基地"揭牌。

2016年8月28日，由扬州市体育局、扬州市体育总会和扬州报业传媒集团主办，扬州市棋类协会和扬州晚报承办的第二十八届"东方医院棋协杯"围棋精英赛在扬州棋院收枰。根据比赛规程，本次比赛分为团体赛和个人赛两个项目，团体赛每队限报4人，非本市籍棋手（允许职业棋手）限报1人，每个队必须有一名40周岁以上选手。个人赛，本地和外地棋手皆可报名。无论是团体赛还是个人赛的参赛选手都必须在业余五段以上。团体赛奖励前6名，冠军将获得4000元；个人赛奖励前8名，冠军将获得12000元。此外，还对本市籍棋手战胜职业棋手另外进行奖励。本次比赛吸引了孙力五段、周振宇四段、张策四段、黄昕四段、吴振宇二段、钱留儒二段、简意弘一段和程观一段8位职业棋手参赛。其中，孙力五段和黄昕四段都是扬州培养的职业棋手，他们联手参加扬州市棋协杯还属首次。这次比赛，孙力五段获得了个人赛冠军，独得12000元的奖金。黄昕四段获亚军，钱留儒二段获了季军。扬州市树人学校一队以0.45分的极其微小优势获得团体冠军，扬州市仪真棋院和扬州运河棋院分别获得团体第二名、第三名。王涵、吴依铭和张馨月获得女棋手奖前三名；刘汤颢、王子轩和宋腾获得本土棋手排名前三名；宋腾由于在比赛中击败了职业棋手获得了1000元"李博士奖"。

2017年8月7日，由市体育局、市体育总会、扬州报业传媒集团主办，市棋协承办的第29届"东方医院棋协杯"围棋精英赛在扬州棋院收枰。本次比赛吸引了周振宇三段、崔超三段、吴振宇二段、纪祥初段4位职业棋手和130名业余五段以上段位棋手参赛。周振宇三段获得个人赛的冠军，崔超、冯毅、梁程、叶长欣、吴振宇、尹承杰和纪祥分获第二名至第八名。韩斌一队获团体冠军，市级机关一队、树人学校、玉树团体和树人围棋培训中心分获团体第二名至第六名。吴依铭获最佳女棋手奖，马润民、李翔宇和黄承廷获得本市籍棋手奖前三名；马润民和刁宇浩因在比赛中战胜职业棋手获得了李博士奖。

2018年8月17日，第三十届精英赛在扬州棋院进行。

2019 年 8 月 17 日，扬州市第三十一届"东方医院棋协杯"围棋精英赛在扬州棋院开枰，来自扬州以及周边城市的 24 支代表队、148 名选手展开黑白对弈。其中，有6位职业棋手参赛，其中来自上海的57岁棋坛名宿金渭斌在1987年就升为职业七段，从高邮走出的职业五段棋手孙力，曾在围甲联赛征战6年。本次比赛特别还设置了在读大学生组，13名扬州籍学霸趁着暑期回家组团参赛，与昔日棋友切磋棋艺，也将围棋之乐向"师弟""师妹"们传播。

二、"宝胜电缆杯"全国围棋名人邀请赛

1991年10月，"宝胜电缆杯"全国围棋名人邀请赛在宝应举行。国手聂卫平、马晓春、刘小光、曹大元、邵震中等参加了比赛。结果：冠军聂卫平，亚军马晓春。宝应棋迷们目睹了国手的风采，还推出10人和女棋手杨辉同时对阵下指导棋。

"宝胜电缆杯"全国围棋名人邀请赛共举办了8届，极大地推动了宝应围棋的发展。宝应的年轻棋手进步迅速，他们在扬州市各种比赛中均取得了令人瞩目的成绩。宝应的少儿棋手更是成绩非凡，个人、团体成绩都取得了骄人成绩。先后有多人被选送到"聂卫平围棋道场"学习。同时，也提高了宝胜电缆厂在全国的知名度。通过举办这场全国性比赛，证实了宝胜电缆的实力，对宝胜的发展起到了极大的推动作用。

三、扬州市千人围棋大赛（2009—2019年）

1. 2009年第一届围棋千人大赛

2009年，由扬州棋协提议，扬州市文明办、市体育局、市机关工委、市老干部局联合发文，决定在扬州市一年一度的"欢乐扬州·市民日"期间，举办千人围棋大赛，由扬州市棋协承办。

第一届围棋千人大赛，于5月2日至3日在扬州市体育馆举行，参加人数达1300人之多。比赛场面蔚为壮观，时任扬州市市长的王燕文亲临现场，给予了很高评价。全国各大媒体争相报道，被江苏省体育局评为"江苏省群众体育优秀品牌赛事一等奖"。

本次比赛围绕打造"精致扬州"和"文化扬州"，配合"烟花三月国际经贸旅游节"，在"市民日"期间举行扬州历史上的第一次千人围棋大赛，其意

义非同一般，也是扬州市委、市政府大力加强精神文明建设的重要举措。

2. 2010年第二届围棋千人大赛

2010年5月1日至2日，扬州市第二届围棋千人大赛，在扬州市体育馆举行，参加棋手1300人。市长谢正义出席并看望了比赛选手。

3. 2011年第三届围棋千人大赛

2011年5月2日至3日，扬州市第十届全民健身体育节暨第六届老年人体育节、第七届"幸福扬州·扬州市民日"、第三届围棋千人大赛在扬州市

体育馆举行。市委书记王燕文、市长谢正义等领导出席，近1100名棋手参赛。比赛开始，现场棋手起立诵读《扬州弈棋文明礼仪歌》。这首由扬州市棋类协会创作的礼仪歌曾在国内最大的围棋杂志《围棋天地》上发表。

4. 2012年第四届"树人杯"围棋千人大赛

2012年2月，扬州市棋类协会与扬州树人学校磋商，为扬州市"千人围棋大赛"冠名"树人杯"。2月26日，在扬州树人学校九龙湖校区，市棋类协会任杰会长与树人学校校长陆建军正式签订合作协议，从2012年起扬州市每年一次的千人围棋大赛正式冠名"树人杯"。时任扬州市委常委、宣传部部长袁秋年，副市长董玉海，扬州市教育局纪委书记蒋仲林、扬州中学校长卫刚等领导出席签字仪式。

2012年5月1日至2日，扬州市第四届"树人杯"围棋千人大赛在市体育中心体育馆举行。市领导袁秋年、孙永如、董玉海、朱正海出席了活动。

这次比赛分为千人大赛和升定段赛两个部分，共有1240名棋手参赛。参赛的唯一一名职业选手吴振宇二段以7战全胜的成绩夺得了冠军，钱留儒、卢宇逍分获第二、三名。

5. 2013年第五届"树人杯"围棋千人大赛

2013年4月30日，扬州市第五届"树人杯"围棋千人大赛在市体育公园举行。近千名棋手参赛。市领导卢桂平等出席活动。

6. 2014年第六届"树人杯"围棋千人大赛

2014年5月2日，扬州市第六届"树人杯"围棋千人大赛暨第十届"欢乐扬州精彩邗江"市民日活动启动仪式在邗江区西湖镇金槐村广场举行，副市长董玉海，市委宣传部副部长、市文明办主任李广春，树人学校校长陆建军等领导出席。围棋比赛在西湖镇中心小学举行，一千余名棋手参赛。

7. 2015年第七届"树人杯"围棋千人大赛

2015年5月1日至2日，由扬州市体育局、扬州市体育总会主办，扬州市棋类协会承办，扬州市树人学校协办，扬州市第十四届全民健身体育节系列活动之一的第七届"树人杯"围棋千人大赛在西湖镇中心小学举行，共1024名棋手参赛，市体育局、市体育总会、树人学校等领导出席开幕式。

本次比赛分为四个组别，分别为：树人杯组（参赛选手为树人学校四段以上在校生）、老干部组、定段组、升段组。其中，定段组、1段组、2段组，共赛六轮；树人杯组、3段组、4段组，共赛七轮。

8. 2016年第八届"树人杯"围棋千人大赛

2016年4月30日至5月1日，由扬州市体育局和体育总会主办、扬州市棋类协会承办、扬州市市级机关工委、扬州市树人学校协办的扬州市第十五届全民健身体育节暨第八届"树人杯"千人围棋赛隆重举行。

本届千人围棋赛分定段组、升段组、树人杯组（参赛选手为树人学校

四段以上在校生）、老干部组和市级机关
组共5个组，参加人数达千人。其中，
定段组和升段组的比赛在西湖镇中心小
学举行，树人杯组比赛在树人学校九龙
湖校区举行，老干部组比赛在扬州棋院
举行。江苏省棋院院长杨伊明、市体育
局领导等出席。

9. 2017年第九届"树人杯"围棋千人大赛

2017年4月29日至5月1日，由市棋协主办，树人学校承办的第九届
"树人杯"围棋千人大赛在扬州棋院、西湖镇中心小学等赛场举行。比赛分
为市科、教、卫生、老干部组，定段、升段组。

围棋比赛旨在更好地弘扬国粹，在中小学推广围棋活动，培养学生从
小养成爱思考，敢拼搏和良好的行为习惯，为树人学校围棋校选拔优秀人
才。同时举办的"小学生精英赛"也成为专门面向小学生的重要赛事。

10. 2018年第十届"树人杯"围棋千人大赛

2018年4月29日至5月1日，扬州市第十届"树人杯"千人围棋大赛定
升段比赛在扬州市树人学校隆重举行。同时举办的还有：2018中国·扬州
"桃花泉杯"全国围棋大赛、扬州市第六届围棋少年5段争霸赛、扬州市籍
老同志围棋邀请赛、企业家围棋邀请赛、全国业余围棋精英赛和瘦西湖画
舫对弈等共六项赛事。

开幕式上，到场的领导和嘉宾有中国围棋协会副主席兼秘书长罗超毅，

扬州市副市长余珽，中国棋院围棋部部长王谊，江苏省棋牌运动管理中心主任、江苏棋院院长杨伊明，扬州市体育局副局长傅健，扬州中学教育集团树人学校党委书记、校长、扬州市棋协名誉主席陆建军、扬州东方医院院长、扬州市棋协名誉主席赵顺祥、扬州市棋协主

席王晓庆、日本围棋大师石田芳夫九段、扬州籍职业棋手8名和中国围棋协会选派的职业棋手，还有众多教育界和企业界人士等。来自全国各地的1500名棋手共聚一堂，对弈手谈。

本次比赛，千人围棋大赛定升段比赛中主要是少年儿童的比赛，包含了从定段到五段的5个级别的升段比赛。围棋少年五段争霸赛则集中目前扬州所有优秀少年棋手参赛。扬州市籍老同志围棋邀请赛则邀请了扬州市一批长期关心、爱好围棋的老同志参赛。企业家围棋邀请赛由来自全国的6支近50多位爱好围棋的企业家、金融家等参加比赛。全国业余围棋精英赛吸引了全国许多著名的业余高手前来一较高低。瘦西湖画舫对弈就是组织十位职业棋手在瘦西湖画舫对弈，再现清代围棋在扬州的盛况。六大赛事交替展开，各取其意。

11. 2019年第十一届"树人杯"围棋千人大赛

2019年5月1日至3日，第二届"桃花泉杯"全国业余围棋公开赛暨第十一届"树人杯"千人围棋赛在江海学院体育馆举行。原中国棋院院长、

中国围棋协会副主席华以刚，江苏棋院围棋部部长、江苏围棋队总教练丁波，扬州市副市长余珽，扬州市棋协名誉主席、江海职业技术学院院长孙永如，市体育局局长李桂山，扬州市树人学校党委书记校长陆建军、扬州市棋协名誉主席东方医院院长赵顺祥，扬州市棋协老主席任杰，扬州市棋协主席王晓庆等领导出席了开幕式。本次比赛共吸引了来自全国近1200名围棋爱好者参加。

"树人杯"千人围棋赛则是由扬州市棋类协会重点打造的一个江苏省优秀品牌围棋赛事。本届千人围棋赛共吸引了来自全市的992名小棋手参赛，比赛分为定段和升段两大类别赛事，设置有定段组、1段组、2段组、3段组、4段组共计5个组别比赛。根据竞赛规则，连胜5盘者即可提前定段或升段。

四、中国大运河城市围棋邀请赛

运河是一种文化，围棋也是一种文化。清代，范西屏、施襄夏和围棋国手聚会在扬州，定居在扬州，演绎出古代围棋史上许多动人的传奇。如今，扬州是中国大运河36座城市联合将大运河申报世界文化遗产的牵头城市。因此，扬州牵头举办了中国大运河城市围棋邀请赛，以棋为媒，促进运河文化的传承和交流，为沿运河城市的围棋同人建立了一个相互沟通、相互了解的平台，继续书写着运河和围棋的佳话。

1. 2009年第一届日利达，中国大运河城市围棋赛

2009年10月11日至13日，由中国扬州世界运河名城博览会组委会主办，扬州市文明办、扬州市体育局、扬州晚报和扬州市棋协协办的第一届中国大运河城市围棋赛，在扬州天香阁大酒店举行。扬州市人大常委会副主任孙永如、副市长董玉海为大会揭幕。

来自全国大运河沿线主要城市围棋代表团近百名棋手参赛。各市的参赛队均由棋王登台挂帅。如洛阳棋王关宏，宁波棋王包家恩、黄明磊，苏州棋王翟东川，无锡棋王江顺，常州棋王韩启宇，镇江棋王巴秋生、陈家裕，徐州棋王孟庆泉、孟元甲，扬州棋王韩斌等。这个比赛为沿着大运河城市的业余围棋高手相会相聚，相互交流，相互了解提供了一个良好的平台。是运河城市围棋棋王的一次大会师。

本次比赛：冠军洛阳队；亚军扬州队；季军常州队；各获得奖金8000元、4000元、3000元。第四名至第六名分别为湖州队、宁波队、绍兴队。

在最后一轮比赛，扬州队以4：0横扫宁波。常州以3：1战胜苏州。

个人保持全胜的棋手有4人：洛阳的苏广悦、郑施桦、韦一博、扬州仪征棋院院长徐德珺。

胜5盘的棋手有5人，苏州的翟东川；扬州的黄昕、韩斌、湖州的陈

贤；宁波的包家恩。

　　本次比赛得到扬州日利达有限公司、中国移动通信有限公司、扬州旅游景区营销中心和扬州德盛工艺品有限公司的赞助。

2. 2011年第二届美锦云天·中国大运河城市围棋赛

　　2011年9月20日至22日，由扬州市文明办、扬州市体育局主办，扬州晚报和扬州市棋协协办的第二届美锦云天·中国大运河城市围棋赛在扬州人家大酒店举行。

　　本次比赛吸引了4个省14座大运河沿线城市的16支代表队参加。在参赛选手中，目前排名全国业余围棋等级分前100位的棋手超过10人，共有约20名业余6段高手，其中包括世界业余围棋锦标赛冠军得主李岱春八段。本次比赛也代表了国内业余围棋的最高水准。

　　经过3天6轮比赛的激烈争夺，整体实力雄厚的宁波晚报队以4胜2平积10分的成绩夺得冠军，并赢得了20000元的冠军奖

金。5胜1负、同积10分的淮安淮海晚报队，因对手场分稍低，屈居亚军；上届冠军洛阳晚报队获得第三名。

3. 2019年第三届"江苏银行扬州分行杯"大运河城市围棋团体邀请赛

2019年12月17日至19日，由江苏省棋类运动协会、扬州市体育局、扬州市体育总会、江苏银行扬州分行主办，扬州市棋类协会承办的中国·扬州"江苏银行扬州分行杯"大运河城市围棋团体邀请赛，在扬州二十四桥宾馆举行。江苏省棋牌运动管理中心主任、江苏棋院院长杨伊明、原江苏省军区副司令周志斌将军、江苏银行副行长杨凯等出席了开幕式。

来自全国大运河文化带的16个城市与单位的106名围棋高手参加了比赛。参赛的城市与单位均派出本地最高水平名将到场，高度重视大运河文化带上的这一赛事，各地选手均在四段以上，最高段位是来自无锡的李岱春8段，原江苏省军区副司令周志斌将军5段代表南京慕道围棋俱乐部参赛，原江苏银行副行长杨凯5段代表江苏银行扬州分行参赛，老棋王韩启宇6段也代表常州市队参加了个人赛。洛阳市代表队是第一届冠军，此次由围棋协会会长于力强5段领衔，携陈纲6段、黄欣凯5段和孙田军5段，实力强劲。扬州市组织了4支队参赛，棋王韩斌6段代表江苏银行扬州分行代表队参赛，而莫玉树6段则代表扬州市棋协代表队竞技。

本次联棋比赛每队必须有一名棋协副会长以上领导或县处级以上领导干部和企业副总经理以上的企业家。

经过3天5轮的角逐，团体冠军由洛阳市队蝉联，泰州市队、淮

大运河城市围棋团体邀请赛洛阳市代表队夺得团体冠军

安市队分别获得团体第二、三名。最佳棋手奖由洛阳市队陈纲获得，最佳女棋手奖由苏州市队项云获得，最佳联棋奖由淮安市队杨任之、周波获得。

在闭幕式上，原江苏省军区副司令周志斌将军向扬州棋院赠送了连夜书写的书法苏轼《赤壁赋》，体现了将军的深厚文化功底，受到全体棋手的敬佩。

五、中国围棋甲级联赛

中国围棋甲级联赛由体育总局棋牌中心和中国棋院主办，开展至今已有21个年头。

围甲不仅成为中国围棋的高端核心赛事，让中国围棋的整体水平不断提高。特别是主客场制的，越来越多的人关注围棋，学习围棋，也极大地调动了中小城市承办围甲主场的积极性。

1. 2009中国围甲联赛第七轮上海队对云南队的比赛在扬州举行

2009年6月18日，中国围甲联赛第七轮上海队对云南队的比赛在风景秀丽的扬州瘦西湖畔的趣园举行。

扬州市园林局、扬州市体

育局、扬州市棋协承办了赛事，扬州市人大常委会副主任孙永如、扬州市副市长董玉海出席了新闻发布会和开幕式。

两队对阵形势为：上海队胡耀宇（主将）、常昊、邱峻、朱元豪（快棋）；云南队王垚（主将）、付冲、陈潇楠、蓝天（快棋）。慢棋在上午9：30举行，中午12：00封盘，下午1：00继续；快棋下午1：30开始。比赛在下午5：30结束。上海队凭借主将胡耀宇和常昊的两场胜利锁定胜局。

会间，上海市著名围棋名流曹志林挂大盘为扬州的棋迷做了精彩的讲解，扬州市众多围棋爱好者对围棋国手们高超的技艺留下十分难忘的印象。

2. 2012年11月24日，扬州棋协在江都区京江大酒店承办了金立智能手机杯中国围棋甲级联赛第二十轮大连上方衡业队 VS 贵州百灵队的比赛。结果贵州以2：1胜。

3. 2014年全国女子围棋甲级联赛

2014年6月15日，由扬州报业传媒集团筹备承办的第二届"中信置业杯"中国女子围棋甲级联赛第二站开幕式在江苏扬州力宝广场颐景国际大酒店举行，中国围棋协会主席王汝南、国家体育总局棋牌运动管理中心主任刘思明先后登台致辞。开幕式上，更有书法、印

刷术、木偶长袖舞等精彩表演。

本次比赛共有8支参赛队，进行双循共14轮争夺，芮乃伟、王晨星、於之莹等女子顶尖棋手参赛。比赛采用分站赛与主客场相结合的赛制，用时为每方两小时、5次1分钟读秒，以积分高低排定座次，最后一名降级。前三名优胜奖金分别为25万元、15万元和10万元。

6月18日，女子围棋甲级联赛第五轮比赛收盘，於之莹击败唐奕，王晨星负芮乃伟，上届冠亚军江苏与上海队强强对话战成平手。此外，广东战平杭州、湖南战胜北京、厦门击败平煤。江苏、湖南、厦门积4分领跑，广东、上海、杭州3分紧随其后，北京2分、平煤1分。

中国围棋协会主席王汝南八段和中国围棋队领队华学明七段搭档，为当地棋迷大盘讲解了唐奕执黑与於之莹一局。

4. 全国围棋甲级联赛仪征枣林湾专场

中国围甲枣林湾专场，由仪征市枣林湾生态园管委会副主任王晨牵头创办，枣林湾管委会、仪征市体育局联合承办，前六年由扬州仪真棋院协办，后两年由仪征市围棋促进会协办。自2012年开始到2019年，连续成功举办了8届。比赛期间，中国棋坛大咖聂卫平、王汝南、华以刚、刘小光、俞斌、邵伟刚、刘菁等莅临指导。2009年6月18日，扬州市棋协在瘦西湖畔承办了中国围甲联赛上海移动队VS云南香格里拉队，结果2：2战平。

（1）2012年5月8日，"金立智能手机杯"中国围棋甲级联赛进行第三轮比赛，大连上方衡业队在枣林湾专场迎战安徽华红队2：2主将胜。李康负蔡竞、朴廷恒胜毛睿龙、芈昱廷负胡跃峰。牛丙田胜黄奕中。

（2）2013年5月9日，"金立智能手机杯"中国围棋甲级联赛第四轮比赛，大连上方衡业队在仪征枣林湾专场迎战重庆银行队3：1胜。芈昱廷负李轩豪、朴廷恒胜谢奇奇、谢尔豪胜王檄、刘曦胜杨鼎新。

（3）2014年5月17日至18日，2014金立智能手机杯中国围棋甲级联赛第三轮比赛大连上方衡业（江苏队）对浙江荣美控股队在仪征枣林湾举行。大连上方衡业队3：1胜，唐韦星胜胡钰函、朴廷恒胜张涛、柯洁胜秦悦欣、芈昱廷负周贺玺。

本赛季的江苏队引进了新科世界冠军唐韦星九段，加上此前队中的朴廷桓九段、芈昱廷九段两位世界冠军，中国围棋协会主席王汝南认为江苏队"这是冲着联赛冠军的势头"。

比赛之余，中国围棋协会主席王汝南八段和王祥云二段在大会议室为数百名围棋爱好者进行了主将对决的棋局的现场讲解。刘菁八段、王祥云二段和江苏队的黄昕三段分别授子与仪征市的业余高手和青少年棋手进行一对五多面打。

（4）2015年5月16日，"金立智能手机杯"中国围棋甲级联赛进行第四轮较量，上届冠军华泰证券江苏队在仪征枣林湾专场迎战中信北京队。主将战芈昱廷屠龙胜柁嘉熹，唐韦星、黄云嵩分别击败钟文靖、韩一洲，助江苏3：1战胜北京，继续稳居第三名。

本次围甲群雄实力相近，战况格外激烈。江苏队芈昱廷与北京队柁嘉熹两位快枪手比拼气势，柁嘉熹执黑打入右路，芈昱廷强硬贴起，随后在右上抢捞实利，不惧被白棋分断包围。柁嘉熹杀心陡起，两人一言不合大打出手，在局部挑起激战。最终柁嘉熹苦于天下无劫，芈昱廷略胜一筹取得主将第3场胜利。

本轮过后，苏泊尔杭州、武汉三民、华泰证券江苏队继续高歌猛进，稳居积分榜三甲，组成第一梯队。北京队逆水行舟原地踏步，排名降至倒数第三。

（5）2016年5月22日，2016"金立杯"中国围棋甲级联赛第六轮枣林湾专场，暨扬州报业传媒集团和扬州市体育局联合主办的"新能源·豪第坊"体育休闲大会第二个比赛项目，在仪征枣林湾的枣林山庄开枰。

同时进行的还有中国国象协会和扬州报业传媒集团联合主办的"新能源·豪第坊"2016中国扬州国际象棋女子特级大师巴斯克赛。

除了国象巴斯克赛的10位美女国象特级大师之外，江苏省第一个围棋世界冠军芈昱廷九段、韩国围棋世界冠军崔哲翰九段以及中国围棋队总教练、世界冠军俞斌九段等国手也来到仪征枣林湾。

江苏队的对手是成都兴业银行队。江苏队排出了芈昱廷九段、童梦成五段、刘曦五段和黄云嵩四段的阵容，其中第一届梦百合杯的冠军芈昱廷九段担任主将。成都兴业银行队则由第六届应氏杯的冠军、韩国著名棋手崔哲翰担任主将，另外三名选手分别是古灵益五段、马逸超四段和廖元赫三段。比赛设三台慢棋和一台快棋。结果，童梦成在快棋赛中不敌古灵益，刘曦输给了廖元赫，但是在最关键的主将对决中，芈昱廷力克韩国棋手崔哲翰。另外一场比赛，黄云嵩战胜马逸超。虽然双方的大比分是2：2，但由于江苏队主将获胜，因而最终笑到了最后，同时也保持住了在枣林湾专场连续5年全部获胜的纪录。

（6）2017年5月16日，由中国棋院主办，仪征市枣林湾生态园、仪征市体育局承办的2017"金立杯"中国围棋甲级联赛第六轮华泰证券江苏队对阵珠海万山队"枣林湾专场"的比赛在仪征枣林山庄落子。结果江苏队以4比0战胜珠海队，童梦成胜谢尔豪，芈昱廷胜唐韦星，赵晨宇胜陈正勋，黄云嵩胜孟泰龄。在积分榜上高居第二。至此，江苏队连续六年在扬州都取得了胜利。

著名国手、职业九段刘小光不仅与仪征的棋手进行了多面打的对弈，还与王香如初段合作为广大的围棋爱好者进行了挂盘讲解。

（7）2018年5月21日，"华为手机杯"中国围棋甲级联赛第七轮华泰证券江苏队对阵重庆爱普地产队，仪征枣林湾专场比赛在枣林山庄落子。比赛由中国棋院、江苏省棋类运动协会主办，仪征市枣林湾旅游度假区、仪征市文化广电新闻出版局、仪征市体育局承办，仪征市围棋促进会协办。这是围甲赛事连续第7年落户枣林湾。

本次比赛，聂卫平、俞斌、刘小光、王汝南、华以刚等中国围棋界的大咖，及古力、芈昱廷、檀啸和胡煜清四位围棋世界冠军莅临仪征。胡煜清和天元围棋频道著名主持人王香如这对围棋伉俪，还通过挂盘讲解的方式，给仪征的围棋爱好者和棋童们做了精彩解说。

本次比赛主队华泰证券江苏队，客队重庆爱普地产队。重庆队是中国围甲的"九冠王"，队中拥有八次世界冠军获得者古力和新科世界冠军檀啸，而江苏队六届"枣林湾专场"有着全胜战绩，队中也拥有世界冠军芈昱廷九段。

双方的主将战由江苏队芈昱廷迎战檀啸，在最新的等级分排行榜上，芈昱廷等级分位列第三，除了第一轮憾负李世石之外，目前围甲主将5连胜中，可谓是当仁不让的铁主将。而檀啸在名人战输给队友杨鼎新之后，目前两人仅以1分的差距分列等级分排行榜第12、13，本轮檀啸出战，也是考虑到在执黑的情况下，充分利用檀啸的大局观力拼计算力超强的芈昱廷。比赛结果，黄云嵩胜古力、芈昱廷负檀啸、童梦成胜李轩豪、赵晨宇负扬鼎新，华泰证券江苏队2∶2主将憾负重庆爱普地方队。

（8）2019年5月6日，2019"华为手机杯"中国围棋甲级联赛常规赛第四轮比赛，上届冠军、积分榜领头羊的江苏队在江苏仪征"枣林湾专场"主场迎战上海建桥学院队，1∶3憾负。四台对阵分别为：黄云嵩负廖行文，主将战芈昱廷负范蕴若。赵晨宇负王星昊，陈贤负李维清。江苏队在前三轮三连胜全取9分，排在积分首位。主办方还举办了多面打指导棋活动，江苏队教练丁波五段、中国棋院赛事主管刘菁八段、江苏队队员黄昕五段、美女棋手王香如初段与当地棋迷进行了指导棋交流。

六、扬州市群英荟萃围棋比赛

2012年11月，为推进各培训机构教学质量的提高，扬州市棋类协会在扬州棋院举办扬州市第一届院长杯和教练员杯围棋比赛。

2013年11月27日，扬州市在扬州棋院举办第二届院长杯和教练员杯的围棋比赛。本次比赛更名为：扬州市第二届群英荟萃围棋比赛（园丁甲组、园丁乙组）。园丁甲组即原来的院长组，园丁乙组即原来的教练员组。

此类比赛代表着扬州成人围棋的最高水平。参赛选手平时很少有相互交流下棋的机会，这就为他们提供了一个见面交流学习的平台。从比赛的情况看，他们平时除了完成教学任务，并没有放松提高围棋技术水平，通过教学、上网、打谱，及时了解最新的围棋比赛信息，比赛中都使出了浑身解数，对局十分精彩，攻防对杀扣人心弦。

获得园丁甲组前四名的是：韩斌分院的韩斌；维扬分院的李小剑；江都龙川分院的张磊；高邮市棋院的于工。

获得园丁乙组前四名的是：吉利园教室的常利飞；华夏教室的李卫军；黑白教室的李正维；李征泉第四。

常利飞是河南洛阳人，曾在河南省围棋队集训过，现在扬州市安家落户。她是本次比赛中唯一的女子棋手，也是本次比赛最年轻的围棋教师。她以全胜的不败成绩获得园丁乙组的冠军。

2013—2014年，扬州市群英荟萃围棋比赛正常举办。

2015年11月25日，扬州棋协举办了一场特殊意义的围棋比赛——"北矢巷怀旧"群英荟萃围棋赛，以此纪念中日围棋擂台赛30周年。正是30年前的首届中日围棋擂台赛，在中国掀起了围棋热。当时，扬州北矢巷6号的主人姜伟，因自幼爱好围棋，将自己的住房腾出，并自制棋具，免费供扬州的围棋爱好者下棋打谱。

这次参赛的棋手，来自市棋协下属各分院与围棋教室，他们当年几乎都在北矢巷6号受到过围棋文化的熏陶，现已成为扬州围棋的中坚和骨干。为纪念姜伟先生，从本届开始，群英荟萃围棋冠名为"北矢巷怀旧"。

2018年12月29日，扬州市棋类协会迎来成立30周年，数百棋友齐聚一堂，举行纪念活动。下午，"北矢巷怀旧"群英荟萃围棋比赛开赛，近百位棋友参与比赛。

七、"巾帼未来之星"围棋比赛

巾帼未来之星围棋比赛是由扬州市棋类协会和市妇联主办，扬州德盛工艺品有限公司独家赞助的一项仅由女棋手参加的赛事。在这项比赛创立前，女棋手们都没有专门的比赛，因为无论是棋协杯还是千人围棋大赛，女棋手都是和男棋手们一同参赛的。这项比赛的初衷就是培养扬州本土的女子未来之星。

1. 2014年扬州市第一届"德盛杯巾帼未来之星"围棋赛

2014年3月8日，由扬州棋协和市妇联主办、扬州德盛工艺品有限公司协办的2014年扬州市第一届"德盛杯巾帼未来之星"围棋赛在扬州棋院举行。

来自扬州各县市区的1999年1月1日以后出生、小学6年级以下的45名二段以上女棋手，进行了7轮角逐。结果由韩斌教室的陈冠宇获得冠军和奖金1000元，扬州树人教室的周妃洋和奕友教室的杨涵月获得并列第二名并分别获得奖金700元，玉树教室的钱嘉欣、韩斌教室的刘小树、仪真棋院的石珺昱获得第四名至第六名，分别获得奖金300元。

2014年3月8日，扬州市"德盛杯巾帼未来之星"围棋比赛在扬州棋院举行。比赛中，市棋协主席任杰认为，在扬州围棋界，女棋手还属于"弱势群体"，女子棋手目前在总训人群中占到的比例不算大，希望通过这次比赛成立市女子围棋少年队，进一步推动围棋在女性中的开展。

据来自仪真棋院的徐雷教练统计，目前在基层培训中，女棋手只占到总数的20%，总段位占到14%，五段棋手中女棋手只占到8%。通过数据不难看出，女棋手不仅数量少，而且段位越高，女棋手占总数的比重还会下降。

这次比赛虽然只奖励前六名，但最终前八名的选手都进入了扬州女子围棋少年队。通过对她们每个月的集训比赛，从而提高女棋手的成绩，推动普及工作。

这次比赛，经过7轮对抗，陈冠宇、周妃洋、杨涵月获得本次比赛的前三名，钱嘉欣、刘小树、石珺昱获得第四名至第六名。

2. 2014年扬州市"长江机器人杯"未来之星围棋比赛

2014年7月29日，扬州市"长江机器人杯"未来之星围棋比赛在扬州棋院举行。

来自扬州各县市的80名三段以上、2001年1月1日以后出生的少年棋手参加。比赛旨在提高各围棋教室少年棋手的围棋水平。

3. 2015年扬州市第二届"德盛杯"巾帼未来之星围棋赛

2015年"三八"妇女节，扬州市第二届"德盛杯"巾帼未来之星围棋赛在扬州棋院举行。这项旨在培养扬州女棋手的赛事吸引了近50名选手参赛，结果，来自扬州韩斌教室的刘小树以7战全胜的战绩获得了本次比赛的冠军。

为了鼓舞众多女棋手参赛，扬州德盛工艺品有限公司为获得前六名的棋手颁发了奖金：第一名1000元、第二名800元、第三名600元、后三名300元，同时给参赛女棋手发放了纪念品。

4. 2016年扬州市第三届巾帼未来之星围棋赛

2016年3月13日，扬州市棋类协会和扬州市妇联主办、扬州教育投资集团协办的扬州市第三届巾帼未来之星围棋赛在扬州棋院举行。

为提高各个不同水平层次少年女棋手的积极性，比赛按段位分组进行比赛，分别为：4、5段组，3段组，2段组和1段组。来自扬州各县市的2001年出生的74名1段以上少年女子棋手参加了角逐。

经过一天5轮的角逐，共有10名棋手获奖。大会分别对4、5段组的前4名、其他段组的前2名进行了奖励。大会还对未获奖的小棋手进行了抽奖，为每位参赛小棋手发放了纪念品。

一位参赛少年女棋手的家长说："扬州市棋协每年在'三八'妇女节期间举办少年女棋手的专场比赛，对推动少年女棋手的棋艺水平有很大帮助。小棋手们感到了社会的重视，通过比赛长了见识，对以后的成长有很大帮助。"

5. 2016年围棋少年五段争霸赛

2016年7月2日至3日，扬州市棋类协会主办、华鼎星城协办的围棋少年5段争霸赛在华鼎星城举行。

少年棋手5段是扬州市业余最高段位。这次比赛，有近80名2002年1月1日后出生的扬州市5段少年棋手报名参赛。

比赛成绩按照不同年龄段和男女分别录取，总冠军由史佳欣获得。2002年到2004年年龄段的前三名是史佳欣、诸运丰和杨云翼；2005年到2006年

年龄段的前三名是任岩羽、梁清源和张雨旸；2007年到2008年年龄段的前三名是张煜、马晟睿和童逊；女子组前三名是陈冠宇、施方也和刘昕。所有参赛棋手都获得"扬州市围棋五段争霸赛纪念章"。

6. 2017年扬州市第四届巾帼未来之星"美康杯"围棋赛

2017年3月12日，由市棋协和市妇联主办、扬州美康集团协办的扬州市第四届巾帼未来之星"美康杯"围棋赛在扬州棋院举行。扬州市近80名2003年1月1日以后出生的少年女棋手参加了比赛。

该项赛事旨在加强围棋少年女棋手之间的交流，提高少年女棋手的围棋棋艺水平。比赛采用中国围棋协会《围棋竞赛规则》（2002），按段位进行编组比赛，分别为1段组，2段组，3段组和4、5段组共四组。比赛采用积分编排制。每方30分钟包干，单官计时，超时判负。

7. 2018年扬州市第五届巾帼未来之星"海翔杯"围棋赛

2018年3月11日，由扬州市棋协和扬州市妇联主办、扬州海翔船舶科技有限公司协办的年扬州市第五届巾帼未来之星"海翔杯"围棋赛在扬州棋院举行，近80名女棋手参加了角逐。

8. 2018年扬州市"邗江棋协杯"未来之星围棋比赛

2018年11月3日，由扬州市棋协和邗江区体育总会主办、邗江区棋类协会协办的扬州市"邗江棋协杯"未来之星围棋比赛，在邗江实验学校新

盛校区举行。近百名十周岁以下3段的小棋手参赛。经过一天7轮的角逐，黑白围棋教室、扬州仪真棋院和韩斌分院获得团体前三名，张赵渠、崔艺枫和朱泓屹获得个人前三名。本次比赛，为扬州各棋院提供了彼此学习交流的平台，也为喜爱围棋的小棋手们提供了展示自我的舞台，推动围棋运动更好发展。

9. 2019年扬州市第六届"美康杯"巾帼未来之星围棋赛

2019年3月17日，由扬州市妇联、邗江区文体旅游局、扬州市棋协联合主办、扬州市美天健康体检中心协办的扬州市第六届"美康杯"巾帼未来之星围棋比赛在扬州棋院举行。比赛由90名2005年1月1日后出生的1段以上的女童棋手参赛。

比赛分为1段组，2段组，3段组和4、5段组计四个组，让各种水平的女童棋手都得到锻炼。对局采用中国围棋协会《围棋竞赛规则》（2002），按段位进行编组比赛。比赛采用积分编排制，每组比赛5轮。比赛采用30分钟包干，单官计时，超时判负。每组奖励前八名。经过一天的角逐，分别决出各组的前八名。

获得1段组前三名的分别是：丁嘉琪（三连星围棋教室）、胡婧或（友奕围棋教室）和谈靓

（扬州仪真棋院）。

　　获得2段组前三名的分别是：周墨（树人围棋培训中心）、刘美其（非凡围棋教室）和杨祝萱（韩斌围棋分院）。

　　获得3段组前三名的分别是：薛欣扬（蓝天围棋教室）、孙奥扬（玉树围棋分院）和戴文卫（江都阳光棋院）

　　获得4、5段组前三名的分别是：冯心然（韩斌围棋分院）、施家睿（树人围棋培训中心）和高靖惟（韩斌围棋分院）。

　　本次比赛的大赢家是韩斌围棋分院，10人参赛，有6名棋手进入各组的前八名，显示了一定实力。韩斌现在是市棋协副主席、扬州棋院韩斌分院院长，在去年"黄河杯"中晋升六段。

　　本次比赛获得前八名的女棋手都获得了奖状和奖品，每组的第一名都获得了扬州市棋协副主席、"扬州鸟叔"蒋永庆的摄影专著"扬州园林生态风韵"。每个参赛的女童棋手都得到了一份纪念品，并共同与家长免费享用了一顿美味的午餐。

　　扬州市棋协近年来加强与企业家的联谊互动，以求他们从经济上对各种棋类比赛进行资助，将扬州市的棋类活动搞得有血有肉、生动活泼。第一届和第二届

巾帼未来之星围棋赛连续得到市棋协副主席蒋永庆及其家属企业扬州德盛工艺品有限公司的赞助。本次比赛得到扬州市美天健康体检中心董事长蒋怀宝先生的第二次赞助。蒋怀宝先生平时喜爱围棋，棋力达五段，经常参加各种围棋比赛，曾经赞助过中、日、韩三国友好城市围棋赛和第四届巾帼未来之星围棋比赛。

10. 2019扬州市"未来之星"围棋比赛

2019年11月2日，由扬州市棋类协会和邗江区体育总会主办的"未来之星"围棋比赛在育才小学西区校落幕。

本次比赛设有个人赛和团体赛两个大项，共有来自全市的22个代表队109名运动员报名参赛。参赛棋手都是十周岁以下的少年儿童，段位都在业余3段以上。

比赛采用积分编排赛制，共进行7轮比赛。最终，来自扬州小天才围棋教室的崔艺枫以七战全胜的战绩获得了个人赛的冠军。而团体赛的成绩则是将每支代表队三名参赛棋手的名次相加，积分少者列前，最终扬州三连星围棋以41分的名次总分获得团体比赛的第一名。

八、扬州市老同志围棋比赛

扬州市棋类协会，在2000年专门成立了扬州市老同志围棋活动俱乐部，至今已有20年之久。每个月组织老同志集中活动一次。同时也组织老同志参加市里组织的元旦名人围棋邀请赛，桃花泉杯老同志友谊赛，东方医院杯全国业余精英赛老同志专场赛等。

2018年10月26日，扬州市老同志围棋比赛在工人文化宫开战，20多位离退休围棋爱好者参加比赛。市总工会副主席朱明，市工人文化宫主任田继荣，市棋类协会主席王晓庆出席活动。

本次比赛由扬州市工人文化宫和扬州市棋类协会共同举办，参赛棋手大多是过去叱咤扬州棋坛几十年的风云人物。老同志们对市工人文化宫怀有很深的感情，纷纷感叹自己年轻时在此对弈的情景，同时对文化宫现在良好的活动环境表示称赞。

2019年8月，扬州市工人文化宫围棋队获得第30届扬州棋协杯本地团体冠军。2019年9月，文化宫围棋高级研修班学员、交通银行竹西支行行长苏舒，在省财贸产业工会组织的省金融系统围棋比赛中获得女子个人冠军。

九、全国围棋段位赛

由国家体育总局棋牌运动管理中心主办、扬州报业传媒集团与市体育局承办的2013年全国围棋段位赛定段组比赛在扬州开幕，市长朱民阳出席开幕式并宣布比赛开始。

中国围棋协会副主席华以刚，中国棋院围棋部副主任、比赛仲裁张雁琦，赛事裁判长、国际级裁判朱宝训，省棋牌运动管理中心主任、江苏棋院院长、比赛仲裁邵震中，特邀嘉宾、围棋世界冠军罗洗河，特邀嘉宾、江苏棋院副院长、中国象棋国际特级大师徐天红，特邀嘉宾、女子国际象棋特级大师谷笑冰，市委常委、宣传部部长卢桂平，市人大常委会副主任纪春明，市政协副主席王克胜等出席开幕式。副市长董玉海主持开幕式。

全国围棋段位赛创办于1982年，经过多年发展，已演变为中国围棋界最为盛大的年度赛事之一，定段组比赛也是业余棋手向职业棋手迈进的唯一途径。目前，中国获得世界冠军的11位棋手中，除了马晓春和俞斌，其

他9位都是从段位赛开始自己的职业生涯的。扬州曾于1989年承办全国围棋段位赛，冲段成功的罗洗河曾夺得三星杯冠军，王磊则是现任中国女子围棋队教练。

本次全国围棋段位赛共吸引了来自全国的98支代表队500余名棋手参赛。根据赛程，比赛共设定段U25男子组、定段U25女子组两个组别，分两个阶段进行。11日至15日为男子预赛，分9轮举行；17日至25日，女子比赛与男子比赛同时进行，共13轮。男棋手前20名、女棋手前5名将被授予职业初段称号。经过一天的角逐，400余名预赛阶段棋手各自赛完两轮。

卢桂平在致辞中代表扬州市委、市政府向前来参赛的嘉宾、裁判员，各代表队领队、教练、棋手、家长表示热忱欢迎。他说，扬州是一座举世公认的人文、生态、精致、宜居之城。历史上，扬州是一座围棋重镇，棋事繁盛，高手辈出，围棋文化土壤肥沃。此次全国围棋段位赛在扬州举办，显示了国家体育总局棋牌运动管理中心和中国围棋协会对扬州的关心和支持、对扬州围棋发展氛围及水平的认可，祝愿参赛棋手在比赛中取得佳绩、赛事取得圆满成功。

华以刚在致辞中对全国围棋段位赛发展历程以及今年比赛的改革措施做了简要介绍。他说，目前，段位赛已成为中国围棋界的年度盛典，是中国围棋发展的重要平台。相比于升段赛，定段组比赛旨在选拔最优秀的棋手进入职业棋手行列，培养中国围棋未来的领军人物。希望棋手们在比赛中赛出水平、赛出风格，优秀棋手完成从业余向职业的转变。

开幕式上，市体育局、扬州报业传媒集团负责人先后致辞，代表赛事承办单位介绍比赛准备情况，承诺做好服务，确保赛事顺利进行。

十、中国扬州"桃花泉杯"全国围棋大赛

2018年4月29日，第一届中国·扬州"烟花三月"节暨"桃花泉"杯全国围棋大赛在扬州中学教育集团树人学校九龙湖校区体育馆开幕。来自全国各地的1500名棋手共聚一堂，对弈手谈。

全国业余围棋公开赛为何以"桃花泉杯"冠名？这"桃花泉"又是何物？

扬州，古称"广陵、江都、维扬"等，地处江苏省中部，长江与京杭大运河交汇处，古人赞誉"淮左名都，竹西佳处"，是"中国运河第一城"。公元前486年始建，距今已有2500余年。历史上的扬州，因地理位置优越曾几度繁华，唐时被盛赞"杨一益二"、"淮南第一州"和"月亮城"。

围棋是中国的国粹。由于扬州大运河的开发，唐代的扬州已经非常繁华，到了明清时期，扬州由于粮盐漕运的缘故，成为全国经济中心。富可敌国的扬州盐商将文化的发展作为重要投入，围棋必然放在其中。清代的扬州，围棋高手云集，对围棋文化产生了很大的推动。

桃花泉是扬州古井，原在文昌阁东北的两淮巡盐御史府衙中，石栏呈灰白色，上面绳痕累累，深勒石中，惜泉今已不存。

清代围棋国手范西屏著《桃花泉弈谱》将"桃花泉"载入史册。

范西屏，名世勋，海宁人，清雍正、乾隆年间围棋国手，与程兰如、施襄夏、梁魏今并称"围棋四大家"。范西屏经常受约来往扬州。乾隆二十九年（1764），范西屏应两淮巡盐御史高恒之邀长住扬州，在署衙后园著书立说。高恒，字立斋，满洲镶黄旗人，大学士高斌之子，乾隆时大臣；乾隆二十二年（1757），授两淮盐政。因范西屏的棋谱在

扬州盐运官署中写成，遂以官署中古井"桃花泉"名之，并以署中公款印行此书。《桃花泉弈谱》文字通俗，变化简明，灵变道劲，独具特点，是历史上最有影响的古棋谱之一。它全面精辟地记载了范西屏对于围棋的独特见解，一经出版，便风行海内，轰动棋坛，争相购阅，一时洛阳纸贵，影响了无数棋手。《桃花泉弈谱》一经问世，便畅销全国，长期占据榜首，一举超越了另一位"棋圣"施定庵的《弈理指归》。

"桃花泉"从某种意义上来说，既是围棋艺术流行于扬州的最好见证，也是围棋艺术与扬州盐业密切关系的最好见证。

全国业余围棋公开赛以《桃花泉》冠名，体现了比赛的地域性、传统性和文化性的一个高度，也是比赛设计者的独到匠心。

"桃花泉"杯全国围棋大赛包含了千人围棋大赛、全国业余围棋精英赛、全国企业家代表队比赛、老干部比赛、业余5段争霸赛和瘦西湖画舫职业棋手对弈等六项竞赛项目。其中，千人围棋大赛中主要是少年儿童的比赛，包含了从定段到5段的5个级别的升段比赛。全国业余围棋精英赛吸引了全国许多著名的业余高手前来一较高低；全国企业家代表队比赛由来自全国的9支近85位爱好围棋的企业家、金融家等参加；业余五段争霸赛则集中在目前扬州优秀少年棋手中。

本次围棋大赛创下了扬州围棋史上的多项纪录。比赛的级别创扬州市历次比赛之最，参赛的人数创扬州市历次比赛之最，地方比赛的国际化和参赛的中外职业棋手数量与段位创扬州市历次比赛之最，比赛的奖金创扬州市历次比赛之最，比赛的趣味创扬州市历次比赛之最。

国家体育总局棋牌运动管理中心主任、党委书记，中国围棋协会副主席罗超毅、扬州市的副市长余珽、中国围棋协会秘书长兼中国棋院围棋部部长王谊、江苏省棋类运动协会主席兼江苏棋院院长杨伊明、扬州市体育局副局长傅健、扬州中学教育集团树人学校校长陆建军、扬州市棋协主席王晓庆、日本的围棋大师石田芳夫九段、十位职业棋手，还有众多教育界

和企业界的名流等，出席开幕式。

专程来扬的国家体育总局棋牌运动管理中心主任、党委书记，中国围棋协会副主席罗超毅说，扬州的这次围棋赛事与市政府的"烟花三月国际经贸旅游节"相连，规模宏大、内容丰富，在全国都不多见，积累的经验可以向全国推广。

日本石田芳夫以日本企业家队教练的身份出席大赛。石田芳夫出生于1948年8月15日，号秀芳，是木谷实的弟子。在二十世纪七十年代"竹林时代"之后，石田芳夫崛起，号称"电子计算机"，获得过本因坊五连霸、名人等多项头衔，不失为一名超一流棋士。他在围棋专著中颇有造诣，著有《定式大全》，与《布局大全》《死活大全》和《手筋大全》同为当时日本的权威教材。除此之外，石田芳夫还有很多关于死活、布局、这官子等方面的著作。

大会组委会特别安排了一个比赛，即邀请十位职业棋手在瘦西湖画舫对弈。

在瘦西湖画舫对弈的职业棋手有：王煜辉七段、彭荃七段、吴新宇六段、栾斌六段、丁波五段、孙力五段、黄昕四段、杭承义四段、冯云散四段和史干生初段，其中大部分是扬州籍职业棋手。以及在一旁观战的是石田芳夫九段和孟泰龄七段。载有12名职业棋手的"芍药"号画舫在风景秀丽的瘦西湖中缓行，不时在景点停靠。职业棋手在船舫中对弈交流，奕

客网站向全国进行现场直播。

"人在画中游，神在仙境弈"，再现了清代《扬州画舫录》中记载的对弈盛况，中外嘉宾对扬州古老的园林文化积淀之深赞不绝口，觉得画舫对弈是扬州园林文化与棋文化相融的一个经典，是盛世重现。

5月1日上午，大会还组织12名职业棋手对扬州棋手进行了指导棋活动。

5月1日下午，历时三天的2018中国扬州"桃花泉杯"全国围棋大赛在扬州树人学校九龙湖校区圆满落幕。

2019年第二届"桃花泉杯"全国业余围棋公开赛

2019年5月1日至3日，第二届"桃花泉杯"全国业余围棋公开赛在江海学院体育馆举行。原中国棋院院长、中国围棋协会副主席华以刚，江苏棋院围棋部部长、江苏围棋队总教练丁波，扬州市副市长余珽、扬州市棋协名誉主席江海职业技术学院院长孙永如、市体育局局长李桂山、扬州市树人学校党委书记校长陆建军、扬州市棋协名誉主席东方医院院长赵顺祥、原扬州市棋协主席任杰、扬州市棋协主席王晓庆等领导出席了开幕式。

　　本次比赛共吸引了来自全国的近1200名围棋爱好者参加。

　　本次参赛者均为四段以上水平棋手，是国内水平较高的业余围棋赛事之一。比赛分为公开组、少年组、女子组和40岁以上组4个组别。比赛采用中国围棋协会审定的最新围棋竞赛规则。采用积分编排制，定11轮。中国围棋协会根据各组比赛人数，可以给予成绩优异的五段棋手获得晋升六段的机会。

　　由于主办方、承办方和协办方通力合作，组织工作到位，服务精心安排，本次大赛活动得以完美收官，全国多家媒体连续报道本次比赛的新闻。比赛受到各方面的好评，为宣传"美丽扬州"做出了积极贡献。许多首次来扬州参加比赛的棋手在赛事结束后纷纷在网上撰写参赛感受，一致称赞比赛组织工作和对扬州的美好印象，对本

次比赛的组织工作给予了高度评价，并相约下届再会。

　　比赛达到了以棋会友，增进棋艺的良好效果。

　　这次"桃花泉杯"比赛的杭州棋院少年队与二队分别获得团体金牌与铜牌，团体银牌由清远棋院获得。公开赛与少年组的金牌均由杭州棋院少年队许一笛获得，分别得奖金3万元和5000元。女子组金牌由靳程获得，得奖金3000元。40岁以上组金牌由韩东获得，得奖金5000元。

2021年第三届"桃花泉杯"全国业余围棋公开赛

2021 年 5 月 1 日，第三届"桃花泉杯"全国业余围棋公开赛暨扬州市"树人杯"千人围棋赛正式开赛，来自全国的 1300 多名围棋爱好者齐聚扬州树人学校凤栖湖校区，其中年龄最大的参赛者 70 岁，最小的只有 6 岁，选手们同台切磋，以棋会

友。"桃花泉杯"全国业余围棋公开赛和"树人杯"千人围棋赛都与树人学校有关。自 2018 年开始，两赛都是在同时同地举办，为扬州围棋界盛事。

第三届"桃花泉杯"全国业余围棋公开赛参加人数 251 人，其中江苏省（包括我市）130 人，省外 121 人。"桃花泉杯"全国业余围棋公开赛在 2018 年创办，2019 年举办了第二届，2020 年因新冠疫情停办，2021 年是第三届。现在"桃花泉杯"全国业余围棋公开赛已成为国家级业余围棋赛事，在全国产生了较大影响。

同时举办的"树人杯"千人围棋赛，是扬州市规模最大的业余围棋比赛，参赛棋手以中小学、幼儿园小朋友为主，规模达千人。从 2012 年开始，"树人杯"千人围棋赛由市棋协与树人学校合作举办，已经走过了九个年头。该赛事已列入江苏省群众体育优秀品牌赛事。

2021 年 5 月 1 日上午 8 点，2021 中国·扬州第三届"桃花泉杯"全国业余围棋公开赛暨第十三届"树人杯"千人围棋赛将在扬州树人学校凤栖湖校区开幕。本届"桃花泉杯"全国业余围棋公开赛为期三天（5 月 1 日至 3 日），由中国围棋协会和扬州市政府主办。

中国围棋协会副主席兼秘书长王谊、扬州市人民政府副市长余珽、江苏省棋牌运动管理中心主任江苏棋院院长杨伊明、扬州市体育局局长李桂山、扬州中学党委书记扬州市棋协名誉会长陆建军、扬州树人学校党委书记校长唐炜、东方医院院长扬州市棋协名誉会长赵顺祥、扬州市棋协老会长任杰、扬州市棋协会长王晓庆、扬州市棋协副会长王继荣、扬州市棋协副会长兼秘书长刘志明等领导出席了开幕式。

开幕式上，中国围棋协会副主席兼秘书长王谊致辞，对第三届"桃花泉杯"全国业余围棋公开赛和扬州市"树人杯"千人围棋赛的成功举办表示热烈祝贺，向为大赛做出突出贡献的全国围棋名校树人学校表示感谢。

第三届"桃花泉杯"全国业余围棋公开赛采用中国围棋协会审定的最新围棋竞赛规则和采用积分编排制。

赛事设公开组（不限性别年龄等）、40岁以上组、女子组、少年组等。公开组奖励前12名，第一名奖金30000元；40岁以上组奖励前8名，第一名奖金800元；少年组奖励前12名，第一名奖金5000元；女子组奖励前3名，第一名奖金3000元。

扬州市"树人杯"千人围棋赛分为定段组、一段组、二段组、三段组和四段组，对成绩优秀的棋手给予定段与升段，旨在推动扬州围棋的发展。

"桃花泉杯"公开组的参赛棋手来自全国各地，高手如林，段位均在业余五段以上，比赛竞争激烈。

经过10轮的角逐，出现了公开组前三名均是九胜一负的结果。最终，陈思旷五段凭小分胜出，获得冠军与30000元奖金，并晋升六段。隋庆翰五段和梁程六段分别获得二、三名。

40岁以上组前三名由梁程六段、李陆阳五段和邵光六段获得。

女子组前三名由祝非鸿五段、文兆京五段和秦嘉彤五段获得。

少年组前三名由隋庆翰五段、张轩铭五段和麻长皓五段获得。

本次比赛的东道主扬州树人学校党委书记校长唐炜说，如此重大的围棋比赛连续三届在树人学校举办，是中国围棋协会与扬州市政府的支持与厚

爱，对学校的围棋以及其他活动的开展是一个促进，是学校"立德树人"建校宗旨的良好体现，以后还要继续把比赛办下去。

第三章　扬州围棋对外交流

一、中、日、韩三国友好城市围棋邀请赛

1999 年，日本唐津市、韩国丽水市的市长到扬州访问，扬州市市长施国兴提议，为增进三国三城市人民友好交流，拟举办中、日、韩友好城市围棋邀请赛，由 3 个城市轮流主办。这一提议得到日本唐津、韩国丽水两市的响应。从 1999 年扬州市主办第一届起，一年一届，三年一个循环，从未间断。参赛人员开始每个城市仅 5~6 人，到 2006 年以后每个城市派出 10~11 人，扬州参赛人员分公务员队和棋协队，选手经推荐和选拔产生，然后组织训练。在 18 届比赛中，扬州市获得 10 次第一名，其中李小剑、蒋永庆两位棋手保持不败纪录，受到中、日、韩围棋界的好评。18 年间，该赛事以围棋为纽带，宣传扬州，增进三国友好城市人民之间的交往，成为传统赛事。

韩国丽水市议长朴正采年年参赛。2015 年，他带领韩国全罗南道 12 名议长访问扬州，并专门走访扬州棋院。

扬州市在历史上与日本、韩国的深厚渊源关系，是促成扬州市、唐津市和丽水市成为友好城市的基础。

鉴真（688—763 年），唐朝僧人，俗姓淳于，广陵江阳（今江苏扬州）人，律宗南山宗传人，也是日本佛教南山律宗的开山祖师，著名医学家。曾担任扬州大明寺主持，应日本留学僧请求先后六次东渡，弘传佛法，促

进了文化的传播与交流。公元763年6月6日，鉴真在唐招提寺圆寂，终年76岁。日本人民称鉴真为"天平之甍"，意为他的成就足以代表太平时代文化的屋脊（比喻高峰、最高成就）。鉴真在中、日两国都享有很高的声誉，为中日文化友好交流做出巨大贡献。

崔致远，朝鲜半岛新罗王京人。十二岁时，乘船西渡入唐。初在都城长安就读，曾游历洛阳。唐僖宗乾符元年（公元874年）进士及第，出任溧水县尉，任期届满，被淮南节度使高骈聘为幕府。崔致远在扬州高骈幕中生活了近四年。《桂苑笔耕集》中的三百多篇文章和六十首诗，是这段时间生活和创作的最好记录，也是其成就的充分体现。此外，他还有很多巡视游赏宴饮活动，并在这里结识了晚唐很有风骨的诗人罗隐。所有这些，在中外文化交流史上，都是流传久远的佳话。现在扬州建有"崔致远纪念馆"。

1982年2月，扬州市与日本唐津市缔结友好城市，唐津市即派出第一个文化交流使团一行11人，到扬州进行围棋比赛。当时，棋力最强的浦川康行坐镇第一台，与扬州市棋协主席姚伟鼎平分秋色。

1993年，唐津市介绍韩国友城丽水市给扬州，开始了三国三市的友好交往。

历史上的扬州，由于地处长江和京杭大运河交界处，地理位置优越，经济繁荣，围棋氛围良好，吸引了众多围棋高手客居于此。围棋活动相当兴盛，特别是到了明清，曾经国手辈出，名家云集。1984年，举办的首届中日围棋擂台赛把中国的围棋推向高潮。1988年，首届应氏杯韩国曹薰铉夺冠，造就了韩国围棋的崛起。从此，中、日、韩三国的围棋进入群雄角逐的时代，也成为中国扬州市、日本唐津市和韩国丽水市把围棋作为进行交流交往平台的基础。

扬州深厚的文化积淀和历史上的围棋地位，使得扬州选择围棋作为对外交流交往的平台能够很快得到日本唐津市和韩国丽水市的热烈响应，一拍即合，促成了具有历史意义的中、日、韩三国友好城市围棋邀请赛的诞生，并具有强大的生命力，延绵不息。

1999年7月5日至8日，宝应氾水中学"育关"杯首届中、日、韩三国友好城市邀请赛在扬州迎宾馆举行，扬州队获第二名。

2000年，扬州市外办主任、扬州市棋类协会主席姚伟鼎率扬州围棋代表团赴丽水参加第2届中、日、韩友好城市围棋邀请赛，扬州队获第二名。

2001年6月29日至7月2日，以扬州市外办主任、扬州市棋协主席姚伟鼎为团长的市围棋代表团，赴日本唐津市参加第3届中日韩友好城市围棋邀请赛，扬州队获第二名。

2002年11月，扬州市作为东道主举办了第4届中国扬州市、日本唐津市、韩国丽水市友好城市围棋赛。扬州队获第二名。

2003年10月17日至19日，以扬州市棋协姚伟鼎为团长的扬州围棋代表团，赴韩国丽水参加第5届中、日、韩三国友好城市围棋邀请赛，扬州队获第二名。

2004年8月6日至9日，以姚伟鼎为团长的扬州市围棋代表团一行7人，赴唐津市参加第6届中、日、韩友好城市围棋邀请赛。

2005年6月26日至29日，扬州市作为东道主举办"曙光杯"第7届中国扬州市、日本唐津市、韩国丽水市友好城市围棋赛。日本以内山一成为团长的唐津市围棋代表团一行7人前来扬州参加了围棋比赛。

2006年10月30日，以扬州市政协副主席任杰为团长的围棋代表团，赴韩国丽水市参加第8届中日韩友好城市围棋邀请赛，扬州二队获得第二名。

2007年8月28至31日，以扬州市政协副主席任杰为团长的市围棋代表团一行11人，赴日本唐津市参加了第9届中、日、韩友好城市围棋赛。日本唐津市的友好城市韩国西归浦市、韩国丽水市的友好城市日本苓北町市，以及扬州市政府队和扬州市棋协队共计6个队参加了比赛交流。成为自这项活动开展以来参赛队和参加人数最多的一次。扬州

市任杰、栾宇春、顾加旺、陶永刚、江志鑫、蒋永庆、王晓光、徐德君、韩斌、贾林峰、李继超等参加了此次交流活动。扬州一队获第二名。在日本享有"电子计算机"的称号的职业九段石田芳夫莅临此次活动，与会棋手

纷纷与他合影签名纪念。石田芳夫还与8名棋手让2~4子进行多面打，中方上场的是韩斌和徐德君，除了韩斌下成细棋外，其余7人都中盘负于石田芳夫。在日本期间，在栾斌的协助下，扬州代表团参观了日本棋院。日本棋院成立于1925年春，是日本著名的两大围棋院之一，总部位于东京都千代田区。棋院发行了围棋杂志、书籍，培养棋手、进行比赛并确立了段位制度。当扬州代表团进入棋院一楼大厅，迎面有一个很大的电视屏幕，正在现场转播韩国围棋比赛李世石下的一盘棋。右边的一个大厅里，几十个日本青少年正在对弈。二楼职业棋手对局室是日本围棋史上最著名的对局室，墙上挂着川端康成写的"深奥幽玄"四个大字。棋院资料室陈列着日本古代的棋谱、棋盘、棋子等。

2008年10月17日至20日，扬州市作为东道主举办了"恒春源"杯第10届中国扬州市、日本唐津市、韩国丽水市友好城市围棋赛。日本以松尾信男为团长的唐津市围棋代表团一行7人应邀到扬州参加了比赛。扬州一队获第一名。

2009年9月，扬州市人大常委会副主任孙永如率团参加了在韩国丽水市

举办的第11届中、日、韩城市围棋邀请赛，扬州一队获第一名。

2010年8月23日至25日，扬州市广电局副局长李自敏任团长的扬州市围棋代表团一行11人，赴日本参加第12届中国扬州市、日本唐津市、韩国丽水市友好城市围棋赛。扬州代表团成员有：团长李志敏（扬州广播电视局副局长），副团长杨程（扬州体育总会副会长），秘书长朱亚非（扬州体育局群体处长）团员：任定华（宝应棋协秘书长）、王兆云（仪征棋院教师）、陈家曈（水声学教授）、蒋永庆（棋协副秘书长）、郭宇春（仪征棋院副院长）、李正维（黑白围棋负责人）、张磊（江都市龙川棋院院长）、于工（高邮盂城棋院负责人）。

经过激烈紧张的角逐，比赛结果是：第一名，扬州市棋协队；第二名，

韩国丽水市一队；第三名，日本唐津一队；第四名，丽水市二队；第五名，扬州市政府队；第六名，唐津市二队。

日本职业九段、享有"电子计算机"称号的职业九段石田芳夫同时与8个人对弈，并让3~4子。扬州棋手都不肯放弃与这位世界顶级大师求教的好机会，后来通过抓阄，李正维和张磊两人登场，石田芳夫让3子，他们两人都赢了下来。石田芳夫8盘棋6胜2负。

2011年10月21日至24日，扬州市作为东道主举办的第13届中国扬州市、日本唐津市、韩国丽水市友好城市围棋赛在扬州宾馆举行。扬州一队获得第一名。

日本奈良市也是扬州市的友好城市，此次他们派出围棋协会副会长神谷守判作为观察员全程参加了活动。日本唐津市代表团团长浦川康行76岁依然在黑白世界里面徜徉。韩国丽水市代表团团长朴正采将韩国棋院62岁的梁相国九段请来，与仪征棋院的黄昕初段下了一盘棋，最终不敌年轻气

盛的黄昕。23日下午，梁相国九段与扬州6个五段小孩，每个人让2~3子进行多面打的指导棋，结果梁赢了4盘，输了2盘。扬州有关同志与朴正采商量如何支付梁相国的出场费时，朴说："我请来的朋友，全部费用都是我的。"

参加此次活动的韩国代表团的成员有：明重男、田昌坤、金承泰、李京洙、车义铉、吴成坤、洪铜焕、宋炳求、金钟琯、高庆一以及翻译朱京钟，扬州市驻韩国代表金勇。

日本代表团的成员有：副团长横尾纹太郎、团员诸隈正和、奈良崎宪生、松下求、小林一幸、池田广俊、脇山雅臣、宇野茂雄、山口智嗣、中江让二，翻译伊藤友子。

2012年11月，以扬州市委宣传部原副部长、扬州市棋协副主席

王晓庆为团长的扬州市围棋代表团一行9人，赴韩国丽水市参加第14届中、

日、韩友好城市围棋邀请赛，扬州二队获第一名。

2013年8月29日至31日，以扬州市委宣传部原副部长、扬州市棋协副主席王晓庆为团长的扬州市围棋代表团一行9人，赴唐津市参加第15届中、日、韩三国友好城市围棋邀请赛，扬州二队获第一名。

2014年10月16日至18日，扬州市作为东道主举办了第16届中国扬州市、日本唐津市、韩国丽水市友好城市围棋赛。中日韩6支围棋代表队参赛。日本唐津市一队以全胜战绩获得冠军。

2015年11月，以东方医院院长、扬州棋协名誉主席赵顺祥为团长的扬州市围棋代表团赴韩国丽水，参加第17届中日韩友好城市围棋邀请赛，扬州队获得第一名。

2016年11月11日至13日，以东方医院院长、扬州棋协名誉主席赵顺祥为团的扬州围棋代表团赴日本唐津市，参加第18届中、日、韩友好城市围棋邀请赛，扬州队获得第一名，扬州一队四轮全胜取得冠军。

2017年11月6日至8日，扬州市作为东道主举办了第19届中国扬州市、日本唐津市、韩国丽水市友好城市围棋赛。扬州一队获得第一名。来

自中、日、韩的棋手齐聚一堂，以棋会友、交流棋艺、联络感情。三个城市各出两支代表队，每队由5名成员组成，采用单循环制共赛5轮，胜一局得1分，累积积分多者为胜。韩国棋坛"名嘴"、围棋九段棋手金成龙到扬

州与围棋迷见面，并与扬州学生"亲密接触"。

2018年11月15日至17日，以扬州市委宣传部原副部长、扬州市棋协副主席王晓庆为团长的扬州市围棋代表团一行10人，赴韩国丽水市参加第20届中、日、韩友好城市围棋邀请赛，扬州一队获得第一名。

2019年11月7日至11日，扬州市棋类协会名誉主席、东方医院院长赵顺祥带领扬州代表团，参加第21届中、日、韩三国友好城市围棋邀请赛，唐津市获得冠军，扬州市一队获得亚军。

二、日本青少年围棋代表团到扬州交流访问

围棋作为一种国际语言，在中日两国的文化交流史上，扮演着重要角色。

从1986年开始的日本爱知县青少年围棋与江苏省的交流，是江苏省持续时间最长、最富有成果的友好城市交流项目之一。通过交流活动，不仅对提高双方围棋水平起到了积极的促进作用，同时也增进了两国青少年之间的理解和友谊，对中日两国民间体育文化交流起到了桥梁和纽带的作用。其间，日本爱知县青少年围棋代表团数次到扬州开展交流访问活动。

1. 江苏省、爱知县中日友好青少年围棋比赛

2010年8月18日，江苏省、爱知县中日友好青少年围棋比赛扬州大会在扬州宾馆举行。

日本方面由爱知县日本中国友好协会、日本棋院中部总本部、日本读卖新闻负责，中国方面由江苏省国际体育交流中心负责的日本爱知县青少年业余围棋交流团一行12人，到扬州市访问。日本有4个中学生，4个小学生，其中2个六段，3个五段，3个四段。扬州市一批少年儿童棋手上场与他们交流。

在扬州的对阵形势如下：爱知县：中尾匡志（五段）—扬州市：周翌（五段2010年江苏省少年甲组比赛冠军）；那波俊平（六段）—刘汤颢（五段）；平野忠义（六段）—刘康达（五段）；笠井七海（五段）—周忻（五段）；长谷川宽治（四段）—黄承廷（五段）；后藤大尧（四段）—梁明昊（五段）；渡部嵩大（四段）—刁宇浩（五段）；若月俊宏（五段）—张威（五段）。比赛进行了半个小时，第7台渡部投子认负。隔了不到5分钟，第5台长谷川输了。很快日方7盘棋都输了，只有第4台还在鏖战。这时，扬州方面正在考虑让一局，笠井超时输了，但他希望将这盘棋下到底，于是计时钟被拿下，棋下完后，还是日方输了。

2. 爱知县和福冈县围棋代表团到扬州访问交流

2014年3月27日，日本爱知县和福冈县围棋代表团一行26人到扬州访问交流，在扬州树人学校与少年棋手进行了围棋比赛。

日本爱知县和福冈县联队共16名棋手，均由两县冠亚军棋手选拔组成，平均段位5.3段，最强的少年棋手已是日本职业水平，其中业余七段1名，业余六段7名。日本队由日本棋院组织，由职业七段宫川史彦为团长，称得上是近十年来扬州比赛交流最强大的阵容。扬州树人棋院由初一、初二12名棋手分成两队进行了两轮比赛。

本次比赛棋逢对手，精彩激烈，虽然树人棋院的小棋手遭遇强敌，但毫不畏惧，其中初二（6）班李翔宇取得两连胜，包括战胜日本佐佐木业余七段；初二（4）班吴一凡也战胜了日本佐佐木业余七段；初一（5）班卢宇道取得两连胜，包括战胜日本那波俊平业余六段。还有仇笑宇、崔文韬、桑文宇、李袁龙均取得对日本业余六段的胜利。由于日本此次代表团中有4名女棋手（含3名小学生棋手），扬州市棋协从扬州的小学生中指派参加。

最终，在团体赛中，两轮比赛日方以总比分一胜一平（6：10，8：8）取得优胜，在一对二让先对日本棋院职业七段宫川史彦对弈中，树人棋院棋手王子轩以9.5目优势最终战胜对手。比赛之余，双方小棋手互赠礼品，并进行了长时间的复盘交流。

日本著名棋手羽根直树九段的女儿羽根彩夏代表爱知县参加了这次比赛。1988年，羽根彩夏的祖父羽根泰正在第4届中日围棋擂台赛上击败中国主将聂卫平九段，终结了聂卫平11连胜的战绩。羽根彩夏的父亲羽根直树曾获第28、29期棋圣战冠军。作为羽根家族的第三代棋手，羽根彩夏也在这次比赛中取得了两战两胜的成绩。

三、日本"双关不老"围棋代表团到扬州访问交流

2009年11月，日本名古屋"双关不老"围棋代表团一行六人访问扬州。

"双关"是围棋术语，是指两对平行相邻的棋子中间只隔一路的连接。"双关不老"是日本名古屋一个业余围棋团体的名称，由名古屋市政府退休和在职的官员组成。其意思是，他们因为围棋而形成的友谊是牢不可破的。

2005年，"双关不老"曾到南京、扬州等地访问交流，2009年是第二次来访。"双关不老"代表团一行六人：队长：只井功（70岁，三段，原名古屋国际会议场参与）；副队长：冈田大（61岁，二段，现任名古屋市博物馆馆长）；队员：家田幸藏（64岁，二段，土木局千种区土木事务所原所长）；佐佐木义夫（68岁，三段，住宅供应公社北地区事务所原所长）；水谷英树（66岁，一段，城市规划局城市再开发科原科长）；鬼头征男（65岁，一段，环境保护局南区保健所环境污染科原科长）。

2009年11月9日下午，他们结束了对南京的访问抵达扬州天香阁酒店。经过简单的双方介绍和对弈规则的说明，就在方尺纹枰黑白世界里与扬州的老干部棋手开始鏖战。不到一个小时，日方已经有三盘输了，还有两盘也是败局已定。这时，中方工作人员对正在第六盘对弈的扬州市体育总会

会长杨程耳语道："我们前面五盘全赢了，你不能再赢了。"杨会长心领神会，经过一番激烈的博杀，出现一着误算痛失好局。日方队长只井功先生说："终于赢了一盘，回去可以交代了。"

日本的围棋职业棋手非常厉害，而业余棋手水分比较大，他们的五段、六段，和我们的三段、四段差不多。日本人以下围棋为荣耀，在他们的名片上都标明围棋业余几段，他们捐钱给日本棋院，就可以得到段位。扬州职业棋手栾斌六段，原来是江苏省围棋队队长，后来旅居日本在名古屋定居。"双关不老"围棋团体经常邀请栾斌去教棋。此次到扬州访问，栾斌的夫人陪同随行。扬州出场的年龄最大的是83岁的原工商局局长刘震东，他曾经是栾斌的围棋启蒙老师。只井功先生调侃地说，我们与老师的老师下棋，岂有不输之理？

第二天上午，"双关不老"代表团一行冒着淅沥的秋雨游览了瘦西湖，登上大明寺瞻仰了鉴真大师纪念堂。下午离开扬州，前往无锡、苏州。

四、日本围棋泰斗藤泽秀行在扬州

藤泽秀行，日本著名围棋棋士。1925年生于横滨市，1934年成为日本棋院院生，1963年获九段段位。1981年被日本棋院授予终身"名誉棋圣"称号。1992年，藤泽以67岁高龄卫冕日本围棋王座战成功，成为史上年龄最大的围棋锦标获得者。1998年10月13日引退。2009年5月8日去世。他还著有大量围棋相关书籍。

藤泽的个性、棋风都十分豪爽，还以私生活放荡成名。藤泽终生为围棋国际化而奋斗，对中国大陆的围棋发展做出了巨大的贡献。从1982年至1998年，藤泽秀行自费，每年率领20余名日本年轻棋手，共14次来中国交流，目的就是促进两国棋手之间的交流和切磋。

1987年，藤泽秀行主动向中方提出把第七次访华比赛地点设在扬州。因为，扬州在古代一直是中国重要的围棋活动的中心之一，并产生许多出类拔萃的围棋高手，是一座当之无愧的围棋之城。这在藤泽秀行的心目中非同一般。

1987年3月13日至20日，"秀行军团"抵达扬州。扬州是著名的园林风景城市，又是鉴真大师的故乡，藤泽秀行是第一次来到扬州，东道主提出安排一天游览，四天比赛。中国围棋协会领导也同意这样安排。但藤泽秀行要求五天时间全部安排比赛，他们年轻人今后来扬州的机会很多，这次来扬州就为一件事：下围棋。藤泽秀行在扬州五天，没有走出宾馆一步。赛场、餐厅、客房这三处地方就是藤泽秀行的全部活动空间。

白天比赛，每天晚上八点到十点，藤泽秀行把他的团员召集在一起，复盘研究白天比赛的每一盘棋。他也要求中方棋手一起参加，张文东在比赛中发挥得比较好，赢了好几盘。藤泽秀行点名要他来，指出张文东许多问题后，张文东听后大呼受益匪浅，茅塞顿开。据说有好几个晚上复盘研究一直到第二天凌晨才结束。有人估计藤泽秀行在扬州五天的时间睡眠加起来没有超过8小时。

在藤泽秀行的心中，扬州是一个围棋圣地，这次来到扬州不能有一丝一毫的懈怠。

扬州几个裁判员和工作人员很想和藤泽秀行合影，他很乐意地和大家一起合影留念。

五、扬州青少年围棋队赴韩国访问交流

　　扬州市和韩国丽水市是友好城市，根据扬州市棋协与韩国丽水市棋协签署的交流协议，双方进行围棋友好互访。

　　2013年7月，受韩国丽水市议长、市长及丽水市棋协的邀请，扬州市树人学校代表扬州市青少年围棋队一行11人赴韩国丽水市进行比赛交流。

　　扬州青少年围棋队抵达韩国丽水市后，于7月22日至23日，与丽水围棋队进行了团体四轮36局的比赛，最终，扬州围棋队取得压倒性胜利，获韩国丽水市"市长杯"优胜奖。每轮比赛后，中韩青少年棋手都会进行复盘交流。

　　在韩国期间，丽水市议会和政府对扬州围棋队的行程做了周到的安排。上午比赛后，下午韩方安排访问交流活动。22日下午，扬州围棋队应邀访问丽水市议会，由于丽水市议会正在开会，他们临时休会来接待，议长朴正采和众多议员出来相迎，陪同扬州围棋队参观议会场所，介绍议会的工作执行情况。议长

向扬州代表队赠送了礼品。扬州代表队邀请丽水市青少年棋手到扬州交流访问。23日下午，扬州队又参观了在丽水市的2012年世博会场馆。丽水市棋协主席崔诚男、政府官员崔小姐、朱先生等人始终作陪。

第四章　国手棋闻

一、陈祖德挥毫"扬州棋院"

陈祖德（1944—2012年）是中国围棋职业九段棋手，中国棋院首任院长，中国围棋协会主席。1963年和1965年，陈祖德受先和分先分别战胜日本杉内雅男九段和岩田达明九段，成为第一个在中国击败日本九段棋手的中国人。

2010年9月10日，扬州市棋协领导专门到北京拜访陈祖德，想请先生为刚挂牌的"扬州棋院"题字，他慨然允诺。当棋协的同志在上午九点走进他家时，先生已经等候多时，将棋协同志引入客厅，随即他的夫人端上两杯茶。寒暄几句，先生将早已写好的"扬州棋院"几个字拿出来。先生说："扬州是个很好的地方，扬州在围棋上是一个很重要的城市。"陈祖德家的客厅很大，两面的墙都是书架，摆得满满的全是棋书和各种文学书，还有很多副高级的名贵的围棋。客厅里面还有两个厚度达到20厘米的整木棋盘陈祖德橄。在客厅里的书架前有一张古琴，先生说他不弹琴，但是家里有人弹琴，琴棋书画差不多全了。

先生气色很好，坐在沙发上交谈，看不出来是一个曾经得过重病的人。棋协同志将一盒扬州酱菜和茶送给先生表示感谢，他把扬州酱菜接过去说："扬州酱菜好，扬州酱菜好！这盒挺重的，拿过来不容易的！"棋协同志又拿出三把折扇，希望能够得到先生赐墨，他接过去说，这个要用毛笔写的。三把折扇写的是：乐在棋中、棋乐无穷、忘忧清乐。陈祖德写这几句话用的是半草半行，比起"扬州棋院"的半楷半行，潇洒流畅了许多。棋协同志邀请先生次年在扬州举办的大运河城市围棋邀请赛时莅临指导，他愉快地接受了邀请。

二、华以刚在扬州谈围棋

2013年7月，全国围棋段位赛在扬州举办，比赛期间，中国围棋协会副主席、中国棋院院长华以刚挤出宝贵时间，视察、指导了扬州的围棋工作，受到扬州广大围棋爱好者的欢迎。

7月13日，华以刚到扬州棋院西湖分院，以《围棋与佛教》为题，为扬州棋迷们献上了一场精彩的演讲。两个多小时的演讲中，华以刚从围棋溯源说起，引经据典，深刻剖析围棋与佛教的渊源。

根据战国文献《世本》和西晋文献《博物志》的记载，尧和舜造棋皆是为了教育自己的孩子。华以刚认为，围棋的复杂性决定了它不会只由一个人创造，只是"尧舜造棋"的说法符合了"圣人作之，后人则之"的心理状态和思维模式。最早记录围棋的历史文献为《左传》，这也证实了围棋至少有三千多年的历史。

围棋与佛教的不解渊源造就了棋僧群像。"清末时期，有一位很有意思的棋僧叫释秋航，就是扬州人。"华以刚说，这位棋僧号称"十八国手"之一，却在某一年元宵节后突然离世。

华以刚介绍，围棋还是中日交流的见证。唐玄宗李隆基好棋，经常与外来使节对弈。现藏于台北故宫博物院的《明皇围棋图》，画的就是唐玄宗与日本遣唐使辨正对弈的场景。

而真正将围棋在日本推广开来的是另一位遣唐使吉备真备，他曾在中国生活19年，日本史书记载了他大力传播围棋的史实。值得一提的是，公元753年，他还曾拜访过扬州高僧鉴真，并促进了鉴真东渡日本的进程。

华以刚在扬州市棋协的安排下，拜访了江苏省佛教协会副主席、扬州大明寺主持能修大师，并就扬州鉴真东渡给日本围棋的影响进行了探讨。

同日，华以刚在扬州市棋协任杰主席、王晓庆副主席和朱自清的孙子朱小涛等人的陪同下，经过弯弯曲曲的小巷，来到朱自清故居。

朱小涛现于扬州市文化局任文化研究所所长，多年前朱自清故居成立时，许多慕名来访的客人都会问起："扬州现在还有朱自清的后

人吗?"于是,扬州在全国寻找,发现朱自清的孙子朱小涛先生在山西省太原市工作,于是将他们夫妇商调到扬州。

朱小涛酷爱围棋,水平大致有业余三段至四段。他很起劲地和华以刚聊起围棋,时值盛夏,他讲得脸颊上挂满汗珠。华以刚看得仔细,听得认真,当他看到一张古色古香的床,便问:"这张床是当时的原物吗?"他看到墙上的照片和油画、对联、条屏,都要提出很多问题,一边问,一边说"我这个人喜欢问"。华以刚先生的治学精神可见一斑。

2013年7月15日,华以刚先生来到扬州中学教育集团树人学校谈围棋和下指导棋。华以刚先向孩子们介绍了刚刚获得应氏杯围棋赛冠军范廷钰的学棋经历。"范廷钰在道场学棋的时候,他的父亲与学校签了个协定:平时停课专门学棋,文化课由其父亲本人辅导;每个学期期末考试的时候,范廷钰到学校参加考试。虽然他一学期不到学校上课,但小范考试在年级依然是名列前茅。"华以刚总结说,"这就是围棋世界冠军,不但棋下得好,学习也不差。用棋手们常说的一句话就是没脾气。"

华以刚说,让子棋、多面打,也是有一定规矩的。当上手来到你面前的时候,你应该立即落子,因为上手要应付几盘棋,你有足够的时间思考。但你又不能提前落子,必须等到上手坐到你对面的时候才能落子。很多职业棋手都遇到过这种情况:被授子的棋手提前把棋子下到棋盘上,到上手坐到自己面前时,觉得应该自己落子,接着又下一手。这虽然不是故意的,但下棋的时候连走两手,棋就没法下了。"这些就是下围棋的规矩,守规矩的孩子才是最有出息的。"

比赛开始时,四名小棋手先在棋盘上摆下授让的棋子。当华以刚面对申一民时,发现申一民将棋子分别摆在了自己的左上角和右下角。华以刚立即指出,这是不对的,下手应该将棋子摆在自己的右上角和左下角,自己的左上角留给上手,这是对上手的尊重。

华以刚说,中国古代围棋是有座子的,日本棋手率先取消了座子。黑棋先行是有规矩的,第一手要落在自己的右上角,把左上角留给白棋。在早期,执白的棋手都是上手,这么落子是对上手的尊重。虽然围棋规则对于第一手并没有规定，但如果黑棋第一手落在左上角，会被视为对对手的挑衅和藐视。

最终，黄承廷、申一民获胜，李龙、王谢衡告负。

华以刚在扬州谈到与庄则栋下围棋的故事。他说：庄则栋是曾经的世界乒乓球男子单打冠军，更为有名的是他利用手中那颗小小的乒乓球，使得几十年处于冷战敌对状态的中美关系的坚冰开始融解。庄则栋是扬州人，他的夫人是日本人。去世前，他的夫人一直守护在旁边。

有人问："庄则栋和谁下围棋最多？"

华以刚带着一点神秘的表情说："远在天边，近在眼前。就是我本人。那个时候，国家体委的运动员都是集中住在一起，一栋楼里面住很多人，想知道宿舍里有没有人，就看门上有没有锁。如果门上挂着锁，那里面肯定没有人。庄则栋的围棋水平，我大概可以让他5~6个子，但是，他一直要求我让他9个子，这样他在所有我让9子的人当中，可以将头抬得很高。我替庄则栋起了一个名字：'臭庄'。有一天，有人敲门，我说：'是谁啊？'门外回答：'我，臭庄。'庄则栋下棋很快，他和老师下，比老师还快。他不仅下棋快，说话快，走路也快。徐寅生在乒乓球比赛前两个礼拜就不打乒乓球了，这样做是为了在比赛中寻找新鲜感。庄则栋则完全不一样，他能够在比赛前半个小时还在和我下棋。下棋对庄则栋好像是另外一种休息方式。有一次庄则栋从外面回到宿舍，不回自己的宿舍，身上背着包直接来到我的宿舍，放下背包就和我下围棋。外面打训练铃了，他不理睬，继续和我下围棋，一直到外面打集合铃时，他才背起背包飞奔而去。"

华以刚在扬州谈到贴目。他说：我记得小时候，也就是五六十年前，二十世纪五十年代，中国的围棋是没有贴目（贴子）的。一盘棋下完了，盘上361个点的二分之一是180.5，这是归本数，如果黑棋收后（走最后一步），那么181算和棋。最早的贴目，大约五六十年前发生在日本。黑棋先走，占据主动，讨了便宜，计算胜负时不能按照归本数，应当补贴白方几目，这就是贴目。当时在日本呼声最高的是围棋比赛的赞助商，其次是新闻媒体，日本棋院倒是最大的反对者，特别是棋界的元老。经过反复多次的呼吁、较量，要求贴目的呼声越来越高，影响越来越大。反对贴目的人数越来越少，势力越来越弱。最后，日本棋院的元老代表了态：同意实行贴目，但是有一个条件，就是必须在报纸上的醒目位置刊登他同意贴目的声明。这

说明当时的日本社会，容得下不同的声音，人的个性是可以得到张扬的。围棋在日本有两项重要的创新，一个是取消座子，另一个就是实行贴目。一个新的想法、新的东西不会一帆风顺，如曾有人说大地是圆的，结果他付出了生命的代价。

三、聂卫平、王汝南等国手在扬州

2011年10月16日，第七届中国"威孚房开杯"围棋棋王争霸赛半决赛在扬州瘦西湖"四桥烟雨楼"举行。

聂卫平、王汝南、华以刚、俞斌、常昊、古力等九名国手与扬州的48位个小棋手下多面打的指导棋。

28年前，聂卫平第一次来到扬州，同时与20个扬州棋手让4子多面打。其中有2个棋手赢了。聂卫平心有不甘地说："想不到在阴沟里面把船翻了。"这次指导棋考虑到业余和专业的差距越来越小，老棋手年龄也越来越大，所以，聂卫平、王汝南、华以刚三个人1对4，其他人1对6。既是如此，国手们下得也并不轻松。古力6盘棋输了5盘，聂卫平4盘都没有下完，他下得很慢，旁观者说，从局面上看至少要输3盘。

在国手为小棋手签名合影的时候，看台上的观众纷纷进入场内，扬州

棋协的领导对华以刚说，这个场面有点乱，是我们工作没有做好。华以刚说："这个场面太好了！这说明现在围棋手的社会地位，与我们那时候是完全不能同日而语。这么多的棋迷围着他们，都是追星族，常昊、古力他们就是大明星！这也是围棋兴旺发达的重要标志。"

中国围棋界这么多的领导，这么多的国手同时来到扬州，这还是历史上没有过的。1984年国手赛、1989年全国段位赛、1987年国家围棋队与藤泽秀行军团来到扬州，国手来了不少，领导不多。这次中国围棋协会来场的领导有：国家体育总局棋牌管理中心主任、中国棋院院长刘思明；中国围棋协会主席、前院长王汝南；围棋协会副主席、前院长华以刚；中国围棋协会副主席聂卫平；中国棋院围棋部主任王谊；副主任张雁琦；国家围棋队主教练俞斌，国家围棋队领队华学明等。

四、世界冠军罗洗河在扬州谈围棋魅力

罗洗河是中国围棋著名国手，1977年生于湖南衡阳，6岁学棋，师从马晓春九段，10岁进入国家少年队。1989年定为初段，2002年升为九段。被称为"天才棋手"，绰号"神猪"。在2005年的第10届三星杯世界围棋公开赛中，罗洗河先后淘汰了多名韩国围棋高手，最后在2006年1月的决赛中，以2∶1战胜了素有"石佛"之称的韩国棋手李昌镐，获得冠军，取得了他人生中的第一个世界冠军。

2013年7月10日，罗洗河作为全国围棋段位赛的嘉宾抵达扬州，谈到

了他的围棋经历和对围棋的真知灼见。

令罗洗河深刻印象的是，1989年，扬州第一次承办全国围棋段位赛，罗洗河在那一年定段成功。罗洗河回忆说："扬州的那次段位赛虽然是20多年前的事，但给我的印象很深，不仅是我在扬州定段成功，也是我第三次参加段位赛，如果再不定段，我今后的道路可能是另一种局面。"

在那次比赛中，罗洗河上来就是两连胜，但随后就是3连败。"那时的比赛不像现在有这么多棋手参加，也没有预选赛、本赛两个阶段；当时3连败之后还有6轮，这6轮比赛如果输一盘，就会因小分不够而不能定段。没想到，我最后取得了6连胜，应该说很幸运。最后6盘棋的内容，我已经没什么印象了，不过过程很危险。"

罗洗河还说："我媳妇也是在扬州定段的。"当时的段位赛是男女不分组，不过后来成为罗洗河夫人的梁雅娣在女棋手中还是有很大名气的。"那时候我就知道她，实力很强。虽然当时是男女同组，但在比赛中我们两个人也没有遇到过。不过那时才12岁，还不会有其他的想法。"谈到追求梁雅娣，罗洗河说，2002年升段赛，当时三轮结束，他已经升到九段，每天没什么事，就经常在赛场转转。比赛快结束的时候，他跟梁雅娣要到了电话号码。一年后，两人就结婚了。罗洗河跟梁雅娣谈恋爱时，保密工作做得非常好。2003年在上海举行围乙比赛时，很多女棋手都来参加，主办方浙江新湖还搞出了美女棋队的宣传噱头。不过，赛场出现了罗洗河。一个围甲的棋手，主办方又没有邀请，怎么专门从北京跑到上海来了？罗洗河的举动引起了上海队教练邱鑫的注意。一问之下，罗洗河"坦白"了："我女朋友就在这儿比赛呢。"后来邱鑫到北京去，发现中国棋院竟然没人知道罗洗河谈了女朋友。结婚三年之后，罗洗河击败李昌镐，夺得世界冠军。是不是因为结婚长棋了？罗洗河笑着说："是的，因为家里的事都是梁雅娣过问，我可以一门心思地研究围棋了。"

罗洗河是湖南衡阳人，因为当时围棋在湖南开展得并不是很好，而北京和上海都是围棋重镇，一心想让儿子学棋的父亲，在罗洗河6岁时便把他带到北京学棋。罗洗河说："去北京之前，父母还为此吵了一架，母亲舍不得让我去北京。那时候学棋的小孩很少，如果相亲，家长知道对方是棋手就会说：'下棋也能当饭吃？'现在棋手的待遇，要比过去好多了。"

1986 年左右，上海《围棋月刊》举办了一个全国棋童赛，全国最好的学棋少年都来上海参赛，包括罗洗河和常昊。比赛的冠军被常昊夺得，但罗洗河的光芒却丝毫没有被常昊遮住。比赛期间，华东师范大学的心理学系把参赛的小棋童都接过去做了一个智商测试，结果 9 岁的罗洗河和 10 岁的常昊都比较突出，罗洗河达到 164 分。得出这个结论后，更验证了之前大家对他"高智商"的评价。

2006 年，罗洗河成为世界冠军。说起夺冠的历程，与崔哲瀚的半决赛和与李昌镐的决赛都很令人难忘。不过，半决赛与崔哲瀚第三盘，罗洗河神奇地将罕见的三劫循环主动粘劫弃和，让崔哲瀚杀掉自己的超级大龙！然后，补掉左上黑棋原来存在的劫活，同时攻击右上黑棋收获巨大。最终，罗洗河取得大胜。对于这盘神奇的对局，罗洗河说："当时我试了个应手，对方扳了。当时如果他退一手的话，我就会选择三劫循环和棋了。"

进入 2013 年，百灵爱透杯、第 17 届世界棋王战、第七届应氏杯、第九届春兰杯全部落入中国围棋"囊中"。韩国媒体口中"中国围棋的全盛时代"，更是由中国年轻棋手集体缔造。

对于目前的围棋格局，罗洗河分析说，现在从成绩来看，中国有赶超韩国的势头，不过并不明显。韩国的李世石、朴廷桓依然有很强的实力。

在近期的国际棋战中，韩国棋手无缘第 18 届 LG 杯八强，中国六将和日本两名棋手组成全新的世界赛八强阵容；本月初，日本棋手井山裕太夺得第 25 届亚洲杯电视围棋快棋赛冠军。这是不是说明日本围棋有复苏的迹象？罗洗河认为，日本围棋已经落后很多年了，不是一两年就可以赶上中韩。井山裕太进入 LG 杯八强，拿了亚洲杯冠军，有一定的实力。他在日本七大棋战中有 6 个冠军，是日本围棋的第一人，取得这样的成绩也正常。但从整体实力上分析，日本围棋和中韩还有很大的差距。

罗洗河说：我觉得赢棋绝不是因为你比对手强，而是因为你赢在更符合客观规律。其实不仅仅是下棋，很多事情都是这样的。我平常很喜欢打麻将，打麻将也有规律可循，你不能一上来就想着点炮儿，那样赢不了。

罗洗河说：棋局是浓缩的人生。很多的生活方式都体现在棋上，比如我不喜欢在下完棋后和对手复盘，因为我觉得复盘只不过是对失败者的一个心理缓冲，都是有一定水平的棋手，事后自己摆摆也都能明白，没必要非拉着人家复盘，输就要输得起，不要让人家笑话。

我很欣赏美国心理学家马斯洛的观点：对待挫折，痛苦和失望是一种积极的反应，强于麻木不仁，但是也是一种笨拙的方式。

五、王煜辉到扬州认祖归宗

王煜辉，1976年6月出生于北京，祖籍江苏高邮。围棋职业七段。他10岁学棋，师从聂卫平九段。曾获得永大杯、牡丹卡杯、龙泉杯冠军，获第2届、第3届"新人王"赛亚军。王煜辉性格开朗，爱好广泛，喜交友，好旅行。自我评价为"热爱生活的非典型棋手"。

2011年10月16日，第七届中国"威孚房开杯"围棋棋王争霸赛半决赛在扬州举行。

王煜辉来到扬州，说其祖上是高邮人王念孙。他家里还有一张光绪年间祖先的画像，是顶戴花翎的官服。他一直生活在北方，从来没有回过高邮。说他非常想回到高邮看看。

2013年4月26日，王煜辉与父亲从北京抵达扬州，扬州市棋协任杰主席、王晓庆副主席等热情接待了王煜辉，参观游览了何园和个园。当天下午，市棋协授予王煜辉扬州棋协名誉顾问证书。随后，王煜辉向在场的近100名棋迷，讲解了一盘去年围甲级联赛上，他与孔杰的一盘对局。王煜辉讲棋的语言、节奏、分寸掌握得很好。受到棋迷的欢迎。王煜辉在现场签售新书《新世纪围棋之魅》，近100套书一售而空。

离开扬州后，王煜辉驱车赶到祖籍地高邮，与广大围棋爱好者进行面对面交流，签售新书《新世纪围棋之魅》，并随父亲王炎一起参观了王氏纪

念馆。王煜辉说：我虽然出生在北京，但我的祖籍在高邮。对此，我十分看重，也很自豪。他父亲在高邮出生，但在高邮生活时间不长，便随奶奶到北京生活，人称"高邮二王"的王念孙、王引之是他的先祖。

"高邮二王"是王念孙、王引之父子的世称，王氏祖居扬州高邮。王念孙有家学渊源，王引之又承其父学。"高邮二王"在古文献学上以精通小学、校勘见长。王念孙（1744—1832年）是清代音韵训诂学家。历官陕西道、山西道、京畿道、监察御史、给事中等职，以秉公持正著称。王引之（1766—1834年）是清代著名学者，三十四岁考中一甲第三名探花及第，授翰林院编修，后任工部尚书、代理户部尚书、吏部尚书、礼部尚书等职。

2017年10月3日，高邮市举办了首届"念孙·引之杯"围棋十强赛。这次比赛由王煜辉个人出资赞助，他决定从此每年出资赞助高邮围棋比赛，并冠名"念孙·引之杯"，以纪念高邮王氏，并有意向把该赛事办成一项在全国有影响的传统赛事、品牌赛事。

六、中国围棋职业棋手在瘦西湖对弈

2018年4月30日，中国10名围棋职业棋手泛舟扬州瘦西湖上对弈，日本的围棋职业九段石田芳夫在中国围棋职业七段孟泰龄等陪同下观战。

这10名围棋职业棋手是：职业七段王煜辉、职业七段彭荃、职业六段吴新宇、职业六段栾斌、职业五段丁波、职业五段孙力、职业四段黄昕、职业四段（退役）杭承义、职业四段（退役）冯云散、职业初段史干生。

石田芳夫和孟泰龄及这10名画舫对弈的围棋职业棋手是应邀参加正在扬州举行的全国围棋大赛，共有来自全国各地的1500名棋手在扬州对弈手谈。

扬州人自古爱棋，常在园林中对弈，画舫也是下棋的地方。清代李斗《扬州画舫录》记道："画舫多以弈为游者，李啸村《贺园诗》序有云：'香生玉局，花边围国手之棋。'是语可想见湖上围棋风景矣。"这次10名围棋职业棋手泛舟对弈在瘦西湖上，再现了清代《扬州画舫录》记载的对弈情景。

日本的围棋职业九段石田芳夫（右一）在瘦西湖画舫上观战

日本的围棋职业九段石田芳夫亮相扬州瘦西湖风景区

扬州瘦西湖再现清代《扬州画舫录》记载的对弈情景

第五章 当代围棋达人

一、当过"县太爷"的棋手卞芷湘

卞芷湘，生于光绪年间，卒于1976年。扬州棋界都叫他"卞瘸子"。他脚上有残疾，是名副其实的瘸子。个子不高，戴一副眼镜，手持一根拐杖。卞瘸子棋下得不好，但是在老一辈的棋界中，名气却很大。

卞芷湘公馆地处闹市（今广陵路南，对面路北是梅花书院），有房屋楼十间，室内清静，棋具精良。卞瘸子为人随和，有求必应。二十世纪四五十年代扬州城里下围棋的人不多，他成为很多人的启蒙老师。他七十多岁还经常到万象棋室坐坐，别人嫌他棋太差，不肯跟他下，他就坐在旁边看书。

卞芷湘出生于扬州著名书香门第、名门望族的官宦之家。扬州诗人陈含光曾有诗云"两世棻戟遥相望，同时七印何辉煌"，就是当时卞家地位的真实写照。卞芷湘的祖父卞宝第是光绪年间清政府的要员，曾任湖广总督和闽浙总督。卞宝第的父亲卞士云是进士出身，鸦片战争期间，署理浙江巡抚。卞宝第的儿子卞绪昌官至安徽按察使。卞宝第的孙子卞白眉，曾担任中国银行董事长和天津中国银行经理。光绪晚年，卞芷湘凭着祖父辈的关系，当过几年的知县，棋界的人经常称他为"县太爷"，他从不生气，一笑了之。

二、书坛四绝的围棋高手谭大经

谭大经（1882—1954年），原名经，排行老大，遂名大经，字亦纬，又作一苇，江苏扬州人。谭大经能诗，亦精通围棋，为扬州冶春诗社后社（为晚清扬州地方名流文人学者继冶春诗社而成立的文学团体）成员，精棋艺，懂医术，工篆隶，诗、书、印都有很高的水平，多才多艺。他豪于饮，声音洪亮，话语多滑稽幽默。黄养之《祝谭亦纬先生七十》云："邗上有逸叟，日与酒为友。重道不好名，诗书娱白首。乐天以知命，优游在林薮。"凌绍祖在原载台湾《扬州乡讯》的《〈惜馀春轶事〉读后记》中云："谭大经之篆书与卞綍昌之汉隶、王景琦之真楷、卞斌孙之大草堪称'近代扬州书坛四绝'。"

20世纪40年代，日军占领扬州后，几个日本兵从谭大经家门口经过，发现谭大经正在和人下围棋，日本兵在旁边看他们下围棋，看了好长时间，嘴里叽里咕噜，似乎是说谭大经的围棋水平很高。临走时写了一张纸条贴在门口，大意是：宅内围棋高手，日本兵不得入内。此后，有日本兵从门口经过，看见门上贴的纸条，便不再进门。

1953年，谭大经去宜兴探望女儿，返回扬州时，经镇江乘轮渡至六圩，不慎落入江中，被船工救起，因受惊、受凉而染病，1954年1月病故，终年73岁。

三、扬州围棋事业的开拓者姚伟鼎

姚伟鼎（1929—2008年），业余围棋六段棋手，中华人民共和国成立之前在中共苏北区党委机关工作，之后先后担任扬州市委宣传部副部长、市委办公室主任、市政府外事办公室主任等。1988年至2008年担任扬州市棋

新中国成立，扬州市棋类事业的奠基人和开拓者

协主席，曾担任江苏省棋协副主席。

姚伟鼎是当代扬州围棋事业的奠基人，扬州市棋类协会的开创者。他从20多岁喜爱上了围棋，60年下了上万盘棋。

在抗日战争和解放战争期间，新四军指战员在陈毅元帅和叶飞将军的影响下，许多人都学会了下围棋。1949年中华人民共和国成立后，新四军和解放军中一些人来到扬州工作，如扬州副市长陆勤、苏北区党委机关的姚伟鼎、乡镇工业局局长杭林、市经委的杨雨秋、工商局局长郁树春、秦仲禹、专区银行行长周亚人、交通局局长徐杰、苏北行署的胡仰清、冯英等十多人。当时，扬州城区人口不到十万人，经常下围棋的不过二三十人，在扬州城里唯一的一个万象棋室里，一下子增加了十多个人，扬州棋坛顿时热闹了许多，就像棋室里来了支围棋野战军一样。有人说："难怪解放军总打胜仗，有这么多会下围棋的人！"

姚伟鼎喜欢围棋，迷上围棋，在棋室下起围棋来就"乐不思蜀"，经常深更半夜才回家，妻子苦口婆心，多次劝说，毫无效果。姚伟鼎在棋室经常跟当时的扬州一流棋手冯业世、陈舜年等人对弈。他刻苦研读大量围棋古谱，棋艺迅速提高。1966年"文化大革命"前，他已成为扬州棋坛的领军人物。在"劲松杯"全国老干部围棋比赛中，他与来自全国各地的棋坛元老、名门宿将较量，连续十二次获得个人冠军，成为扬州实至名归的棋坛霸主。

"文化大革命"期间，姚伟鼎被下放到宝应县工作，发现并培养了后来成为中国围棋"四大天王"之一的职业九段邵震中。后经当时的江苏省棋院院长郑怀德撮合，姚伟鼎的小女儿姚仲嫁给邵震中。

1984年，中日围棋界共同倡导并发起中日围棋擂台赛，受此启发和影响，扬州与一江之隔的镇江举办了一次擂台赛，每方出八名棋手。当时由于扬州副帅冯云散马前失蹄，主帅姚伟鼎独立支撑危局，横扫镇江四位大将、主帅，使扬州取得了擂台赛的胜利。

20世纪80年代初，日本唐津市与扬州市结为友好城市，第一次文化交流活动由日方派出十一名棋手来扬州下围棋，后来韩国的丽水市也与扬州市结为友好城市，在姚伟鼎的促成下，现在每年三个城市都进行一次围棋友谊比赛，成为三城市的一个传统文化交流项目。

1988年，扬州市棋类协会成立，开创了扬州棋类活动的新纪元。姚伟鼎成为扬州市棋类协会第一任主席，他从江苏省棋院争取到一笔资金投入广陵区体委与教育局建设的楼中，取得一间80平方米的房子的使用权。三十年来，棋室吸引了众多棋迷前来交流切磋、比赛，为普及推广围棋发挥了重要作用。

2006年，扬州市举办了首届新闻围棋赛，姚伟鼎以76岁的高龄参加比赛，一直打进本赛第四轮。

姚伟鼎一直注重对青少年棋手的培养，他在小秦淮棋室、北失巷、市棋协活动中心和年轻棋手进行了大量的对局，加速了年轻一代棋手的成长。他退休后，又把主要精力放在对围棋新苗的发现和培养上，经他一手调教的扬州高邮小棋手孙力，现已成为职业五段。

姚伟鼎的棋风犀利凶狠，每盘对局必以屠"龙"为快，吃了一条"龙"，还想再吃第二条"龙"。他特别喜欢下让子棋，妙手频出。他很少收官数子计算胜负，不是中盘胜就是中盘败。

2008年春节前，姚伟鼎到他的女婿邵震中家过年，汽车进入南京时心脏病突然发作，尚未进家门，就被送进医院抢救。春节后回到扬州，不久后去世，告别了与他相伴六十年的围棋生涯。

四、教书育人的围棋妙手陈舜年

陈舜年，泰州人，出身书香门第，先祖陈应芳是明代万历二年进士，官至福建布政司参政、太仆寺少卿等职。严谨的儒学家教，塑造了陈舜年为人谦逊，温文尔雅的品性。中华人民共和国成立初期，泰州市图书馆有百分之八十的图书来自陈舜年家中，可见其家学渊源深厚。陈舜年于中央大学毕业（现南京大学），曾任大学、技校、中学的语文教师，最后在江苏扬州中学工作直至退休回宁。

陈舜年中等身材，脸型较瘦，有点大的鼻子上架着一副深度近视眼镜，老年时一头长而稀疏的白发披挂在脑后。他棋力深厚，可以进入扬州前三名，曾代表扬州参加过江苏省围棋比赛并获得季军。下棋时几乎一根接着一根地吸香烟，一个又脏又黑的白色手帕被他捏成一团抓在手心里。

陈舜年的棋龄可以追溯到中学时代，到上大学时，经棋友介绍拜国手刘棣怀为师学棋。陈舜年还到上海向顾水如、魏海鸿两位国手请教，受益匪浅。当时棋力大概是被顾、魏二老授二三子。以后，他专心研究棋谱，找名手下棋，苦功之下棋艺也更上一层楼。20世纪50年代末期，扬州市体委邀请刘棣怀去下棋，陈舜年已能与刘棣怀让先对弈了。他在参加扬州市的比赛中曾获得个人冠军，在江苏省和南京市的比赛中也曾得过第二、第三的好名次。

二十世纪五六十年代，陈舜年成为江苏棋坛一代名师，黑白国手，行棋风格流畅，清新空灵，飘逸华丽，品位极高。他也是职业棋手邵震中九段、李钢七段的老师。曾悉心指导过南京的薛志明、蒋长生，南通的陈兴邦、陈小平，常州的戈仲禹、邵康年，常熟的江华生等江苏围棋业余强豪。1965年，陈舜年回故乡授三子指导过少年翁和一局，并为翁和讲评清代大国手施襄夏二子谱。陈舜年为江苏围棋的发展做出了巨大贡献。

1966年，陈舜年在"文化大革命"前调到南京工作，"文革"中下放到淮阴地区泗洪县，其间经常到清江市（今淮安市）的围棋高手任光环家，及清江中学校长嵇菁萍家中对弈。调回南京后经常到扬州来会棋友。2010年，代表南京市参加江苏省老年人围棋比赛。

在陈舜年任扬州市棋协负责人期间，曾培养出一些优秀的学生。如现今的甘肃省围棋协会负责人杭承义，当初在扬州是由陈舜年和姚伟鼎介绍到过惕生那里去学棋，后来进入了国家队。再有，世界业余围棋冠军获得者邵震中八段，当初在扬州也曾得到陈舜年老师的诸多指点，后来邵震中成名后特地将奖品的棋盘、棋子送给陈舜年。现今的江苏棋院李钢六段、栾斌五段等均是由陈舜年启蒙的。

陈舜年个性刚直不阿，疾恶如仇。他对弈时不容人品头论足，复盘时有高见尽管讲，商讨切磋方显儒雅。陈舜年对局极讨厌对手搅棋。江苏省体委鉴于陈舜年对围棋的热爱和孜孜不倦地追求，特意给他颁发了五段证书，他十分珍惜给予他的荣誉和鼓励。

五、扬州一代棋王冯业世

冯业世，20世纪30年代到60年代，扬州围棋水平最高的棋手，公认的围棋界领军人物。

冯业世身高约1.75米，身材偏瘦，国字形脸，平时总是身着一袭长衫，谈吐温文尔雅，说话不紧不慢，下棋不温不火，柔中有刚，与人复盘研究时话语不多，但总是一语中的，令人折服，在围棋界享有很高的威望。

冯业世是棋坛的师长，在他的指点和带领下，周围一批棋手的水平都有明显提高，宁、镇、苏、通等外地棋手都是冲着他到扬州来学棋的。1958年，他曾代表扬州参加全国棋类锦标赛华东赛区（六省一市）的比赛。

冯业世的棋力与扬州棋手汪芍亭在伯仲之间，但在上海、南京一带的影响不如汪芍亭大。由于汪芍亭英年早逝，冯业世得以称霸扬州棋坛达三十年之久。

六、以棋育人的韩国鹏

韩国鹏，人称"瘦韩"，身高 1.76 米以上，身材偏瘦，脸型瘦长，高鼻梁，细下巴，戴高度近视眼镜。中华人民共和国成立后，先在百货业工作，后到蔬菜公司当会计。

韩国鹏的棋力仅次于冯业世。他待人谦和，沉稳持重，不少人把小孩送到他那里去学棋。他精通棋理，讲棋深入浅出，举一反三。教学极有耐心，培养了不少高手，如后来成为专业六段、20 世纪 80 年代江苏省围棋队队长的栾斌就是在他那里接受启蒙教育的。

七、纹枰弘道的姜伟

姜伟，生性儒雅，一生酷爱围棋，为扬州围棋人才培养和弘扬围棋文化做出重大贡献。

1984 年开始的中日围棋擂台赛，聂卫平一战成名，"聂旋风"席卷中华大地，扬州也掀起了围棋热。当时，扬州有许多人想下围棋，但苦于没有地方。1987 年，姜伟就在北矢巷 6 号家中开办了棋室，创办了扬州围棋骨干的摇篮"棋友之家"。

姜伟有 3 个孩子，经济较困难。没有棋盘，他就用三合板横十九竖十九格，一张一张地画出来。没有棋子，他就到铁工厂用废铁板冲出一批小铁块，再在每个小铁块上涂上白漆、黑漆，等它晒干，就算黑白棋子了。就这样自力更生、因陋就简地办起了棋室"棋友之家"。棋室先由一间后扩为两间。他不计时间，天天开门，没有休息日，免费供扬州围棋爱好者下棋打谱，免费供应茶水。围棋界的朋友闻讯喜出望外，奔走相告，每天聚集在"棋友之家"下棋的人数不少于三四十人。在那里下过棋的，有姚伟鼎、任杰、栾宇春、陈君孝、傅兆裕、蒋永庆、韩斌、吴登祥、刘昕、李卫军等，现在他们已成为扬州围棋界的中坚和骨干。北矢巷6号对于扬州围棋界来说已成为一个特殊的地理标志。姜伟先生的义举对扬州围棋的普及提高起到了很大的推动作用，赢得了人们的尊敬和爱戴。

"棋友之家"棋室共开办了13年，成为当时扬州围棋爱好者主要下围棋的活动场所。2000年以后，扬州市棋协在汶河南路开设了棋类活动室，"棋友之家"才停办。

2015年11月26日，扬州围棋爱好者为纪念姜伟做出的贡献，专门举办了一场别开生面的围棋比赛——"北矢巷怀旧"群英荟萃围棋赛。姜伟先生的夫人和儿子姜筱亲自到场，还邀请棋友们常到其家中做客，喝喝茶、下下棋。扬州市棋类协会向姜伟家人赠送了一块"纹枰弘道"牌匾，以表彰和纪念姜伟弘扬围棋文化的功绩。

姜伟的儿子姜筱继承父亲的传统，积极培养扬州围棋人才，支持协助举办"华鼎星城杯"围棋少年争霸赛、扬州五段争霸赛等，免费提供场地，免收报名费，免费提供一顿午餐，颁发奖品等，继续为推动扬州围棋事业的发展发光和发热。

八、扬州儿童围棋的启蒙者黄福荣

黄福荣，扬州知名的一流老棋手。于"文化大革命"前任扬州市体委秘书，1988年后任扬州市棋类协会副主席。20世纪90年代初病逝。

黄福荣身材瘦而高，因脸上有几个麻子，有人背后叫他"黄麻子"。 20

世纪50年代，他是扬州市"轮矩乒乓球队"（工人代表队）队长，曾得过扬州市乒乓球比赛的冠军。其围棋水平也很高，跻身于一流棋手的行列。他的棋风和球风一样十分犀利，下棋时端坐不动，神情专注，面相威严。他为人十分平和，在棋界很受人尊敬。

黄福荣的棋属于非比赛型，平时下棋与一流棋手不相上下，一到比赛便心理紧张，脸上出汗，成绩总不太理想。20世纪80年代初，扬州没有棋室，想下围棋无处可去，他就把自己在徐凝门街的住宅腾出两间，放上七八盘围棋，免费让爱好者下棋。他重视对少年儿童围棋的启蒙和培养，扬州业余六段韩斌，就是他培养出来的得意门生。他生病住院期间，医院里不少喜欢围棋的医生经常向他讨教。

九、新中国体育扬州围棋事业的开拓者之一栾宇春

栾宇春，1930出生，原扬州市体委干部，1988年至2013年任扬州市棋协副主席兼秘书长。

栾宇春在中华人民共和国成立初期参加了革命工作，曾就读于江苏省团校、中央团校，在扬州市体委工作40余年，曾获国家体委颁发的"新中国体育开拓者"荣誉称号。1962年，他在一次偶然的机会接触到围棋，即被围棋所吸引，他废寝忘食，天天看棋书，打棋谱，和人下棋。据其女儿回忆："那时我才上一年级，家离学校较远，有一次我父亲下围棋着了迷，忘记了接我，后来学校老师看天晚了，家长还没来，便把我送回了家。"栾宇春不仅自己下棋，还积极推广围棋，他积极参

庆贺栾宇春88岁生日

与并筹建了扬州市棋类协会，使围棋爱好者的队伍逐年发展壮大，由原来百十人发展到数万人。在他的努力下，扬州市政府办公室批准成立了"扬州棋院"，形成了扬州棋协、扬州棋院两块牌子一套班子建制。"扬州棋院"四个大字由中国围棋协会原会长陈祖德亲自书写。栾宇春创办的"棋协杯"围棋定、升段赛，每年一届，已坚持了30年，参加人数从第一届的43人发展到千人，为培养发现大量的围棋人才和围棋事业的发展，做出了重要贡献。他常说："围棋是一项很好的体育运动，既可以开发智力，又可以增强思维。现在我们进入了一个新时代，大家共同努力，为扬州围棋事业发展多做贡献！"

在栾宇春88岁生日之际，扬州市棋类协会专门为他组织了一场围棋比赛，邀请了围棋界的朋友们共同庆贺，祝他米寿生日快乐。为了肯定他为扬州围棋事业做出的贡献，市棋协现场赠送他"棋德风扬"匾一块，寓意着将他德艺双馨的好品德发扬光大，并一代一代传承下去。

在栾宇春的教育和熏陶下，他的儿子栾斌也很喜欢围棋，走上了围棋道路。栾斌7岁学棋，13岁进体校，15岁进集训队，1982年定为四段，后升为中国职业围棋六段，是扬州籍棋手中获得专业段位最高的一人，也是扬州的第一个职业围棋选手。

十、扬州第一位职业棋手栾斌

栾斌，1962年6月30日出生，扬州人。7岁学棋，13岁进体校，15岁进集训队，1982年定为四段，后升为中国职业围棋六段，是扬州籍棋手中获得专业段位最高的一人，也是扬州的第一个职业围棋选手。于1992年留学日本，获国际经营学博士学位。

栾斌的父亲栾宇春是扬州市体委干部和扬州市棋协副主席、秘书长。栾斌受其熏陶和影响，从小接受韩国鹏、张德旴和杨佑甫等围棋高手的启蒙教育。他天资聪慧、敏而好学，多次在省市比赛中获得好名次。曾与邵震中等代表江苏省参加全国围棋职业联赛，取得团体冠军和数次进入前六名的好成绩。

1976年6月，全国少年围棋选拔赛在安徽合肥举行，在小组赛中，栾斌和马晓春等人分在同一组，栾斌战胜了马晓春取得了小组第一名的好成绩，率先从小组出线。1977年，栾斌转入专业队。高中毕业后，他又考入南京体育学院体育行政管理专业学习。当时，南京体育学院没有开设围棋专业，这个体育行政管理专业实际上就是为栾斌这些棋类队员专设的。1982年，栾斌在全国国手赛中取得第三名，这也是他在国内比赛中取得的最好成绩。20世纪80年代栾斌担任了江苏省围棋队队长。

20世纪70年代前，世界围棋的最高水平在日本，为了提高自己的围棋水平，栾斌开始学习日语。从1977年开始，栾斌成为第一届日语广播讲座的学员。后来，他又参加北京外国语学院函授班的学习。经过4年的学习，他在5万多名函授学员中考取了前10名，获得了免费到北京外国语学院日语系进修一年的机会。学习日语后，栾斌和日本围棋高手的接触逐渐多了起来，藤泽秀行、小林光一、林海峰到中国来，栾斌就给他们做翻译。在和他们的接触中，栾斌的棋艺和日语水平也逐渐提升。

栾斌在学习日语的同时，开始将自己在下棋过程中的心得写出来。在南京上学期间，他陆续在《江苏体育时报》上发表专栏文章《36计与围棋》。当时，江苏团省委副书记周游看到文章后特地找到学校，拜访了栾斌。周游找栾斌为了两件事情，一是向他学习围棋，二是两人准备合写一本《三国演义与围棋春秋》。《三国演义与围棋春秋》由围棋国手、中国棋院第一任院长陈祖德作序，第一次将古典四大名著与围棋相结合。紧接着，栾斌一鼓作气，又连续创作了《围棋入门》《围棋死活研究》两本书，翻译了藤泽秀行的《从优势到胜势》等6部日本围棋著作。译著《从优势到胜势》至今仍然畅销。

1992年，做了15年的专业棋手、已经达到专业六段的栾斌急流勇退，决定远渡日本进行深造学习经济。栾斌在日本中京大学经济系学习，选修了"中小企业政策"专业，他的老师龙泽菊太郎曾是美国尼克松政府和联合国的经济顾问。大学毕业后，栾斌面临着继续深造还是工作的短暂困惑后，毅然选择了继续学习。这一次，栾斌进入经营系国际经营学专业学习，研究技术转移、作为中国企业能否将外国生产能转化应用以及丰田生产方式（TPS）。栾斌的导师小川英次教授是丰田生产方式的专家，也是他第一次将丰田生产方式翻译成英文推向世界的。小川英次对栾斌说："你年纪不小了，想在5年之内将博士学位拿下，必须要有研究成果。"在小川英次的指导下，栾斌申请了日本文部省国费奖学金，中京大学101个留学生中只有一个名额，结果，栾斌不负众望考了第一名，成为该校第一个国费留学生。每个月有188500日元的奖学金，相当于一个刚刚走上工作岗位的大学生的工资，有了这笔钱，足以让栾斌安心于自己的研究成果。

十年寒窗无人问，一举成名天下知。从1992年到2002年，栾斌在中京大学苦读整整十年。他的博士论文《关于技术转移、发展与核心能力形成的研究》长达44万字，获得了日本经济研究会研究成果一等奖。这个一等奖，还创造了三个"唯一"：唯一由一个人写作，作者是唯一还在校的学生，更是唯一一个中国人。栾斌成为中京大学成立80年来第一个经营学博士。2006年，日本文部省特地拨款400万日元出版了这本书。该书出版后，在日本经济界引起轰动，日本《读卖新闻》对此进行了全面报道。

2002年4月，栾斌进入丰田汽车集团公司生产管理部，担任高级项目经理，主要负责新产品从开发到生产到营销的流程管理。

除了自己的本职工作，栾斌还担任着在日华人汽车工程师协会会长。该协会集中了500多名在日本各大汽车公司的华人工程师。该协会成立5年，被中国驻日大使馆评为"最活跃汽车华人团体"。5年中，为国内汽车行业输送了60多名汽车专业人才，其中6名入选中国国家"千人计划"。

中华人民共和国成立60周年之际，栾斌作为海外高层次人才和留学回国人员代表，应中组部邀请参加国庆60周年观礼活动，并受到了党和国家领导人的接见，握手合影。

从围棋发轫，到世界第一大汽车集团的一名高管。在栾斌看来，围棋的黑白世界，和企业的经营有着"异曲同工"之处，都要"顾全大局，舍小求大"。

十一、怀念热爱围棋文化的挚友江志鑫

江志鑫（1946—2013 年），扬州市棋类协会副秘书长、裁判长。国家一级围棋裁判，业余三段。

"文化大革命"时，江志鑫作为知识青年到洪泽湖畔插队落户。在农场期间，有人写了一首打油诗夸赞他："洪泽湖畔稻花香，农场才子说老江；琴棋书画寻常事，且看粉墨沙家浜。"江志鑫棋下得好，字写得好，歌唱得好，舞跳得也好，人称"扬州才子"。他看似迂腐腾腾，其实最为方正；有时潇洒无羁，正是书生意气。"文化大革命"结束后，他回到扬州。

江志鑫酷爱围棋，他年轻时下围棋是"于无声处听惊雷，谈笑间樯橹灰飞烟灭"。只要一拿起棋，他就"坐隐浑如禅定人，世间戏象自争新"。他不贪不嗔，有取有弃，深得围棋个中三昧。2007 年他参加扬州围棋代表团，访问了日本唐津市。

江志鑫热心扬州围棋文化的研究，撰写和发表了许多有关围棋的著作和文章。江志鑫退休后，更是笔耕不辍。撰稿出版了《棋人棋事谈》《走近围棋走进扬州（扬州本土围棋入门教材）》等，与别人合作出版了《围棋入门》，他在《围棋天地》等报刊，以及新浪博客发表了大量围棋历史探讨文章和围棋赛事报道，如《围棋与扬州》《从白棋先走说起》《扬州弈人六十年掠影》《废除座子的先驱——陈子俊》等文章。为扬州围棋事业做出了突出贡献。

十二、老干部围棋翘楚陈君孝

陈君孝于 1933 年出生，曾任扬州市政府秘书长，广陵区、维扬区区长、

化工局局长。他酷爱围棋，1988年扬州市棋类协会成立后任棋协副主席。

陈君孝的母亲会下围棋，可以说他出身于围棋世家。20世纪80年代前，由于工作繁忙，很少有时间下棋。90年代后下棋渐多。退休后，每天必下围棋。棋手公认他的棋力在市里干部中仅次于姚伟鼎，棋的大局感非常好，中盘战斗力量较强，精于计算，曾多次代表江苏省参加全国老干部围棋赛，获得过第八名和第十名的好成绩。在扬州市的老干部围棋赛中，十次有九次夺冠。只要姚伟鼎不参加，市里老干部围棋赛的冠军非他莫属。

扬州市成立老干部局后，他成为老干部围棋队的筹划和组织者。老干部围棋队由接近二十人组成，每个月活动两天。坚持十年，活动不辍，热情不减。

十三、"90后"围棋小将孙力

孙力，江苏扬州高邮人，男，1991年出生，2006年，升为职业三段。2008年，升为职业四段。现为职业五段。

孙力曾获第3届"富士通杯"少年职业围棋赛亚军，第八届招行杯八强，2008年第10届阿含桐山杯八强，2009年金立手机杯全国围棋甲级联赛第四轮，娇子主将孙力四段对重庆主将古力九段爆冷，中盘胜古力。2011年第三届BC信用卡杯世界围棋公开赛本赛32强战，孙力憾负李世石。弈至286手终局，黑方2目半之优取胜。小将孙力虽然落败，但表现出的实力和胆略都令人赞叹，可以说是虽败犹荣。

孙力小时候就喜欢下棋，6岁时，他利用暑假第一次开始系统地学习围棋。2002年，孙力前往北京成为清风少年队的一员，接受了专业的培训。孙力回忆道："那时，每天训练差不多8小时，经常与国少队的队员一起训练，一有机会，教练还带我们到聂卫平道场、郑弘道场等地方下对抗赛。那段时间，我的棋力得到很大的提高。"2004年孙力定段成功。

初出茅庐的孙力风头很劲，国内名手胡耀宇七段和2003年富士通杯亚军宋泰坤八段，以及曾在中日围棋擂台赛过关斩将的刘小光九段都曾败在了孙力的刀下。谈到这些，孙力还是谦虚地表示与职业高手各方面还有很大的差距。

2016年，孙力回扬州参加第28届棋协杯围棋精英赛，获得冠军。给他最大的感触是扬州围棋的氛围非常好，他说："没想到扬州这么多五段小孩都来参加，而且还有不少职业选手，通过比赛我感觉扬州的围棋氛围非常好，水平在业余比赛里也算顶尖。"谈及比赛，孙力表示本次比赛发挥得还算稳定，能够获得冠军也是扬州的荣誉，"这是我第一次回扬州参加棋协杯，我想今后还会再参加，这次比赛的对手都很强，我也愿意通过自己的努力为扬州围棋做一点事，让扬州围棋发展得更好"。

在这次比赛后，孙力被扬州市棋类协会授予顾问称号。

十四、扬州第三位职业棋手黄昕

黄昕，1996年出生，江苏扬州人，中国围棋职业棋手。2011年全国围棋定段赛U17组，黄昕以9胜1负的成绩提前3轮成功定段，2013年、2015年、2018年先后升为三段、四段和五段。2017年8月24日，在"梦百合杯"世界围棋公开赛16强战中，江苏围棋队的黄昕爆冷击败了韩国天王李世石。

黄昕是仪征棋院培养的职业棋手，是第一位被推荐到北京聂卫平围棋道场学习的棋手，还享受每年6000元的经费资助。2009年初，黄昕前往葛玉宏道场，多次战胜职业棋手，而且在让先的情况下战胜过聂卫平九段。

扬州市棋类协会主席任杰曾说："黄昕的成功是十年磨一剑，20世纪80年代的栾斌，21世纪的孙力，再到今天的黄昕，扬州基本上10年就出一名职业棋手，这说明我们在围棋的基础培训上取得了成功。"

第六章　　围棋著述撷英

谢安与扬州

扬州市棋类协会原副秘书长　　江志鑫

公元383年发生的淝水之战，是影响中国历史进程的一次重要战争。前秦苻坚的80万大军与东晋谢安的8万军队在淝水之畔的洛涧（今安徽怀远）交锋对峙。双方兵力相差悬殊。战争的结果是弱军战胜强军，谱写了中国古代战争史上辉煌壮丽的一幕。

众所周知，东晋军队的最高指挥官谢安一边下围棋，一边指挥着这场战争。谢安和谢玄在决战的前夜跑到别墅里面下围棋，并用别墅做赌注以决胜负。围棋赌墅这件事，让人们看到一个栩栩如生的伟大的军事统帅的光辉形象。以至于唐、宋、元、明、清的一千多年中，不断地有人在诗歌中咏叹这件事。

现在的问题是谢安的指挥部设在哪里呢？这座别墅在哪里？实际上这两个问题是一个问题，指挥部和别墅不会相离太远。

有人说，这不应该成为一个问题。谢氏家族住在东晋的都城建康（今南京），唐朝诗人刘禹锡在《乌衣巷》这首诗里面已经告诉我们一个十分明确的地址："朱雀桥边野草花，乌衣巷口夕阳斜。旧时王谢堂前燕，飞入寻常百姓家。"那么，谢安作为当时朝廷的宰相一家住在建康（今南京）城里的乌衣巷，谢安的别墅，不就在今天的南京城外吗？谢安淝水之战前夜下围棋的事情，肯定是在南京发生的。

本文想就这一问题作一点分析。

扬州在东晋政权时期，处在一个什么样的位置：

一、东晋第一重镇——扬州

据《南齐书·州郡志》记载："江左大镇，莫过荆、扬。"

据山东大学王仲荦教授编写的《魏晋南北朝史》："东晋的经济军事重心，就地区而论，主要是在荆、扬二州。两州的户口，占了江南的一大半。就地理和军事的形势而论，自东晋以来，又以扬州为内户，荆州为外阃。扬州是拱卫首都京畿重地——政治中枢之所在。"扬州扼守长江之北，是长江下游长江和淮河之间最大的城市，是东晋首都建康（南京）的门户。在军事上是必然的战略要地。保住江南必然要先守住江北，如果江北尽失则江南无羽翼之护，无法长久保住。京城建康将成为一个不设防的城市。扬州与南京相距只有100公里，"京口瓜洲一水间，钟山只隔数重山"，而荆州与南京相距千里，荆、扬二州对于东晋政权的重要性，不言而喻。

二、南北水路运输的枢纽——广陵郡

自西晋灭吴以后"南方米穀，皆积数十年"（《晋书·陈敏传》）那时的北方连年战争，天灾人祸不断，赤地千里民不聊生，粮食奇缺到处饥荒。西晋政府看见南方有这么多的粮食，便在扬州专门设立了一个机构，命令广陵相督运江淮漕米。

为什么要广陵相办这件事，而不是让荆州、江州、京口或者其他的城市来办这件事？

西晋时期，水上运输已经取代马车，成为长途运输的主要方式。长江水路从扬州向北经邵伯湖、高邮湖、宝应湖、洪泽湖四大湖群进入淮河和黄河，地势平坦，河宽水缓，成为南北物资运输的主要通道。而扬州处于这条黄金水路的咽喉之地。后来，隋炀帝开大运河将这条水路延伸到黄河以北。可以说，在东晋时扬州已经成为全国的交通枢纽。要想打赢一场战争，后勤运输必须得到保证，无论是古代和现代的战争都是这样。俗话说，兵马未动粮草先行。

史书记载苻坚调动的百万大军，延绵千里。运输粮草的大小船就有一万多条。可见，当时的水上运输无论是在经济上，还是在军事上，都有极其重要的地位。而扬州扼南北水上交通的要冲，是万里长江上唯一能够沟通长江、淮河水系的天然通道，全国交通枢纽的地位已经开始形成。

三、水军要塞——广陵郡

东晋军队的构成中，水军是一支十分重要的力量。

史书记载淝水之战前十四年（369年）东晋大司马兼扬州牧桓温率军北伐："水军自清水经过四渎口（今山东东阿东北）入黄河，舳舻数百里，进至枋头（今河南浚县西南）。"

淝水之战二十年后，荆州军从江陵浮江东下，结果在峥嵘洲（今湖北武汉的新洲双柳地）打了一仗，水军主力两万多人被北府兵击溃。

从这两次的军事行动中，我们可以看到东晋的水军规模是相当可观的。水军的人数有数万人之多，水军的船只延绵数百里，至少在千艘。在长江中下游无论是进攻还是防守，都必须拥有一支强大的水军。水军的布防和运动，后勤的运送补给，从长江到淮河必然要从扬州经过，从洪泽湖边的盱眙出发，沿淮河西行七八十公里，就到了淝水之战的主战场。控制南北交通，打通水上通道，控制长江和淮河，必须先控制扬州。

淝水之战发生时，东晋参加会战的，不仅有步兵和骑兵，应当还有一支强大的水军。水军的基地，西面应当在扼长江上游和洞庭湖水系的荆州以及扼鄱阳湖水系的九江，东面必然是扼江淮水道枢纽之地的扬州。特别是战争发生在长江中下游以北时，江南的柴草粮食等军需物资进入淮河水系，扬州几乎是唯一的通道。

四、北府兵的军府（司令部）——扬州

公元377年，东晋政府任命谢玄为南兖州刺史，负责筹备组织一支新的军队。这支军队的人数大约有六七万人，主要由聚集在镇江的北方南迁居民及其子女组成。因为当时的镇江叫北府，所以这支军队的名字就叫北府兵。时间不长（不到一年）谢玄就将北府兵的军府（相当于今天的军区司令部），从京口（今镇江）移到扬州。

为什么选择在镇江来组建这支军队？因为镇江一带是南迁居民的最大的聚集地。据谭其骧教授的统计，自东晋初年至末年的一百年间，南迁人口有九十万，以侨寓今江苏为最多，约二十六万人。而侨寓镇江的就有二十二万人。当时镇江的外来人口的数量超过了本地人口。北府兵从组建到淝水之战前夕，经过七年的严格训练成为一支战斗力极强的军队。北府兵的士兵人人盼望早日打回老家去，收复失地重建家园。东晋军队参加淝水之战的步兵和骑兵大约有十万人，其中80%是北府兵。北府兵所起的核心主力的作用是史家一致公认的。

从以上四点我们可以看出，从政治、军事、经济和地理位置的角度来考虑，扬州是东晋首都建康的北大门，是军事上的要塞，经济上的重镇，南北交通的枢纽。战略的重心必须放在扬州。淝水之战的指挥部应当设立在扬州，不能放到长江以南的京口或建康。如果指挥部放在建康，那说明战争态势已经到了全线防守无力反攻的地步。

谢安（公元320—385年）陈郡阳夏（今河南太康）人，西晋末年发生八王之乱，再加上王弥、石勒起兵，匈奴攻逼，搞得"中原萧条，白骨涂地"。司马政权南迁，世家大族南移。谢安的伯父谢鲲，渡江后任豫章太守，谢安的父亲谢裒为太常卿。其从兄（谢鲲子）官至尚书仆射、镇西将军，谢安兄为安西将军，豫州刺史。谢氏一门多人都是东晋政权的重臣，长期担当要职。

可是谢安本人在南迁后却一直隐居山林，不问政治。东晋政权几次三番请他出山，他都"高卧不起"，甚至对他采取"禁锢终生"的高压手段相威胁，他都漠然无动"吟啸自若"。东晋穆帝永和九年（公元353年）的三月三日上巳节那天，三十三岁的谢安与大书法家王羲之等四十一人，在山阴（今浙江绍兴）兰亭修禊，每人作诗一首汇成诗集，由王羲之作序，这就是被誉为我国第一行书著称的《兰亭集序》。

过了十年，谢安四十多岁的时候，谢氏在朝廷已无人担当要职，他才开始步入政坛。由侍中而吏部尚书、尚书仆射、后将军、扬州刺史、中书监、录尚书事。当年纪幼小的孝武帝即位时，谢安已经当了宰相，史书称"安更独纵朝权，政由安出"。谢安成为东晋政权的决策人物和栋梁之臣。鉴于北方前秦苻坚对南方东晋政权咄咄逼人的态势，公元377年57岁的谢安拍板决定组建北府兵。七年以后，谢安指挥的东晋军队以少胜多，以弱胜强，取得了我国古代战争史上著名的淝水之战的胜利。谢安也得以名垂千古，流芳百世。淝水之战后不到二年谢安得病去世，终年65岁。

谢安的一生可以分为两个阶段：四十多岁前隐居山林是第一个阶段。出仕从政直至去世是第二个阶段。前一个阶段他"高卧东山"，这个东山是指今天的浙江绍兴、上虞一带。那里有一个面积数千亩地的谢氏私人大庄园。庄园里有山有水，他一直在庄园里隐居，过着"世外桃源"的生活。从政后他的活动以朝廷为中心，住进了位于乌衣巷的谢氏府第。成为东晋政权"顶梁柱"的人物。

但是，有两个因素决定了谢安不会常住建康。

其一，当时的东晋政权充满了外患和内忧。外患，是北方少数民族政权的进攻，特别是前秦政权的苻坚口出狂言"挥鞭塞江"，对东晋政权的安全构成了巨大的威胁；内忧，东晋王室与南迁世家大族的权力矛盾、外来移民与本地居民的矛盾、"荆扬之争"的矛盾，错综复杂地交织在一起。谢安不是处在一个太平盛世，他当的不是一个太平官。

其二，谢安四十岁以前一直隐居不出，他对从政不感兴趣。后来他一改初衷毅然出山。作为一个杰出的政治家和军事家，他明白自己肩上的责任，他要有一番作为。他不会坐镇朝廷发号施令，他是一个事必躬亲，励精图治的人，他一定是经常到外地视察、巡防、检查、督导，以国家的长治久安为己任。

那么，除了建康，他去得最多的地方必然是扬州。他数度当过扬州刺史、广陵相。北府兵的军府在扬州。特别是在淝水之战前后，军队的布防与调动、战略的筹划与决策、后勤粮草的供应与安排，他不会离开扬州一步。谢安从政多年，住在扬州的时间，应当比在建康的时间还要长。谢安长期居住在扬州，扬州城里谢府宅院，当然，他也可以住在北府兵的军府里。在扬州城外的郊区山林之中建一两处别墅，是非常自然的事。当然，这个别墅与现代意义上的楼房别墅是完全不同的，可能只是山涧小溪旁的几间草屋而已。唐代的诗人在咏叹这件事时运用的字眼是"草堂棋赌"，这说明在那个时候的别墅一般都是草房。

根据上面的分析，淝水之战前夕，东晋军队的指挥部是设立在扬州，距离淝水之战的主战场有200多公里的路程，换骑快马只需一天的时间。谢安和谢玄在淝水之战的前一天晚上来到别墅里下围棋，充分展示了决战前夕，指挥若定的统帅风采；下围棋时又用别墅来一赌棋局的输赢，实际上是一赌这场战争的胜败，从中我们可以看到谢安对打赢这场仗有着必胜的信心。这种泰山崩于前而色不变的伟人性格，胸中自有雄兵百万的光辉形象，让后世千年，不断咏叹。

根据1979年出版的王仲荦先生编著的《魏晋南北朝史》第357页的叙述："谢安在淝水之战胜利之后，进位太保、太傅，都督扬江荆司豫徐兖青冀幽并宁益雍梁十五州军事，声望极高，因此招致王室的猜忌，主相之间渐渐隔膜起来。他于是请求北征，出镇广陵，实际上是在孝武帝同母弟会稽王司马道子的排斥下，被迫离开朝廷。不久安病死。"

据吕思勉先生编著的《两晋南北朝史》第246页："（谢）安以（司马）道子专权，奸谄颇相扇构，出镇广陵之步丘以避之。"（步丘，今江苏江都市之邵伯镇，邵伯位于四大湖群最南端与进入长江河道的交汇处，很可能是当年东晋水军司令部所在地，离扬州仅十几公里的路程。）

淝水之战后一年左右，谢安就被排挤出朝廷。用今天的话来说，就是不在朝廷上班了。到哪里去上班呢？到扬州上班。并且是他主动请求镇守广陵。这里的"请求北征，出镇广陵"八个字很关键。请求北征是准备打仗，还不是打小仗，是要打大仗。出镇广陵，就是将指挥部设在扬州，这个战争的司令部谢安认为必须设在扬州，而不能放在京口，或者其他任何地方。就像一年前东晋倾全国的军旅与前秦苻坚的数十万大军，在淝水大战时一样，指挥部也是设在扬州。他生命的最后一段时光也在扬州，但是，由于东晋王室的不信任、不配合，他无法实施北征的作战计划。

据史书记载，谢安去世前四个月还在扬州做了两件大事：一件是筑邵伯埭（拦湖大坝，今邵伯闸的发端）；另一件是建步丘（今邵伯镇）新城。这里是控制江淮水路的咽喉之地。这两件事是东晋水军建设的重大举措。谢安深深地知道，维持一支强大的水军，无论是北伐中原，施展统一中国的宏图大业；还是对于东晋政权的长治久安，都是至关重要的。

谢安从"独纵朝权，政由安出"，到被排挤出朝廷；从叱咤风云到郁郁不得志（不能一气呵成完成统一中国的大业），再加上年事已高，时间不长，即一病不起在扬州去世。

在今天的扬州城里有一处谢公祠遗址（可能是北府兵军府遗址），在邵伯湖边的邵伯镇上也有一个谢公祠（可能是东晋水军司令部遗址）。这固然是为了纪念他指挥淝水之战的丰功伟绩，但是与他多年在扬州的生活，最后在扬州去世也不无关系。谢安进入东晋权力的核心后，绝大部分时间都是在扬州度过的。

综上所述，1628年前，谢安在扬州一边下围棋，一边指挥东晋的水陆大军，战胜了几乎十倍于自己的苻坚军队，取得了淝水之战的辉煌胜利。谢安谱写的这个流传千年、脍炙人口的浪漫而又神奇的故事，于情于理都发生在扬州这片土地上。

扬州棋室百年

扬州市棋类协会原副秘书长 江志鑫

在网络走进家庭的今天，人们坐在计算机电脑前就可以和远在千里的素不相识的棋迷手谈起来，但还是有人喜欢到棋室里与人面对面地下棋，这样显得更有情趣。网络的普及也不过是最近十年的事，在过去没有网络、没有电视，甚至没有报纸，没有电话的年代，棋室是棋迷们经常去的地方，老一辈的许多著名棋手就是在棋室这样的环境里历练成长的。

从棋室的变迁，也可以窥见这个城市棋史的变迁，和城市面貌的变迁。清代扬州有没有棋室、经营的状况如何，我们现在还没有找到这方面的信息和资料。从清末民初到现在的一百年间，扬州有过哪些棋室，这些棋室在什么地方，是什么人在经营，延续了多少年头？其状况、规模、人物是什么情况？这对我们了解扬州百年来棋类活动的脉搏是有所帮助的。

一、陆野茶楼

陆野茶楼在埂子街（过去叫多子街）与甘泉路的交会处，北向对面是南柳巷、大儒坊陆野茶楼的主人唐善初是晚清民初在全国享有知名度的扬州籍的围棋名手.在段祺瑞将日本棋手高部道平约到南京，与中国南方围棋高手对阵时，他是扬州派出去的三个人之一。

唐善初的祖父是太平军石达开手下的一名战将，使用的兵器是双铜，太平天国运动失败后，他隐居乡间，后来到扬州定居下来，到了唐善初的父亲这一辈，已经在扬州开了三家茶室，其中包括埂子街头的陆野茶楼，唐善初出生在扬州，他的父辈兄弟之间为收藏祖辈的双铜，反目为仇，数十年不相往来。

陆野茶楼交给唐善初管理时，其已经迷上了围棋，他在茶楼摆上许多盘围棋，扬州城里的围棋手都成了陆野茶楼的座上客，如陈子俊、王彦青等人。外地来扬的围棋名手也大都在陆野茶楼里交流切磋，继唐善初之后另一个崛起于中国棋坛的扬州青年棋手汪芍亭，就是在陆野茶楼里得到唐的提携脱颖而出。

唐善初成名后，他经营的陆野茶楼成为扬州棋人的会集中心。他的精力和心思都花费在围棋上，经常去南京、上海下围棋，导致茶楼经营无方，晚年身体多病，陆野茶楼无法维持，被后来居上的公园棋室取代。

陆野茶楼的围棋活动大约在1895—1920年间，前后有20多年的时间。

二、公园紫来轩茶室

"民国初年没有全国性的围棋组织，也没有由国家创办的棋室、棋院，重要的围棋交流通常只能在供来客对局的大小茶楼。这些茶楼或设于市区通途，或借用公园一角，或选择风景地区，尽可能为棋手提供适宜切磋棋艺的环境。"（摘自《中国围棋史》），如北京的"来今雨轩"，上海福州路的"天蟾茶楼"，南京的夫子庙"得月楼"等。

1911年，扬州各界商业集资，在小东门桥北，小秦淮河西的旧城墙废墟处的十余亩地上建成公园，大门面对大儒坊，园门面对小秦淮，门前跨板桥，园中北部有一紫来轩茶室，座位雅洁，环境清幽，前后两进屋子，每进三开间房屋，前进屋内置放方桌十余张，桌上纸画的棋盘和围棋子。

紫来轩茶室由一姓杨的老板管理，其在家弟兄排行第四，人们就称他为"杨四"。茶社制作包子、点心，其夫人锅上锅下，端茶送水帮助管理。由于她长得颇有几分姿色，徐娘半老，风韵犹存，来下棋的人戏称她为"茶炉西施"。还有一个驼背而瘦小的胡姓老者协助管理，来紫来轩下棋的人都称他为"胡叟"。

其时棋界有下彩棋的习惯，每局棋的胜负按赢棋子的多少账，输得越多钱付得也越多。彩棋总是杀得昏天黑地，棋局非常精彩，能杀的棋绝不轻易放过，能小胜的棋还要争取大胜。输赢在棋局结束后并不立即兑现，而是由胡叟记账，一年中结账三次，第一次在端午节，第二次在中秋节，第三次在春节，由胡叟将记账的结果告知各棋手，相互结清。

公园紫来轩茶室的围棋活动从1920年计算起，一直到中华人民共和国成立前夕，前后有近30年的时间，但其中日本人占领扬州期间，停业了好多年。

三、万象棋室

过去的棋室都叫茶楼、茶室，以棋养茶。万象棋室是第一个直接用棋的招牌经营的棋室，也兼卖茶，以茶养棋。其地点在扬州老城区中心的广陵路上，坐南朝北，对面是扬州文化馆（现在叫广陵群艺馆）。门面不大，进门靠墙顺着一张长条桌，桌上放六七盘象棋。进一小门转身进一间十几平方米的屋子，内置围棋六七盘。屋外有一个狭长的小天井，小屋与天井之间的窗户均装玻璃，十分安静，是为前室象棋，后室围棋。

万象棋室的主人也是经营者，姓尤名紫轩，曾开过药店，经营销售西药，与斜对门的同松药店经营中药正好互补有无。后因经营困难，转而开设棋室，棋室收费是收输不收赢，即输的人付盘资，赢的人不付账。我记得那时下一盘象棋输了需交给老板的盘资是一分钱。正是这种独特的收取盘资的方式，吸引了许多高手名手前来，因为他们下棋既可以不花钱，还可以充分展示自己的才华。同时也吸引了许多低手和初学者前来，"学莫便乎近其人"，在这里可以学到很多东西，迅速提高自己的棋力。

尤紫轩给我留下一个很深刻的印象是他戴的一副眼镜。这是一副双光眼镜，上面三分之二是近视片，下面一小片是老光。在我的记忆里，他是扬州城里唯一使用这种眼镜的人。他对微雕很有研究，戴这种眼镜便于操刀。

万象棋室里的棋盘，都是尤紫轩自己画在老黄色的牛皮纸上。那个时候使用的笔主要有三种：铅笔、钢笔、毛笔。他用的是毛笔。他在毛笔的下面垫上一支未削过的铅笔，铅笔贴着直尺和纸面走，压在铅笔上面的毛笔便能画出一条笔直的墨线。线条的粗细由毛笔伸出的多少和笔运行角度的高低决定。我在孩提时代无意之中看到了这一小技巧，在后来的棋类比赛中得到了运用，我用这种办法放大出来的成绩表，不但质量好而且速度快。

四、二十年无棋室

自1966年"文化大革命"开始，到1988年的市棋类协会成立的二十二年间，扬州城区可以说没有一个像样的、正规的棋室。"文化大革命"十年是不许下棋的，直到党的十一届三中全会召开以后，围棋活动才逐渐恢复。人们在闲暇之时可以下棋了。但是在全国拨乱反正，百废待兴的大前提下，下棋这件事是不能作为重点被提上日程的。直到20世纪80年代中期，中日对抗赛中，中方成绩迅速提高，后来在中日围棋擂台赛，中方又连续取得三连胜，全国掀起了一个几千年围棋史上从未有过的围棋热，围棋人口成十倍地增加。

要下围棋怎么办？只有往名棋手家中跑，往往出现这样的情况：一盘围棋两个人下，周围一圈人围观，说观者如堵，真是恰如其分。像著名的老棋手杨小平、黄福荣、傅兆裕的家中就经常出现这样的情况。当时在住房条件不宽敞的情况下给这些老棋手的家庭也带来了很多不便。

笔者曾在《扬州日报》附刊上写过一篇呼吁有关方面关心棋室建设的文章《安得棋室几小间》。棋类协会主席姚伟鼎先生当时任市外办主任，通过多种渠道希望政府成立扬州棋院，经过多年的努力未能见到成果。20世纪80年代中期在体委任棋类教练的李翰书，在群艺馆三楼租了两小间房屋，请老棋手颜毓仁管理，面积不大，可以放十几盘棋，但是不知什么原因，时间不长便关门了。后又与小东门附近一吴姓住户，利用其一套住宅共同开办"小秦淮棋室"，开办之初还举行了一场比赛，造声势扩大影响。后来在继续开办棋室的权利和义务中，未能取得共识而不了了之。

总之，从1966年"文化大革命"开始到1987年棋类协会成立之前，二十年间延绵扬州八十年之久的棋室中断了，扬州城区出现了二十年无棋室的空白期。

五、北矢巷棋室和黄福荣棋室

北矢巷棋室在北矢巷6号，是晚清时代扬州四大名庐之一的明庐所在地，如今，明庐当年的景致已荡然无存，只能看到门楣上镶嵌的砖雕"明庐"两字，屋檐口高窗上落满灰尘的当年从法国进口的彩色玻璃，以及廊檐木栏上油漆全无，只剩下灰色木雕篆体"明"字，依稀可以想象出当年名庐的气度和风采。明庐现在的主人——姜伟，腾出两间只能挡雨不能遮风的小屋，放上七八盘围棋，让棋迷来过把瘾，条件可以说简陋到不能再简陋了。

凡扬州下围棋的人几乎都知道北矢巷棋室，为什么其名声会如此之大呢？我想主要原因有三个。

其一，北矢巷棋室存在的时间长，前后算起来超过了三十年，按照姜伟先生回忆，他正式对外宣布棋室向公众开放是在1987年底，至今已整整二十年。但是在20世纪70年代中期，扬州的名棋手如姚伟鼎、徐文龙、黄福荣、傅兆裕、朱立强、谢平实等人，下棋没有去处，姜伟先生就腾出屋子，放置几盘围棋，可以同时安排8~10人对局，比起杨小平、黄福荣家中只有一盘棋的地方要宽敞许多，也热闹许多。特别是在杨老与黄老相继过世后，北矢巷棋室更是棋迷趋之若鹜的地方，所以从1975年算起，至今已超过三十年了。

其二，坚持三十年免费对棋迷开放。

姜伟先生虽然没有房租的负担，但是他本人没有工作，没有收入，还能坚持向公众开放不收费，如果要泡茶的话也只收一元成本费，三十年如一日，能这样做实属难能可贵。如果不是出于对围棋的热爱，是不可能这样做的。他的两个儿子姜筱、姜筏围棋下得也相当不错，大约相当于业余四段的水平

其三，邗江棋王诞生在北矢巷棋室。

扬州城坐落在邗江县，邗江县的政府机关都在扬州城里，现在的邗江县已经改成扬州市的一个区。

20世纪80年代，中国围棋史上最大的围棋热席卷扬州，许多下象棋的人也迷上了围棋。当时扬州的邗江县有两个围棋、象棋都下得都很厉害的人，一个叫纪宝成，另一个姓王，人称"王胡子"；到底谁是"老大"，不知道，因为他们从来不交手。结果在众多棋迷的策划下把他们二人邀请到北矢巷棋室下了一盘围棋"一决雌雄"，胜者称为"邗大"，败者称为"邗二"。结果纪宝成成为"邗大"。

黄福荣先生是知名的老棋手，20世纪80年代初期，他看到很多人想下棋没地方去，便把蒋家桥的住房腾出两间，可以放十几盘围棋，他也是不收费用，免费向棋迷开放，只可惜时间不长，大约两三年，蒋家桥便拆迁了，不久黄老去世，棋室也只能作罢了。

六、教场棋室

教场棋室与其他的棋室有三个很大的不同点：第一，其他的棋室只有一个门进出，而教场棋室从东西南北四个方向都可以进入棋室；第二，其他棋室围棋、象棋兼而有之，而教场棋室只有象棋没有围棋；第三，教场棋室严格地讲，不是棋室，应当叫棋摊。在教场里经营棋摊的大约有四五个摊点，集中在教场南头，每个摊主弄一块铺板一搁，放上三五个盘棋就开张了。其中一个姓朱，人称老朱。还有一个姓杨，人称杨胖。

50年前，下象棋的人要大大超过下围棋的人，所以教场棋室的场子经常客满。象棋上带彩的风气早已有之，在教场里比较常见。四五个摊点加起来，有20盘棋同时下，那就很可观了。在相当长的时间里（至少有50年），教场成为扬州象棋活动的中心。扬州象棋界的一流高手大都在这里展示过自己的身手。教场棋室从新中国成立前就很兴旺，一直到"文化大革命"结束再也没有恢复过。

扬州除了教场，还有其他几处小型象棋室。如教场南头醒民书场旁边一家，以及埂子街头三元浴室对面一个算命先生开的一家，这两处也不过三五盘棋的样子，其影响也不能与教场相比。

七、工人之家准棋室

"文化大革命"后期，市工人文化宫的工人之家大楼落成后，辟出一间超200平方米的大厅作为活动室，放了十几张小方桌，要下棋的人可以凭工作证向管理人员借棋子和棋盘，下完后再归还。

作为一个棋类活动室可以说条件相当好，非常宽敞、明亮、干净、安静，桌凳棋具一应俱全。但是为什么不称其为棋室，而是准棋室有以下三点原因。

其一，室内除了围棋还有扑克牌、图书、军棋、跳棋、斗兽棋等。

其二，活动室的服务对象是在职职工，凭工作证借棋具不收费。

其三，最主要的原因是它每天只在下午2：00—5：00开放，到点准时摇铃催还棋具，这完全不符合棋类活动的特点。这个管理模式的结果是，稍微有点水平的棋类爱好者去了一两次后就不再去了。所以工人之家活动室在扬州棋类爱好者中的影响很小。

八、市棋协活动室

1988年，扬州市棋类协会成立，开创了我市棋类活动的新纪元，棋协主席姚伟鼎从江苏省棋院争取来一笔资金投入广陵体委与教育局盖的楼中，取得一间80平方米的房子的使用权，二十年来，该棋室吸引了许多棋迷前来交流切磋，棋室每年还举办各种形式的棋类比赛，前后购置棋盘棋子500多副，比赛用钟300多台。

按面积来看，渡江路棋类俱乐部最大，楼上楼下有近200平方米，现在的市棋协活动室的面积只有80平方米，排在第二位。但其发挥的作用要大大地超过前面的所有棋室，过去的渡江路棋类俱乐部有市体委的经费投入，并设置专业管理人员，实际为政府下属操办的一个机构，现在的棋协活动室包括棋类协会在内都得不到政府的预算内下拨经费，完全靠棋协自身的筹划运作，开展多种棋类活动，做到以棋养棋。目前，棋协的各种设施包括教学用具——棋子、棋盘、赛钟、电脑都是通过棋类活动的积累所置办的。

2008年，新上任的市棋协主席任杰先生，同时也是桥牌协会的主席。桥牌协会的活动室和棋协活动室一样大，就在棋协活动室的隔壁。桥牌活动一周只有两三次，人数不多，每次大约四五台桌子。春节以后任杰先生筹措了一笔资金，拆掉隔墙，将两家并为一家。重新装修，添置柜式空调两台，音响一套。活动室面积扩大一倍，面貌焕然一新。现在可以安排150人以下规模的中、小型比赛。

活动室的门口挂上的牌子有：《扬州棋院》《扬州市棋类协会》《扬州青少年棋类活动中心》《扬州市职工棋类活动中心》。

十九道经纬线上的博弈

作家　王资鑫

扬州文化，离不开琴棋书画；文化扬州，名片琳琅满目，琴棋书画是当然的四张。至少，有清一代，琴有广陵琴派，书有圣手伊公，画有扬州八怪，棋有广陵棋派。这里的棋，专指围棋，因为只有围棋，才当得起中国人心目中的国棋。

古人说，围棋者，尧舜以教愚子，说明夏商周三代，围棋已经降世。其后，围棋在行进程中，又衍生出许多"艺名"：手谈、做隐、黑白、方圆、玄素、纹枰……这些文绉绉的爱称，都昭示着围棋是一项文化、雅致的体育文娱活动，故有国粹之誉。扬州人酷喜围棋，在全国堪称一绝，这与扬州历为繁华之都有关。2500年来，扬州作为中国东南经济文化的中心，城市功能，也许特别发达，催生出作为城市附加物围棋活动的特别盛行。

现在，我们不妨拂去历史风云，回眸昨天发生在扬州围棋盘上的五大特色与四大种类：

第一局　扬州古代围棋的五大特色

1. 棋风盛

扬州围棋自春秋战国至秦汉，一直盛行不衰。西汉文帝、景帝、武帝、昭帝无不好围棋，上行下效，流风所及，甚至有研究围棋博弈理论的专著《大博经行棋戏法》二卷行世，于是作为诸侯国都广陵城的大臣也无不会围棋，自然迅速流行于百姓；三国两晋南北朝，是围棋史的变革时期，十九道棋局定性与图谱的出现，使围棋更为普及；隋唐直至宋元，在举朝疯狂的围棋热中，号称"扬一益二"大都市的扬州城，围棋的博与弈兼容共处；《二刻拍案惊奇》《儒林外史》《红楼梦》中关于围棋的描写，摄录了明之后江淮地区博弈的势头未减。

至清，扬州城内棋风至于鼎盛，以有许多人的真实记录为证。比如，康乾间人王锦云的《扬州忆》说"扬州忆，都会驻高轩。暮鼓晨钟三义阁，夜棋春酒四宜园。"而扬州郊区霍桥人倪橙瀛的"集贤聚宝复中华，四子棋将二子夸；刘大拳头终日在，非徒观局吃闲茶"则活脱脱描写出一位沉湎围棋、观棋过瘾的棋痴。

民国年间扬州的棋风如何呢？扬州近代作家洪为法在《扬州续梦·惜余春》中告诉我们，他在茶楼看到"老顾客每天在那里极悠闲地看报、吟诗或着棋"；而在富春茶社，茶客"每天在花丛中品茗、敲诗、着棋、绘画"。即便在宗教场所，也能听到棋声敲击。吴宏隽《过天宝观》诗："古观仙人去不归，松阴小阁日微微。双童隔院敲棋子，惊起闲花满砌飞。"这说明其时扬州虽然已经没落，但围棋之风依然兴旺。

2. 棋手众

西汉起，扬州360行之外，新添了一个行当——职业博弈棋手大量出现，而且作为赖以生存的手段，还是个热门职业，一时间，吸引投身此道者趋之若鹜。

下棋原为"稻粱谋"，于是，许多扬州人家将棋手作为孩子未来的职业选择。怎么培养？从娃娃抓起，明神宗时的扬州神童方渭津就是其中之一，他开蒙时，学童们吟诵书经，独他一人桌下布局。他父亲也有围棋修为，每至晨昏，父子俩沿溪散步，泉水时缓时急。父亲告诉他，棋如泉水，该进则进，该止则止，使他智慧激发，棋艺大进。一次，父亲将他抱坐在膝上，与友博弈，就在难分难解之际，他捏住父亲的耳朵，指点父亲该从何处落子，定能一剑封喉。观棋不语，何况是童言，父亲不屑一听，最终大败。方渭津十三岁名震宇内，平时玩不过来，可当京师棋霸李釜南下与他厮杀时，他一旦面棋，立时如入禅定，信手敌应。立、飞、尖、粘、关、冲、断、顶、扑、夹……好似浑不在意，可是无一俗着，惊得这位宿将说：

"精弈有神解，小渭津仙人下凡！日后攻棋，必成国手！"方渭津成人后，果真投身弈林了。

扬州三元路，纪念着宋代三个扬州状元郎，其中一个叫吕臻。他以龙图阁大学士的身份，打坐开封府，脸虽不黑，但辩讼政绩足可向包拯叫板，人赞吕龙图。其实，他在金榜题名之前，曾靠博弈维持生计。从棋馆走进公堂，从职业棋手变为朝廷重臣，他实现了一个华丽转身，多亏这个转身，扬州历史上，少了个博手，多了位贤吏。

3. 棋技高

扬州弈艺之精，至清代而极，汇扬州而盛，致使扬州名家荟萃，同治进士、主持冶春后社的扬州人臧谷《续扬州竹枝词》"围棋局畔象棋摊，为赌输赢下子难；喷喷在旁痴更绝，袖来双手站来看"，白描了围棋活动在扬城百姓中的普及度，即在民间巷陌，也卧虎藏龙，常有夜晚吹灯熄，空以口诀较短长的画面出现。一位江南棋圣来到扬州郊区，宿于村中私塾，与一童子对弈，打了个平手；他日，他又游扬州寺庙，与一农夫杀了几盘，居然也不能胜。棋圣恭请大名，扬州农夫说，你是我的晚辈，我怎能跟你争胜呢？棋圣落荒而逃。难怪蒲松龄在《聊斋志异》中，写了一个棋鬼看到扬州人博弈，退避旁边，沉溺入迷，忘记自己是个鬼了。

提及棋技称绝者，不能不说大清弈林的一位宗师，人称一龙，即黄龙士，顺治八年（1651年）生，扬州东乡姜堰镇人。自幼学棋，十六岁脱颖而出，少有对手；后来游历江淮，挺进北方，以他的清淡棋风，横扫千军如卷席。举整个大清朝为六大家之首，唯一能与他对垒的是六安人周东侯，俩人大战三十局，时称黄龙周虎。他与徒弟徐星友下让子棋，其时徐星友已是国手，棋力可达受二子，但黄龙士偏让三子，师徒俩大战十盘，史称血泪篇。迄今，日本人还出版了他的《弈谱》，将他尊为棋圣。

4. 棋"丝"铁

角儿是捧出来的，扬州博弈界圣手如云，与"粉丝"们造就的狂热市场空间相关。乾隆年间，两淮盐政使高恒与盐运使卢见曾虽然都是臭棋篓子，但不妨碍他们都是博弈铁杆粉丝。其时，浙江有两位全国围棋顶尖大师，一位叫范西屏，另一位叫施襄夏，二人在嘉兴惊心动魄的一搏，所成《当湖十局》被公认为巅峰之作。一招鲜，吃遍天，引得扬州两位盐官重金延聘范、施二人，活菩萨一般供在府中，三天一小宴，五天一大宴，任务有二：一是"待诏"陪棋；二是研究棋论。《弈人传》记载，范西屏靠对弈"所获金无算"，写了《桃花泉弈谱》；施襄夏写了《弈理指归》，由卢见曾作序，高、卢二官附冀名彰。表面看，棋手开销是盐官买单，实际是盐商掏的腰包。因为，盐商有白花花的银子，银子背后，是白花花的海盐。

5. 棋局多

清代扬州除家庭约博之外，还出现了社会公众博弈专用的场所，或设于街市中心，或设于交通要道，史称"赌局"。博弈职业人"排日在局，以待来者，主人但计局中之胜负，以为抽丰"（《弈人传》）。也就是说，在这博局里，博手靠赢钱安身立命，老板靠收取博彩（头儿钱）以资生计。

自雍乾之后，围棋手还借助旅游东风，在瘦西湖畔广设棋局，以助江山游客雅兴。洪为法在《扬州续梦·湖上游人》写道："有的聚在画舫中斗棋、弄笛、吟诗、作画。"一时间，瘦西湖上的画舫、游舫、宴舫、乐舫、茗舫、诗舫……统统让位于棋舫。船在波里荡着，人在舱里博着，看棋的、博棋的，比游湖的人还多，弈乐园成了一门经济产业。

扬州围棋手还走出古城，迎战于外埠博局。清代有一朝廷官员英星垣在京城琉璃厂设围棋擂台，使博弈成为京官谋取额外收入的手段，这事惹恼了家居扬州大东门的周小松。周小松，晚清十八国手中举帅旗的巨匠，惯从全局着眼，以弃为取，以屈为伸，风驰雷电半世纪，逢人必让两子，几无败局，与前文提及的黄龙士，一个是弈林太白，一个是棋中杜陵，被人誉为"龙起松落，独步大清"。他毅然北上进京，应战打擂，与英星垣博弈，战果如何，惜未见载；但中国围棋史把他称作古代围棋绝唱，却是事实。

第二局　扬州古代围棋的四大种类

第一类　金钱之博

当然，如今的围棋已不是赌博工具。然而，遗憾的是，全国（当然包括扬州）古代围棋却常常被用来行赌，博与弈强行作配，史称"博弈"。此处，博即赌博，弈即围棋。诚如，晚清尚秉和在《历代社会风俗事物考》中写道："古围棋皆赌物"，是围棋的不幸。既然弈是手段，博是目的，就得带彩，这就产生了扬州古代围棋受时代局限的常见形式——以金钱为筹码的博弈，而且，博资特别可观，尤其是明清两淮盐商，作为中国封建社会晚期最大的商业资本集团，富可敌国，自然成为豪博的群体。

《清朝野史》记录了扬州盐商胡兆麟"性酷嗜弈"，盐卖得好，棋下得狠，本也下得大，与同辈对阵，很有些得势侵吞远，乘危打劫赢的杀气，每负一子，就输一两白银，越赌越输，越输越赌，认赌服输，绝不赖账，所以得了个胡铁头的诨号。胡铁头输银子硬气，找对手也硬气，单挑国手范西屏，尽管下的是受二子棋，但是范西屏布局设子，一落盘中，瓦砾虫沙尽变为风云雷电，直杀得胡铁头交战一半，败状已显。于是，胡铁头佯称身体不适，封盘再战；连夜赶往东台，向另一位国手施襄夏请教；然后回到扬州，找到范西屏续盘再战，以施之矛攻范之盾。范西屏见胡兆麟棋风大变，如大海巨浸，含蓄深远，哈哈大笑道："襄夏人未到，棋却先到了。"胡铁头与范、施博弈30余年，总以败北收官，所输金银不知凡几，多亏私蓄丰厚，才不致输尽家底。

更多的博徒就没有胡铁头幸运了，因惨输而倾家荡产的，比比皆是。道光年间的扬州人董文艺，就是这样一个性好赌棋的浪人，本来的小康家庭，被他"以弈倾其赀"，输了个精光；十分潦倒的他在家乡混不下去，西进甘肃，投靠老朋友定将军；"定公念旧笃，资送颇丰"。董文艺收到这笔馈赠，谁料一回乡，恶习不改，又一头扎进赌局，输光了！"归家不数年，清贫如洗，四壁萧然，抚览棋之残局，不禁为之泫然"，这泪是愧疚，是悔恨，不得而知。博弈场中，有赢必有输，甚或遽贫，董文艺当为一警。三国韦曜《博弈论》说："今世之人，多不务正业，好玩博弈，废事弃业，忘寝与食。"赌博自殷商晚期出现后流弊全国，凡沾上赌者，本身"廉耻之意弛，而忿戾之色发"，延及毒化社会风气，腐蚀民族意志，小则败家，大则毁国。用围棋行赌，其危害概莫能外，堪作借鉴。

第二类　江山之博

开启扬州围棋博江山的首战，与扬州大王庙中祭祀的一位吴王有关，他就是刘濞。公元前195年，20岁的刘濞因从汉高祖平叛有功，被其叔父刘邦封为吴王。从他坐镇吴国都城广陵（今扬州）始，励精图治，着意兴邦，煮海水为盐，开铜山铸钱，他统辖的东南三郡五十三城迎来了国富民殷的经济大繁荣！然而就在吴国兴盛了42年后，62岁的刘濞联藩造反，兵发广陵，但只闹腾了三个月就败了，刘濞自己也亡于丹徒之刃，但是他却给历史留下了一个思考：刘濞为什么要发起"七国之乱"？

也许，根本的原因是吴国富了，兵强了，于是骄纵了，贰志了，不再遵藩，不再臣礼了，当割据实力扩张到足以势凌京城时，他便图谋篡夺帝位了。然而此外，且莫忘记还有两根导火索：一根是国恨，汉景帝即位伊始，便下诏削藩，即削夺诸侯封地，收归朝廷，身处中央与地方政权控制与反控制的生死关头，刀已架在脖子上，刘濞不得不用兵了；另一根是家仇，当初，刘濞派其子刘贤进京示敬，并陪伴皇太子博弈。这太子不是别人，正是后来的汉景帝刘启。诚如史游《急就篇》所言"棋局博戏相易轻"，二位太子酒后一旦入局，虽是同族兄弟，但输赢面前，不为金钱，只为争强，难免言辞轻污，失于教让，一个彪悍，一个骄矜，互生嫌隙的后果是致命的，《史记》载道："皇太子引博局提吴太子，杀之"——刘启掷击棋盘活活砸死了刘濞的王位继承人刘贤！司马迁告诉我们，正是因"博，争道不恭"，埋下了刘濞谋反的祸根。谁能料到，一局小小的棋博，赌的竟是一统大汉的安定，一场动乱的爆发！西晋葛洪写道："吴太子致碎首之祸，生叛乱之变，覆灭七国，几倾天朝，作戒百代，其鉴明矣。"确为至理名言。

另一场江山之博发生在东晋。据《晋书》记载，其时北方前秦扩张之野心日益嚣张，为备战需要，经东晋宰相谢安举荐，其侄子谢玄任建武将军，领广陵相，军府一旦落户广陵城，第一件事便是招募丁壮组建了一支八万人的铁军，这就是扬州反抗侵略史上大名鼎鼎的"北府兵"。公元383年，前秦苻坚大肆南侵，号称百万之兵，扬言投鞭断江！一时间东晋朝野震恐，旋即拜谢安为征讨大都督，谢玄为前锋都督。如何以八万御百万？谢玄拜见叔父，请教计策。当着惊惶疑虑的众官员，谢安夷然无惧，若无其事，没有立即调兵遣将，而是向谢玄挑战赌棋，其赌注别出一格。若说，南朝宋文帝刘义隆以"郡"赌棋，梁高祖萧衍以"石"赌棋，那么，谢安赌的便是"墅"，这也难怪，建造豪门大宅，原本是谢安一好，他从扬州东迁邵伯乡后，还连建了七套别墅。这次叔侄赌墅，战成平手，局面上未见输赢。

但实质上，谢安自觉赢了。因为重兵压境之际，他内紧外松，轻描淡写，以超人的定力和过人的胆略，以策略性的赌棋这一独特形式，平定了自己、众人以至整个东晋的不安情绪。

谢玄也自觉赢了。因为他从棋盘上，看到了你死我活，看到了千军万马，看到了一场没有硝烟的战争。叔父仅仅是与自己赌棋吗？不，叔父分明是无声地向自己传授隐藏在棋中的兵家战略战术：有曹公以荆为饵而渔中原，亚夫以梁为委而罢吴楚，项羽以正兵救赵而先破秦，孙膑以奇兵救韩而直走魏。很难说清，坐在棋盘对面的叔父，是棋圣，还是兵圣？是弈手姿态，还是司令身份？其后，谢玄率北府兵在三阿之战中，在淝水之战中，借鉴了谢安在棋盘上的布局起子，边腹攻防，用于战场上排兵布阵，攻城略地，直打得苻坚风声鹤唳，草木皆兵！旌旗首尾千万里，浑不消他一局棋，谢氏赢了。从这个角度来说，叔侄博弈名为赌墅，实际赌的是一场战争的胜负，一个王朝的安危。

第三类 文化之博

文人认为，博弈蕴含了天地人间一切道理与规则，所以文化人的博弈，往往突破物质而进入精神的范畴。

宋初扬州人徐铉就是这样一位以围棋博文化的高手。徐铉不仅官至散骑常侍，更是一位文学家、书法家，与其弟徐锴号称"二徐"，这导致他博弈的特立独行，往往在尽了公事，放衙人稀后，约会一两知己，偷得片刻闲空，杀它一盘，博什么呢？博诗！谁输了谁吟诗。有一次，他与刘乂对弈博诗，输了，即席赋诗一首：《赌棋赋诗输刘起居乂》："刻烛知无取，争先素未精。本图忘物我，何必计输赢。赌墅终规利，焚囊亦近名。不如相视笑，高咏两三声。"展示了在知识分子的博弈世界里，诗棋之道，实属雅洁之举，棋乃智力游戏，仅以争先之术消遣自娱，不在胜败斗气，不为银钱计较，追求的是棋道，比拼的是品德，感悟的是世界，才是他纹枰的终结目的。于是，他才能够心平气和地汇编前朝棋谱，革新记谱方法，所作的《棋势》《棋图义例》《金谷园九局图》成为弈林必读经典，不经意间，他成了围棋设计师与理论家。

在昔日扬州三贤祠中享祀香火的欧阳修，也算得上是一个棋枰大家。他在扬州任太守间，之所以自号六一居士：除了藏书一万卷、金石遗文一千卷、琴一张、酒一壶、老翁一个外，还有棋一局。以酒传花，以棋博雅，平山堂不仅是他的诗坛，也是他的弈馆。在运筹与计谋之中获得心情与涵养，老先生获得了快乐的棋境。

与欧阳修同时代的王安石任淮南签判时，工作地点亦在扬州，亦好博诗。因有唐宋八大家的底子，他不但在扬州南郊江面《泊船瓜洲》吟过"京口瓜洲一水间"，彪炳诗坛；也曾与薛肇明对弈赌梅花诗，因为输棋的薛肇明没有徐铉的敏思文才，遂由赢家王安石捉刀代笔：《与薛肇明弈棋赌梅花诗输一首》"华发寻春喜见梅，一株临路雪倍堆。凤城南陌他年忆，香杳难随驿使来。"因棋咏梅，花香千年，流芳弈林。

第四类　美人之博

扬州出美女，史载，美女也博弈。《后汉书》说：博弈初为"男子之事"，汉代之后开始流行于女子之间，"甚至以赌具为嫁妆"，新娘就是万里和亲第一人——汉江都王刘建之女刘细君，这位受家乡人宠爱的扬州公主，待及笄时离开家邦，出塞荒漠，远嫁乌孙国王昆莫，换取了农耕和游牧两大民族的和平牵手。其时，在朝廷陪嫁妆奁中，除金银珠宝、绫罗绸缎外，还"恩赐以赌具"。由此是否可以推断刘细君就是棋中巾帼，并以博弈慰藉孤寂与乡愁，未见史料支撑；但汉代扬州美女博弈水平可见一斑。

祝英台读书，花木兰从军，演绎着女扮男装的传奇。同样女扮男装博弈的，是南朝扬州所属的盱眙美女娄逞。她乔着男服，走出闺门，与文人沈约设枰，与宰相萧鸾拈棋。虽是弱女子，可是纤纤手指之下，害诈伪争，一着不缺，男博弈手们纷纷败在她的石榴裙下。她博弈中的严密逻辑，得到了官府的赏识，因祸得福地被聘做了扬州议曹从事，相当于市长助理，成为女子侥幸从博弈走上仕途的第一人。

因博弈比娄逞走上了更高的政治位置的，是五代十国时的扬州美女周娥皇。她被南唐后主李煜选进宫后，独受"千古词帝"宠爱，原因之一是，娥皇不仅通史书，善歌舞，工琵琶，更重要的是她博弈"妙绝"（陆游评价）。参差分两势，方圆引双行，她打遍朝中须眉无敌手。被封为昭惠国后。人生如棋，"棋后"二字，非娥皇莫属。

一面美人博弈，另一面还博弈美人。在大清盐商的博弈圈中，一次，一个四川公子下扬州，与盐商较棋，赌注是什么呢？盐商出的是宠婢兰英，公子押上的是侍女江南春，一水二八佳人，后来盐商败了，输掉美女，可算是红颜一劫。

今年4·18，扬州市围棋协会举行了围棋大赛，任杰会长带领我进行了参观。只见偌大的赛场，独收万籁心，于此一枰竞。千人对决，各执黑白，心如皓月；百盘交互，难分雌雄，局若澄波。于今，放眼围棋活动，早已清除赌博污染，坚守一方净土，内涵睿智，形态高雅，健康发展，方兴未艾，围棋已经成为扬州百姓擅长的体育娱乐活动之一。于无声处，喜见老骥驰骋，新苗可畏，恰似浩荡春风，扑到我的面前，折射出中华传统体育文化的瑰丽光芒。我想，扬州围棋的春天，又到来了！

广陵棋派名家荟萃

作家　王资鑫

启功说，清代文化的中心在扬州，这话中听。就琴棋书画而言，古琴有广陵琴派，学术有扬州学派，书画有扬州八怪，围棋呢，有广陵棋派。举大清朝的弈乐园，也就是围棋活动中心，就在扬州。当然，扬州棋文化源远流长，个中圣手如云，名家荟萃。

一局棋，退百万兵

围棋，有许多爱称：手谈、做隐、黑白、方圆、玄素、纹枰，全都文绉绉的，但是真正杀一盘，却是经历了一场没有硝烟的战争。中国人爱好和平，诅咒战争，却可以从游戏中领略战争艺术的魅力，于是便盘上谈兵，好了围棋。有副棋联说，指下围棋几着，消残秦世界；手中龙杖一朝，扶起汉江山。而将战争演绎得活灵活现的一局棋，便是在咱扬州下的。那是1600年前，前秦苻坚率87万大军南下，扬言投鞭断江，一举灭晋！曾数度任广陵相的谢安，作为东晋最高指挥官，手中只有区区8万兵马。生死存亡之际，谢安将指挥部设在扬州北府兵军府，一边临危不乱下棋，一边指挥弟弟谢石、侄儿谢玄杀敌。谢氏先在高邮神居山大破秦军，史称"三阿之战"，拉开了决战序幕；后于八公山下，打得前秦近百万大军风声鹤唳，草木皆兵。淝水之战打赢了，玄机何在？

原来，谢安棋盘上，尽管没有死亡，没有血腥，却是一样的你死我活，一样的千军万马，分明隐藏兵家战略战术：有曹公以荆为饵而渔中原，亚夫以梁为委而罢吴楚，项羽以正兵救赵而先破秦，孙膑以奇兵救韩而直走魏！谢安把棋盘的布局起子，边腹攻防、虚虚实实、齐齐整整，用于战场上排兵布阵，操戈披犀，傍险作寨，攻城略地。很难说得清，谢安指挥这场战役，是以弈手的姿态，还是司令的身份？当探马报捷时，谢安不动声色，只是淡淡地说，小字辈破贼了。尽管，他脚撞门槛的细节，依旧泄露了他内心的激愤；然而，大敌当前，谢安以棋中孙子的镇定自若，无言从容地厮杀于十九道经纬之间，仍然达到了兵圣与棋圣集于一身的人生境界。旌旗首尾千万里，浑不消他一局棋。而今，邵伯的传说依然感人，文昌路的谢公树依然葱郁，但是，那局棋与那场仗，已经作为将帅运筹帷幄与儒士恬淡冲和的完美载体，定格在围棋史与战争史中了。

尽了公事，夜接弈人

扬州有贤吏，贤吏中有棋痴。传统士大夫们下棋，本图忘物我，何必计输赢，全然不在胜败上斗气，追求的不是棋艺，而是棋道。比拼品德，感悟世界，才是他们纹枰论道的最终目的。

南唐是个盛棋与崇佛并重的朝代。在举朝疯狂的围棋热中，涌现出了双峰并峙的两大高手，一个是陪同皇帝下棋的贾玄，另一个就是吏部尚书、扬州人徐铉。徐铉的棋乐，多半是在与友朋的游晏、酬酢、节庆、清坐时进行，但也有不少是在尽了公事，放衙人稀后，门径平静中，约会一两知己，偷得片刻闲空，杀它一盘。闲敲棋子落灯花，徐铉不但在棋坛有着辉煌战绩，而且汇编前朝棋谱，解释围棋术语，革新记谱方法，他的《棋势》《棋图义例》《金谷园九局图》是后世弈林人的必读经典。至宋元时，大中华流传的棋书只有27卷，徐铉享有著作权的就达五分之一。作为一个围棋设计师与理论家，徐铉对棋文化做出了难能可贵的独特贡献。

在昔日扬州三贤祠中领衔享祀香火的欧阳修，也算得上是一个棋枰大家。这位北宋先贤之所以有底气自号六一居士：除了藏书一万卷、金石遗文一千卷、琴一张、酒一壶、老翁一个外，就是有棋一局。他在扬州任太守间，平山堂不仅是他以酒传花的诗坛，也是他以棋会友的弈馆。当然，他对棋环境选择极为苛刻，必须是人间与世远，鸟语知境静。棋中不仅有运筹与计谋，还有心情与涵养，老先生与民同乐，与雅同行，松阴满地，唯闻棋声，获得了理想中快乐的棋境。

今天走在三元路上的人，都没有忘记，这里出过宋代三个扬州状元郎，其中一个叫吕臻。他历经真、仁、英、神四朝，以龙图阁大学士身份，打坐开封府，脸虽不黑，但辩讼立断的政绩，足可向包拯叫板，人赞吕龙图。他的官声太显赫了，以至于人们往往忽略了他的精湛棋艺！人生如棋，其实，他在金榜题名之前，曾经是围棋全国冠军。从棋馆走进朝堂，从职业棋手变为公卿仕宦，他实现了一个颇有些传奇的华丽转身。

扬州美女，有棋后焉

扬州出美女，有义女、才女、烈女、孝女，还出棋中巾帼。

女扮男装，祝英台读书，花木兰从军，我们都听说了；可是有谁听说过女扮男装下棋的吗？她就是中华第一位女棋手：南朝娄逞。娄逞出身盱眙，其时，盱眙属扬州，所以娄逞该是货真价实的扬州姑娘。她乔着男服，走出闺门，与文人沈约设枰，与宰相萧鸾拈棋。虽是弱女子，可是纤纤手指之下，害、诈、伪、争四大棋着，一着不缺，常常杀得男人们丢盔弃甲。她走棋中表现的敏捷思维与严密逻辑，得到了官府赏识，居然做了扬州议曹从事，相当于今日的市长助理。有趣的是，她与花木兰是同时代人，只不过一南一北而已。

"棋后"二字用在娥皇身上，是再名副其实不过的了。南唐时有个扬州美女周氏，小名娥皇，后来被李煜选进宫，封为昭惠国后，三千粉黛独受帝宠，为什么？原来，娥皇不仅通史书，善歌舞，尤工琵琶，更重要的，她精于参差分两势，方圆引双行，淮阴用兵，战无不胜，打遍朝中须眉无敌手。陆游对她的弈棋，用了"妙绝"二字评价。

做隐怀中的神童

自古英雄出少年，扬州娃中，也屡出围棋神童。

明神宗时，有个扬州小把戏叫方渭津，他似乎为围棋而降临人间，天生的小精灵。开蒙时，学童们吟诵书经，独他一人大开小差，桌下布局。他父亲也有围棋修为，每至晨昏，父子俩沿溪涧散步，身旁泉水叮咚，时缓时急。父亲告诉他，棋如泉水，该进则进，该止则止。来自家教的传授之秘，使他性情纯洁，智慧激发，棋艺大进。一次，父亲将他抱坐在膝上，与友博弈，就在难分难解之际，他套住父亲耳朵，悄悄指点父亲该从何处落子，定能"一剑封喉"！观棋不语，何况是童言，父亲不屑一听，不听小人言，吃苦在眼前，果然大败。

方渭津十三岁名震宇内，小小年纪，平时玩还玩不过来，可是，当京师棋霸李釜南下与他捉对儿厮杀时，他一旦面棋，立时闭目端坐，如入禅定，信手敌应。立、飞、尖、粘、关、冲、断、顶、扑、夹……好似浑不在意，可是眼睛一眨，老母鸡变鸭，风云突变，忽漫布子。尽管他的棋艺稍显稚嫩，可是，那娴静闲止，响声铿然，无一俗着，哪里像个十三龄童？惊得这位宿将说："精弈有神解，小渭津仙人下凡！日后攻棋，必成国手！"方渭津没有浪费自己，果真一辈子投身弈林讨生活了。

海盐涌起的纹枰潮

贾者居然有士风，是明清扬州盐商的特质，其中不乏附庸风雅者，但也有相当数量的真儒商，琴棋书画不离左右，于是，对坐设枰，便成了酷毙了的时尚。

盐商胡兆麟，盐卖得好，棋也下得狠，与同辈对阵，很有些得势侵吞远，乘危打劫赢的锐气，每负一子，就输一两白银，而且认赌服输，哪怕输尽家私，绝不赖账，加之性好浪战，愈赌愈输，愈输愈赌，所以得了个胡铁头的雅号。下棋赌钱尚属小儿科，还有赌人的。一次，一个四川公子下扬州，与盐商较棋，赌注是什么呢？盐商出的是宠婢兰英，公子押上的是侍女江南春，一水二八佳人，后来盐商败了，输掉美女。这个盐商是不是胡铁头？有待考证。

胡铁头输银子硬气，找对手也硬气。他居然向浙江海宁籍的范西屏和施襄夏下了战书！此二人都是棋界顶尖大师，他们曾在嘉兴对弈，惊心动魄，《当湖十局》已成巅峰之作！胡兆麟单挑范西屏，尽管下的是受二子棋，但是范师布局设子，看似草草，漫不经心，及一落盘中，瓦砾虫沙，尽变为风云雷电，直杀得胡铁头一身冷汗！交战一半，败状已显。于是，胡铁头佯称身体不适，封盘再战；实际连夜赶往东台，向施襄夏请教应敌着数；然后回到扬州，捉住范西屏续盘再战，以施之矛攻范之盾。范西屏一见胡兆麟出手，陡地棋风大变，如大海巨浸，含蓄深远，每下一子，如钉在局上，以绵密收官，就哈哈大笑："襄夏人未到，棋却先到了。"机关戳穿，弄得胡铁头差点用铁头撞墙。

如果说，盐商只是围棋粉丝，那么盐官称得上钢丝了。乾隆年间，盐漕察院的盐政高恒，盐运使司的运使卢见曾虽然都是臭棋篓子，但仍重金延聘，将范西屏和施襄夏养在府中，任务是：一、"待诏"陪他们下棋；二、研究棋论棋谱。在扬州数十年间，范西屏杰作以盐院官署古井冠名，题做《桃花泉弈谱》，施襄夏圣典叫《弈理指归》，由卢见曾作序，高、卢二人得以附骥名彰，出版棋经，功德无量！表面看，二师的一应开销，以及出版费、纸张费、膏火费是衙门公款，实际是盐商掏的腰包。因为，盐商手中有白花花的银子，银子背后，是白花花的海盐。

龙起松落，独步大清

有人评价，弈艺之精，至清代而极，汇扬州而盛。

那时节，孔雀东南飞，海内国手几十数辈，纷纷飞进绿杨城。瘦西湖上的画舫、游舫、宴舫、乐舫、茗舫、诗舫……统统让位于棋舫！船儿在波光里荡着，人在船舱里下着棋，看棋的、下棋的，比游湖的人还多，江山之胜尽在局中，这叫香生玉局。

更难得民间棋风鼎盛，巷陌中，树荫下，卧虎藏龙，常有夜晚吹灯熄，空以口诀较短长的画面出现。一位江南棋圣来到扬州郊区，当晚宿于村中私塾，与一个童子对弈，打了个平手；隔了几天，他又游玩扬州寺庙，与一个农夫杀了几盘，居然也不能胜。这个棋圣躬身请教大名，农夫说，你是我的晚辈，我怎能跟你争虚誉呢？棋圣落荒而逃。这就难怪蒲松龄在他的《聊斋志异》中，写了一个棋鬼看到扬州人下棋，居然都退避旁边，沉溺入迷，忘记自己是个鬼了。有资格称大清弈林一代宗师的，在扬州，前有一龙，后有一松，一个是弈林太白，一个是棋中杜陵。

一龙，指黄龙士，顺治八年生，扬州东乡姜堰镇人。自幼学棋，十六岁脱颖而出，少有对手；后来游历江淮，挺进北方，以他的清淡棋风，横扫千军如卷席，将国手——斩落马下。举整个大清王朝，为六大家之首，唯一能与他对垒的是六安人周东侯，俩人大战三十局，时称黄龙周虎。他与徒弟徐星友下让子棋，其时徐星友已是国手，棋力可达受二子，但黄龙士偏让三子，硬是将自己置于死地，师徒俩大战十盘，史称血泪篇！十盘棋昭示了围棋之妙，即永无顶峰！迄今，日本人还出版了他的《弈谱》，将他尊为棋圣。显然，这是扬州棋坛的骄傲。

一松，即家居大东门的周小松。晚清十八国手中，他是举帅旗的巨匠。他确实有两把刷子，惯从全局着眼，以弃为取，以屈为伸，失西隅补之东隅，屈于此即伸于彼。他风驰雷电半个世纪，逢人必让两子，几无败局，功力已经达到九转金丹、炉火纯青的境界。有人把他比作古代围棋的绝唱，说他之后，中国围棋跌入低谷，进入没有国手的时代。是这样吗？

如今，扬州市围棋协会常举行围棋大赛。只见偌大赛场，独收万籁心，于此一枰竞。千人对决，各执黑白，心如皓月；百盘交互，难分雌雄，局若澄波。于无声处，喜见老骥驰骋，新苗可畏，恰似浩荡春风！我想，扬州围棋的春天，不是又到来了吗！

扬州的围棋古籍

上海建桥学院围棋系副教授　孙德常

在扬州围棋的历史上，有两本十分重要的围棋古籍值得扬州人骄傲。一本是扬州梅影楼刻印的《受三子遗谱》，另一本就是徐乃昌影印宋刻本《忘忧清乐集》。

徐乃昌根据黄丕烈所藏宋本《忘忧清乐集》，在扬州广陵书社影刻，其版本16开，一函2册，蝴蝶线装，颇具宋本原貌，被简称为南陵本。正是徐乃昌在扬州临摹宋本，才使得《忘忧清乐集》走入大众的视野并受到棋界的广泛关注。它是蜀蓉棋艺出版社孟秋校勘本所依据的两个重要版本之一。作者慕相中曾在扬州晚报发表《围棋名谱的扬州印记》一文，专题介绍了一些围棋古籍善本在扬州的发行情况。但是文章中没有介绍过百龄的《受三子遗谱》。

据过惕生在《受三子谱》简介中所述，扬州梅影楼刻印原版《受三子遗谱》由其友人所藏。徐瑞周在《棋人棋事过百龄》一文中也有提及。北京图书馆出版社整理出版的《中国历代围棋棋谱》第12册中包含该版本的全部复印件。该书由程氏父子珍藏，巫信车改编为写盘诗刊印。首页"雍正三年新镌"书名为《受三子遗谱》，题："过百龄先生秘著"和"梅影楼梓"，次页接是青溪道人程正揆的"受三子谱序"，程光珠的"受三子谱叙"和巫信车的"受三子谱叙"，以及"受三子谱姓氏""巫鹤谷咏奕写枰五言古诗四首"和"受三子谱凡例"等重要的文献。该书共一卷，因采用写盘诗的方式，没有棋图，所有棋势均由文字展示，计"大角图"四十四变，"大压梁"五十变，"倒垂莲"六十变，"七三起手"五十变；书后没有跋文。4类204个变化图共有47页。

在巫信车的序文中有这段文字："（程光珠）欲余携至金陵授梓，余首肯之，其如余萍踪羁滞，又淹留清源载余，乙巳冬始抵维扬，与旧好周确斋、王那居、张畏菴、李约斋、汪云书数先生，耿伯含、贯三、申也、昆季、王侣望、程紫星、陈东起诸君，或风雅领袖或声气英豪，云集剧谈，言及此谱始末，无不爱慕鉴赏，称为弈学津梁。邗上究心于弈者颇众，此则其欲求一见而不可得者也。群相鼓舞怂恿，因即在杨刊行，遂不发金陵之椟矣。"。本来打算去金陵出版发行，但在扬州棋友的要求下，改在扬州刻印的佳话。此段文字生动地再现了扬州围棋的盛况。

尤其在校阅者名单中，前后参加校阅的人有两批，前批92个名单中，如今不为世人所知。但是后批135人中，有如程兰如等著名棋手。在后批名单中有这样一段话："乙巳年江宁、扬州、镇江、苏州、常州、徽州、泸州、太平各郡同人。"虽然其中哪些是扬州棋友不易分辨，但对于研究围棋历史具有宝贵的参考价值。

1989年4月，蜀蓉棋艺出版社出版过百龄的《受三子谱》，该书由过惕生依据清雍正三年（1725）扬州梅影楼原刻本整理出版。

扬州雕版印刷历史悠久。唐玄宗时期的高僧鉴真大师也是扬州人。据《三国佛法传通缘起》记载鉴真大师和他的弟子曾刊刻律之三大部。唐穆宗时期的诗人元稹在《白氏长庆集》序中说："扬越间多作书模勒乐天及余杂诗，卖于市肆之中。"南宋淮南路转运使司所刻裴骃《史记集解》、高邮军学所刻秦观《淮海集》、扬州州学所刻沈括《梦溪笔谈》等典籍流传至今。

1960年，扬州成立广陵古籍刻印社。2002年，广陵书社（出版社）获批成立。2005年，扬州市政府专门投资兴建了扬州中国雕版印刷博物馆。广陵书社推出的《扬州雕版印刷丛书》，包括利用旧藏版片刷印和新雕刻刷印两部分。经过扬州人的努力，中国雕版印刷技艺于2009年成功入选世界人类非物质文化遗产代表作名录。

门外棋谈

扬州市文联原主席　丁家桐

今天有机会与诸位扬州棋界高手齐聚会堂很是荣幸。谈下棋我做诸位的学生还不够，所以题目为《门外棋谈》我和朱先生为门外二老人吧。

我喜欢著棋，又不善于著棋。不善于著棋，但又常著棋。问题是棋逢对手有棋道。棋也是中华文化的载体之一。治国有治国之道，治军有治军之道，饮食有饮食之道，增长修养有治身之道，如从艺术范畴讲：琴有琴道，书有书道，戏有戏道，许多领域都有该领域理论和规律。

棋道同经国大业的大道比是小道，但小道也是道。仔细想来棋有小道、中道、大道的差别。所谓中道，下棋就是较量，二人对弈就是两个人的较量，耐心的较量，涵养的较量。两人下棋不是战争，胜似战争，虽然耗费精力，但也获得了许多乐趣。我所说的棋道是二人对弈从中获得收获。

所谓下道。下道当然也是较量，但较量的中心点在斗气，斤斤计较胜负。胜棋之后不可一世，输棋后就会怨棋、恼棋、悔棋、赖棋，甚至于偷棋。所谓怨棋是常常怨手气不好，运气不好。人的生活，整个心理状态为棋所累、为棋所困、为棋所害。这不一定对，我姑妄言之。所谓上道，就是明白棋之为道，这里有许多棋类著作里阐发得很多，我就不一一引据，上通天象，下接山河，阴阳变化、运气变化和宇宙的运行同根同理。棋之上道就是不管我棋艺高与低，中心点是心与天游，神与物会。

棋之精微，著棋之乐，胜有胜的道，负有负道，和亦有和道，不等说赢棋的人才快乐。输棋的人是否也快乐，如果说你不能参悟棋理心里便会得到快乐？若因一着得势满盘皆悟，失败原因若因某一着差错，所谓一着之失，一着不慎，满盘皆输，明白了自己输棋的道理，明白了自己的缺陷在什么地方，明白错在何处，吃一堑长一智便是大乐。

说来说去就棋说棋不过尔，但就棋的运行能参悟世界与人生变化之精微便是大道，即便你棋下得不好，经常失败，但你能从棋的运行当中，成功与失败的过程当中联想，明白人生的许多道理就是善于参悟的。

著棋属于闲情逸致，但忙人也著棋，比如东晋时的谢安。我们扬州人对谢安是比较熟悉的。天宁寺传达室说是谢安舍宅为寺，当然还需要进一步考证，但传说是这样的。谢安指挥东晋的军队与苻坚的军队打仗，当时苻坚的军队有八十多万号称百万，而谢安的军队只有二十万人在八公山一带。这一仗决定南北朝的安危总说六朝，两晋后就是宋齐梁陈。这一仗关键牵涉南国的安危，这是一场以弱对强的战争，若这一仗打败了，那么北方军队就长驱直下，也就无所谓宋齐梁陈了。当时谢安在磨盘山就是现在南京的磨盘山两军交战时，谢安在下棋，他是三军队统帅在最关键的时候著棋，它的重要作用在于保持内心的平静，在于避免浮躁，避免出差错。所以棋在适当的时候是避免浮躁，保持平静的良药。最后，八公山一仗草木皆兵，东晋的军队把苻坚打败，从此奠定了六朝宋齐梁陈——一脉相承的基础。这时谢安心里宽松，但他强作镇定。但一出门，不小心将木屐搞断了，他内心非常紧张，因为这一战决定社稷的安危，但他无论如何要强作镇定，所以棋使他心情镇定来处理军国大事。

我们再说一个欧阳修。欧阳修在欧阳祠看到六一宗祠，这六个一，包括一万卷书，一张琴，一壶酒，一盘棋，还有一部金禄等，还包括他一个老头。其中有一盘棋。他曾经写过一首诗，名叫梦中录，其中他设想四种人生最美妙的境界。为什么呢？因为他做官没有时间进入这种最美好境界，所以在梦中想到这四种境界，哪四种境界呢？一是夜凉吹笛千山月，深更半夜在万山之中吹笛子，笛声悠扬优美之极。二是路岸迷人陌中花，就像山阴道上到处是鲜花，人的心情得到最大限度的释放，还有棋博不知人唤时，我下一盘棋，就如道家仙人一样这盘棋下完了，看见一白胡老头，一问原来是我的孙子。一盘棋下过几十年已过去，那这个老头（下棋）一生活得值得了。所以著棋是他梦中追求的人生乐趣之一。

清朝扬州有个盐商叫胡兆麟，此人好赌棋，且常输，但他不服，故得一外号为胡铁头。他有一次同围棋国手范西屏下棋。胡下不过，借身体不适为由，讲今日我们封棋改日再继续下，其实胡是连夜派人找当时与范齐名的另一国手施定庵想对局之策，施就画谱告诉胡应对之策，待到续盘再下时，胡居然解了困局。范西屏当时大笑：说你肯定找到施定庵了。我这棋只有施定庵能解其他人不能解。大笑后他讲理，有的人下得好是因为领悟能力强，你如果努力也可以精进。定同打球，搞音乐，写文章一样有努力，但也有天赋，我们承认天赋。

还有一个人就是扬州八怪的郑板桥，人称板桥先生，诗、书、画三绝，但他棋下得不好，常输棋，所以他在山东潍县做官时写了一首诗，客来伴友一盘棋，客去发现身有病，劝君饶我一幅字，……郑板桥因书画名气大，找他求字求画的人多，故板桥对这些应酬常拖，朋友就约他下棋，并说我输，带一壶酒来，你输，给我带一幅字去。

棋艺精良，但不可骄傲。施定庵是围棋国手，但在村塾里有一孩童同天下无敌的国手下了一盘，就将施打败了。这使施懊恼不堪，天下国手怎败在孩童之手？范西屏也是当时国手，他俩都是海宁人，以棋为生的棋手要周游于盐商之间求生活。有次在高邮湖，适逢天将下雨便到一野庙中躲雨，因好棋且无事可做，便在地上摆棋谱。后来一担草樵夫也进庙避雨，该樵夫便要有他下棋。范西屏以为他不懂棋结果樵夫说"我们下下看"，棋毕樵夫大胜西屏，并将看不起人的范西屏教训了一顿，其实像国手偶败的事情本来也是平常之事，但范先生很计较，脸上挂不住了。传说他从此积郁成病，不久便去世了，史料可信不可信是一说，就是教育我们做人要豁达，棋艺高不要骄，民间村野亦隐有高手，要达到胜不骄，败不馁，胜不狂喜，败亦欣然的高境界。

还有一故事说曾国藩喜欢下棋，当时他在江苏已官至督抚尚兼两淮盐务。一次摆道扬州巡视。当时扬州有一棋手周小松亦是国手级人物。曾当时要同周对弈。一封疆大吏找一平民对弈，当时用轿子，将周小松抬去，棋毕后适当招待，这也是人之常情。棋手与高官对弈通常会让输。但国手一下子输给高官有拍马屁之嫌太明显了。通常下细棋输赢，大家交流一下棋艺欢喜一场。但周小松此人生性耿直，他是硬碰硬，立马三下五除二，将曾国藩打得落花流水，恼得曾国藩疥疮大痒，满身抓挠很难看，结果曾国藩拂袖而去，周小松饭也没得吃，轿子也不送了，走回去。但周小松从此棋名更振，这一点说明什么呢？若好棋是雅事，但也要有雅量，不要像曾国藩，满身抓痒就不适合了。

门外棋谈找点边角料，博大家一笑而已，请大家指教。

桃花泉记

扬州文化研究所所长　韦明铧

桃花泉是扬州古井，也是清代围棋兴盛于扬州的标志。泉原在文昌阁东北的两淮巡盐御史府衙中，石栏呈灰白色，上面绳痕累累，深勒石中，惜泉今已不存。

桃花泉因清人范西屏《桃花泉弈谱》而闻名。范西屏，名世勋，海宁人，清雍正、乾隆年间围棋国手，与程兰如、施襄夏、梁魏今并称"围棋四大家"。乾隆二十九年（1764），范西屏五十六岁，客居扬州。在此之前，西屏亦经常来往扬州，所以扬州有关他的传说故事很多。此次系应两淮巡盐御史高恒之邀长住扬州，在署衙后园桃花泉畔著书立说。《桃花泉弈谱》成书后，即由高恒刊刻。高恒，字立斋，满洲镶黄旗人，大学士高斌之子，乾隆时大臣。乾隆二十二年（1757），授两淮盐政。因范西屏的棋谱在扬州盐运官署中写成，遂以官署中古井桃花泉名之，并以署中公款印行此书。

《桃花泉弈谱》计二卷。书前有范西屏自序："心之为物也，日用则日精。数之为理也，愈变则愈出。以心寓数，亘古无穷也。"《桃花泉弈谱》有光绪时人邓元鏸序，特别提到扬州桃花泉："桃花泉者，鹾署井名也。名谱以地，人鲜知之，赖有麟庆见亭《鸿雪因缘图记》记之也。"按麟庆《鸿雪因缘图记》有《桃泉煮茗》条，所谓桃泉即桃花泉。麟庆写道，他曾在扬州"汲桃花泉，煮碧螺春"。至民国间，董玉书《芜城怀旧录》又云："范西屏《桃花泉弈谱》刻于扬州，以所居盐院有桃花泉而名之。"可知，桃花泉在某种意义上，是围棋艺术流行于扬州的最好见证，也是围棋艺术与扬州盐业密切关系的最好见证。

《桃花泉弈谱》文字通俗，变化简明，灵变遒劲，独具特点，是历史上最有影响的古棋谱之一。它全面精辟地记载了范西屏对于围棋的独特见解，一经出版，便风行海内，轰动棋坛，争相购阅，一时洛阳纸贵，影响了无数棋手。

今桃花泉虽不存，而扬州棋风绵长，故乐为之记。

2018年3月于海德庄园醒堂。

扬州盐商与围棋及其他

　　1976年，因为唐山大地震的缘故，扬州城到处搭建起了防震棚。我家的防震棚搭在新华中学的操场上。住在新华中学的日子里，偶尔会到处转转，对校园后面教工宿舍的一口古井，至今尚有印象。井栏为石质，呈灰白色，已有许多道深深的绳痕。当时并不知道，这口历尽沧桑的古井却有个艳丽的名字，叫桃花泉。

　　十年后，当我从书店买到一本蜀蓉棋艺出版社整理出版的《桃花泉弈谱》的时候，才知道这部著名的棋谱，竟然就得名于新华中学里的那口井。而这口井，后来在古城建设的名义下永远消失了。

　　《桃花泉弈谱》由光绪时人邓元鏸序，提到乾隆己卯年（1759）施襄夏在扬州著作《弈理指归》，由两淮盐运使卢雅雨作序并刊行。六年后，范西屏的《桃花泉弈谱》完成于两淮盐政高恒的署中。邓元鏸序说："范、施两公，均家海宁，而著谱皆在扬州，刻谱又皆鹾使，遇亦奇矣！"范、施二人，都是清代围棋国手。邓序中特别提到扬州桃花泉，说："桃花泉者，鹾署井名也。名谱以地，人鲜知之。赖有麟庆见亭《鸿雪因缘图记》，记之也。"

　　查麟庆《鸿雪因缘图记》二集有《桃泉煮茗》条，桃泉即桃花泉，原在两淮盐漕察院中，遗址在扬州今文昌阁东北。麟庆写道：

　　盐政署在扬州内城。大堂为执法台，恭悬圣祖御书"紫垣"额。其西，有四并堂、桃泉书屋。阶下石泉一井，是名"桃花"。……于上巳后二日，小集桃泉书屋。邀幕客萧梅生、沈咏楼、沈凤巢，汲桃花泉煮碧螺春，品画评诗，卧起坐立，唯便畅所欲言。惜无善弈者，雅负范西屏《弈谱》尔！

麟庆《鸿雪因缘图记》所记，为嘉道时事。那时桃花泉虽在，棋风似乎已经不如当年之盛。至民国间，董玉书《芜城怀旧录》卷一又云："范西屏《桃花泉弈谱》刻于扬州，以所居盐院有桃花泉而名之。"可知，桃花泉在某种意义上，是围棋艺术流行于扬州的最好见证，也是围棋艺术与扬州盐业密切关系的最好见证。

扬州盐业从汉代吴王刘濞开启先河，此后历代延绵不绝，成为列朝政府的赋税大户。我们今天所说的扬州盐商，大抵特指明清两代在扬州经营盐业的那批商人。他们先是以晋商、陕商为主，后来由徽商称霸一方，而以其他地方来的商人作为配角。他们与围棋有许多传奇式的故事在民间流传。

我印象较深的，一是博山《弈史》记载扬州盐商胡兆麟与国手范西屏下棋的故事，题为《胡兆麟范西屏对弈》：

胡兆麟，扬州盐贾也，好弈。梁（魏今）、程（兰如）、施（定庵）、范（西屏）皆授以二子。每对局，负一子辄赆白金一两。胡弈好浪战，所谓"不大胜则大败"者也，同人称为"胡铁头"。然遇范、施辄败，每至数十百子。局竟，则朱提累累盈几案矣！

有一天，胡兆麟与范西屏弈至中盘，困窘非常，就佯称身体不适，暂停对弈。同时，派人飞速找施定庵求援。当时，施定庵在东台，使者奔走了两天之后才赶回扬州。胡兆麟假称自己身体已经好了，与范西屏继续对弈，完全按照施定庵所教方法着子。范西屏笑道："定庵人未到，棋先到啦！"胡兆麟听了，十分惭愧。

二是吴友如《点石斋画报》谈扬州盐商与四川棋手赌棋的故事，题为《弈争美婢》：

扬城某醝商，家资豪富，性奢侈而好博弈，虽一掷百万蔑如也。季春之杪，西蜀某公子过扬，往谒醝商，款之甚殷。一日，公子闻醝商有善弈名，欣然求教。醝商曰："某生平不出无名之师。君果欲手谈，必立一非常之彩，以决胜负。"公子曰："彩亦多矣，何者为非常？一惟君命是从。"曰："仆有宠婢兰英，才色双绝，愿以此为孤注，能胜者归之。但恐君无以作对，奈何？"公子曰："是何难哉！"遂令家人立召江南春至，则该婢丰神吐属，果不亚于兰英，始知公子固载美以游者。于是，展棋枰，分黑白，沉几观变，着着争先。初尚旗鼓相当，未几而蹉商北矣，无已，以兰英归之。盖某蹉商自谓得橘中之秘数，年来未逢劲敌，旁若无人，已非一日，今见公子之实为国手也。

《点石斋画报》的感叹是："天下事骄则必败，何莫不然，独一弈也乎哉！"

今天的扬州，如能新建一座桃花泉棋院，召集高手，培养新人，饮水思源，重振雄风，扬州棋坛定将不负古人。

扬州八怪与围棋

扬州文化研究所所长　韦明铧

在扬州八怪中，郑板桥与围棋的关系最为深厚。他曾经以下围棋为手段，和一个十五岁的少女暗通款曲。其《无题》词云："盈盈十五人儿小，惯是将人恼。撩他花下去围棋，故意推他劲敌让他欺。而今春去花枝老，别馆斜阳早。还将旧态作娇痴，也要数番怜惜忆当时。"有人说，这个未解风情的少女，原是郑板桥的表妹。

郑板桥又有《满庭芳·赠郭方仪》词云："白菜腌菹，红盐煮豆，儒家风味孤清。破瓶残酒，乱插小桃英。莫负阳春十月，且竹西村落闲行。平山上，岁寒松柏，霜里更青青。乘除天下事，围棋一局，胜负难评。看金樽檀板，豪辈纵横。便是输他一著，又何曾著著让他赢？寒窗里，烹茶扫雪，一碗读书灯。"其中的"乘除天下事，围棋一局，胜负难评"一句，不只是说下棋，也是感叹人生。

民国时，罗腾霄编著的《济南大观》中说，济南有曲水亭，在城内后宰门百花桥南，仅屋三间，内设茶座、围棋，供人消遣，为济南有名的围棋社。旧时有一联云："三椽茅屋，两道小桥；几株垂杨，一湾流水。"相传为郑板桥所书，后失传无考。有人考证，早在光绪三十年（1904），有人亲见《游济南曲水亭记》记载一联："两道小桥，一湾流水；数椽茅屋，几树绿杨。"未书何人所作。因郑板桥在山东做官，可能济南人喜爱郑板桥，故将对联归于郑板桥名下。

郑板桥有围棋国手朋友梁魏今，又名会京，淮安人，与程兰如、范西屏、施襄夏合称为"四大家"。梁魏今一生清贫，没有功名，留下的资料甚少，只有一些零星的记载。施襄夏在《弈理指归·序》中说："奇巧胜者梁魏今。"邓元鏸在《弈潜斋集谱》中说："梁魏今如鲁灵光殿，岿然独存。"又说，他"如幽燕老将，神完气壮"。邓元鏸的好友傅之夔更盛赞梁魏今"动若骋才，静若得意"，认为"梁魏今、程兰如两先生棋，原称圣手"。梁魏今与郑板桥友善，郑板桥与梁魏今友善，撰有《赠梁魏今国手》诗云：

> 坐我大树下，秋风飘白髭。朗朗神仙人，闭息敛光仪。
> 小妇窃窥廊，红裙扬疏篱。黄精煨正熟，长跪奉进之。
> 食罢仍闭目，鼻息细如丝。夕影上树梢，落叶满身吹。
> 机心付冰释，静脉无横驰。养生有大道，不独观弈棋。

诗句描绘梁魏今弈棋的神态，时或超然若仙，时或废寝忘食，其精微之境界令人生出世之想。

李方膺在扬州八怪中，也和郑板桥一样，是先做知县，又被罢官的。李方膺和围棋的故事，在民间时有流传。李方膺原在合肥县当官，属于庐州府，按官场惯例，年关时县官都要给知府送礼，而李方膺送给知府的礼物，竟是两坛腌咸菜。知府见状，心中不快，想调教他，过了年后便约李方膺来府衙喝茶。李方膺来后，也不会说奉承话，场面尴尬，知府只好请李方膺下围棋，说："盛世太平，天下无事。今日春和景明，听说李兄棋艺不凡，不如切磋两盘，以消磨时光。"李方膺推辞不过，就坐了下来。天日过午，衙门里静悄悄的，阳光照进窗子，杨花也扑进来，落到黑黑白白的棋盘上。对面是顶头上司，屈尊与下属下棋，本是求之不得巴结上司的大好机会。可是李方膺却把左边屁股抬抬，又把右边屁股抬抬，好像凳子上有刺，一脸不耐烦。也不知是因为上司的棋太臭，还是其他缘故，一局尚未过半，李方膺就站起身来拱手说："棋不下了，下官有事，今后再奉陪大人吧。"说罢扬长而去。第二年没过完，李方膺倒了霉，有一天从省里来了几个官兵，把李方膺从县衙抓走，罪名是囤米、受贿、贪赃。李方膺被抓到省里审问，一审就是三年。好在罪名都是虚构的，自然查无实据，最终还是被放了，当然县官也自此免去。李方膺经过风霜奔波，牢狱怨恨，被折腾得不轻，又有一大家子要养活，他便索性潜心作画，靠卖画为生了。

扬州八怪的长者金冬心与围棋的关系，几乎没有什么记载。扬州瘦西湖二十四桥附近有静香书屋，相传为纪念金冬心而建。书屋坐北朝南，青砖黛瓦，檐下悬挂"静香书屋"一匾，集自金农漆书。两边有郑板桥题联："飞塔云霄半；书斋竹树中。"令人瞩目的是，书屋内除了文房四宝之外，圆桌上亦有围棋一枰，暗示当年的主人也擅长此道。

金冬心有个朋友叫吴颖芳，字西林，仁和人，事见《杭州府志》《清代朴学大师列传》等书。吴颖芳自小端重，不苟言笑，与金农、丁敬等从小相交，乡人称三人为"浙西三高士"。吴颖芳曾制小筒，削竹签，上绘赏花、钓鱼、围棋、赋诗、鼓琴、吹笛等事，置于竹筒中。有客人来，随手抽一签，以签上所书与客共戏之。据此，吴颖芳应当擅长围棋。吴颖芳与金冬心常相游处，由他自序的《临江乡人诗》卷四载有《金寿门》一诗云："淮山新月照摇鞭，数载平生是犬仙。水馆驿前联句会，赋归还剩几巴笺。"可见两人交谊之好，则金冬心也有可能善奕。

陈撰是金农的浙江老乡，也在扬州八怪中，是否会围棋，不得而知，但他在《书画涉笔》中曾引明人徐渭《宴游烂柯山》诗云："万山松柏绕旌旗，少保南征暂驻师。接得羽书知贼破，烂柯山下正围棋。"诗中所言，关涉围棋。据说嘉靖四十一年（1562），胡宗宪任总督，抵御浙江、福建的倭寇。这年十月，胡宗宪与幕僚徐文长在营帐内弈棋遣兴，忽有人报："戚继光大败倭寇，已破其巢穴！"胡宗宪听罢，喜不自胜，当即传令开宴庆功。席间徐文长酒酣长吟，随口作贺，吟咏此诗，"接得羽书知贼破，烂柯山下正围棋"应是写实之句。烂柯山原是围棋胜地，相传西晋时有樵夫王质上山砍柴，来到石室中，见两位鹤发童颜的老人对弈。王质是棋迷，在一旁观棋已久，棋者对他说："你来已久，可以回去了。"王质低头一看，斧柄已经烂尽，只好下山，到家后看到世界早已变样，才知已过千年。从此这座山被称为烂柯山，烂柯山因此拥有"围棋仙地"之美誉。徐文长的《宴游烂柯山》，后人刻为诗碑。陈撰在《书画涉笔》中运用了烂柯山之典。扬州八怪的另一位边寿民绘有《围棋图》杂画册页，纸本墨笔，今藏于故宫博物院。《围棋图》中画有围棋盒和棋盘，左上方题款云："长日如年，午睡初足，素心客来，与之对局。余不知奕，而能领奕趣，故图清具必及之，如渊明之无弦琴耳。"由此可见，边寿民并不擅奕，但能够领略棋趣。

华嵒是扬州八怪中善画人物的名家，绘有《竹楼雅居图》，写王禹偁《黄州竹楼记》大意。画中新篁如云，曲径通幽，画境开阔，意态平和。画上有字题道："予城西北隅，雉堞圮毁，蓁莽荒秽。因作小楼二间，与月波楼通。远吞山光，平挹江濑，幽阒辽夐，不可具状。夏宜急雨，有瀑布声；冬宜密雪，有碎玉声。宜鼓琴，琴调和畅；宜咏诗，诗韵清绝；宜围棋，子声丁丁然；宜投壶，矢声铮铮然；皆竹楼之所助也。公退之暇，被鹤氅衣，戴华阳巾，手执《周易》一卷，焚香默坐，消遣世虑。江山之外，第见风帆沙鸟，烟云竹树而已。待其酒力醒，茶烟歇，送夕阳，迎素月，亦谪居之胜概也。乙亥冬，偶录竹楼记一则并图。新罗山人，时年七十有四。"据此，华嵒应精围棋，看他所书"宜围棋，子声丁丁然"，可见其爱棋的嗜好之深。

门外谈弈

扬州学派研究会副会长　朱福烓

扬州茱萸湾公园，有一座主体建筑叫"聆弈馆"，这个名字很有意思。杨雄《法言》说："围棋谓之弈。"班固《弈旨》："北方之人谓棋为弈。"弈就是围棋。《颜氏家训·杂艺》说："围棋有手谈……颇为雅戏。"《事物纪原·平谈》说："今人目围棋为手谈。"下围棋叫手谈，大概魏晋以来就这样说了。对弈不用说话，用手摆布棋子，不仅能看到人们运筹与计谋，还能看出人们的心情与涵养。达到知己知彼的互相了解。这种无言之言的手谈，是高深的学问；能够从别人的手谈中，聆到也就是听到这种无言谈的玄妙，而心领体会，这是高深的修养，"聆弈"，内涵是很丰富的。

围棋的起源很早。传说上古时期的尧发明了围棋，以训练他儿子朱丹的智力，又说舜制造围棋，以改变他儿子的愚蠢，这些都难以证实。但至少孔子是懂围棋的，《论语·阳货》记载孔子的话："饱含终日，无所用心，难矣哉！不有博弈者乎？为之，犹贤乎已。"用今天的话说，整天吃饱了饭，无所事事，很难有所成就！不是有六博和围棋的游戏吗？玩玩这些也比游手好闲来得强。孔子对博弈的评价也许还不够充分，却也不认为它是耗费光阴的玩意，对人还是有好处的。

到了战国时期，围棋已风行各地。所以孟子说："弈秋，通国之善弈者也。"此后围棋高手辈出，与政治家、军事家、经济家、名人学士等都有不解之缘。西汉高祖刘邦的戚夫人，三国时的曹操、陆逊、黄祎、王粲，东晋时的谢安等，都是历史上有名的棋手。

唐代更为盛行，皇帝就是积极的参与者。唐高祖李渊任太原留守时，经常与晋阳宫副监裴寄下围棋通宵达旦。唐太宗李世民有咏棋诗传世，其一有句云："手谈标昔美，坐隐逸前良。参差分两势，玄素引双行。""坐隐"即弈棋，"玄素"即黑白棋子。唐玄宗亦好弈，甚至在宫中设立了管理围棋的机构，官员的"棋待诏"，为一品，属翰林院管辖，对棋手的待遇也很为优厚。曾任"棋待诏"的王积薪经常与唐玄宗下棋，胜多败少，玄宗对他很是佩服。王积薪总结出一套下棋理论，叫"围棋十诀"，在棋史上有重要地位。唐宣宗也喜欢下棋，常常举行围棋比赛，胜者赏金花碗一只，在著名棋谱《忘忧清乐集》中，就有唐宣宗时的棋谱《金花碗图》。当时有一位围棋国手顾师言，有一次日本王子来到长安进行围棋交流，这位王子在日本国内无敌手，气焰很盛，宣宗命顾与之对弈，顾从容镇定，结果取得胜利，日本王子大为佩服。

唐代民间棋风也很普及，著名诗人李白、杜甫、元稹、白居易、刘禹锡、杜牧等都是围棋高手。杜甫有句云："闲敲棋子落灯花"，很能说明这种闲适不迫的心情。

其时妇女精于此道的也很多，薛用弱的《集异记》中有这样一则故事，玄宗奔蜀途中，与"棋待诏"王积薪投宿客店，吹烛欲睡时，听隔壁有人说话，听口气是婆媳二人。婆婆说："今晚没事，咱们下围棋消遣吧。"房里没有灯，又分住两屋，怎么能下棋呢？原来她们是各自以口诀下棋，后来婆婆说："你输了！"王积薪记住她们的棋，第二天在棋盘上摆出来，大为吃惊，自己也自愧不如。这个故事有传奇性，却也说明妇女中有好手。宋代有位女棋子沈姑姑，是棋史上的女中豪杰，可谓一脉相承。

此后棋风更甚，并有所创造和发展，在培育人们的文化精神和聪明智慧方面，起到了独特的作用。

扬州也是个围棋传统深厚的地方。《史记》载吴王刘濞的儿子吴太子在长安与太子刘启（即后来的汉景帝），玩六博之戏，因发生争执被太子用博局击死，致使刘濞与朝廷结怨。博不是弈，并非下棋，但古代博弈连称，会博的也就会弈，如果这个推测不算牵强，可以说这透露了扬州在汉代围棋活动的一些迹象。

至于扬州围棋棋艺名扬全国，当是近代的事。这时期，扬州一带围棋活动十分活跃，出现了不少著名的围棋手和围棋研究著作。施绍周（字裴夏，号定庵）称全国围棋第一，曾在扬州著有《弈理指归》二卷。和他齐名的范世勋（字西屏），也著有《桃花泉奕谱》二卷，他的棋艺精湛，变化无穷。施和范的对弈，尚有十四局流传至今，称为《当湖十局》。施、范之后，咸丰、同治年间，扬州周小松亦以棋艺驰名当时，和陈子仙、徐耀文并称国手。周小松和同时名家对弈的棋谱，一直传至今天，仍为围棋爱好者所经常揣摩研究。他们对扬州的围棋事业，起了奠基的作用，于扬州学派、扬州画派、广陵琴派之外，形成了扬州或广陵棋派。

　　扬州围棋有光彩的过去，更有闪亮的今天和明天。

高邮天山与围棋文化

扬州市书法教育专委会理事长、教授　徐晓思

引子

五千年前，一位石破天惊的巨人——帝尧诞生在高邮天山，他凭借个人的才智力量和人格魅力，顺应历史走向，引导先民穿过晦暗的历史风雨，拓展生存之路，战胜了险恶的自然灾害，同时为了教育后代及子民，根据天象、地理，在天山利用石子等简单的材料和工具，创造了围棋（碁）。"尧造围棋，以教子丹朱。"4000多年来，围棋从它本能出发，发展成东方特色文化——围棋文化，恩泽了中华民族，也造福了整个人类。在漫长的封建时代，扬州一直都是围棋的中心。今天，回首眺望扬州西北郊——高邮天山，这围棋文化的摇篮，心中不停地感叹。

尧出天山

"神居之山在何许？秦邮之西六十里。朝朝爽气拂青天，仙人结屋曾栖此。屋前屋后皆白云，丹成气结龙虎文。春天惟有桃千树，夜静时闻鹤一声。"这是明代诗人胡俨"关于高邮天山"的一首诗。从扬州驱车往北，30公里左右处一拐，有座土山，就是高邮天山，亦叫神居山，位于高邮湖西，地处苏皖两省和高邮、仪征、天长三市交界处。

山为玄武岩。论高度，海拔四十九点五米；论大小，方圆十多华里。她竟被称为"天山""神居山""淮南第一山""淮南众山之母"。这一座低矮的小山何以称"天"，何以称"神"。

1993 年，被称为我国十大发现之一的高邮龙虬庄遗址的发现，把我国的文明史向前推了 2000 多年。我们的先人在 7000 多年前就人工培植优良水稻，在陶器、兽骨上刻画文字符号。但从文化堆积层看，至 5000 年左右龙虬人突然消失。历史记载，5000 年前曾发生过一次大的海浸，据科学家论证，龙虬人纷纷向高处迁移，一部分龙虬人西迁至 40 公里处的高邮天山一带的丘陵地区继续休养生息。这使我们与人类文明始祖尧一下子拉近了距离。4000 多年前（公元前 2080 年）于"三阿之南"诞生了一位石破天惊的伟人——尧。尧，名放勋，号陶唐氏，史称唐尧，是传说中父系氏族社会后期部落联盟领袖。《史记·五帝本纪》称赞尧曰："其仁如天，其知如神；就之如日，望之如云；富而不骄，贵而不舒……"晋代著名史学家皇甫谧在《集解》一节中说："尧以甲申（公元前 2080 年）岁生，甲辰（公元前 2060 年）即帝位，……辛巳（公元前 1963 年）崩，年百一十八，在位九十八年。"那么，"三阿之南"在何方？正确的回答是：江苏扬州的西北郊高邮的天山。其依据是什么呢？《史记·五帝本纪》"帝尧者"一节"索隐"中，皇甫谧云："尧初生时，其母在三阿之南。"商务印书馆香港分馆 1931年出版的《中国古今地名大辞典》载："三阿，在江苏省高邮县。"《舆地记胜》载："高邮有北阿镇，离城九十里，即晋时三阿。"《高邮州志》又载："东晋尝侨置幽州，太元四年苻秦将句难、彭超围幽州刺史田洛于三阿，去广陵百里……即此。"在有关历史图表上，也能清楚地看到三阿在高邮境内。由中华地图学社出版的《中国历史地图集》中，高邮湖西处就标有"三阿"地名。《明代高邮州境图》中高邮湖区从北到南标有北阿、二阿和平阿（平阿溪、平阿湖）、下阿溪，其南则为神居山。"三阿"中"三"有"多"之意，"阿"是指一种丘陵谷地毗连，积水湖沼连串的地区。这与古高邮西部的丘陵洼地相当吻合。1200 万年前火山喷发的天山，其山亘古不变的岗顶宽平，旁坡和缓，四周是黄土覆盖起伏不平的低丘平岗。而帝尧之名的"尧"其繁体字在《康熙字典》中的解释为："高也。"其上部分的三个土相叠，正象征高邮湖西、古三阿之南的土山。《说文·州部》说："尧昔遭洪水，民居山中高地。"那"三阿之南"正是"水逆行"之时三阿南边的丘陵高地——天山。据宋书记载：尧经常去附近山上观测天象，以制定历法。高邮菱塘乡中部偏北、位于三阿正南、神居山正北处有个王姚村，古时候曾称"王尧"……因此，帝尧的出生地在"三阿之南"的神居山一带高邮的天山，是板上钉钉的事。高邮境内的土山，称为"神居山""天山""淮南第一山""淮南众山之母"一点也不夸张。正如诗人吟道：

你在三阿之南一挥手

怀着大济苍生的宏愿走过五千年

神居山

石破天惊的巨人

把华夏的文明史

铸成了

经久不衰的经典

棋鬼

扬州市书法教育专委会理事长、教授　徐晓思

扬州督同将军梁公，解组乡居，日携棋酒，游林丘间。会九日登高，与客弈，忽有一人来，逡巡局侧，耽玩不去。视之，目面寒俭，悬鹑结焉，然意态温雅，有文士风。公礼之，乃坐。亦殊撝谦。公指棋谓曰："先生当必善此，何勿与客对垒？"其人逊谢移时，始即局……（蒲松龄《聊斋志异·棋鬼》）

蒲松龄的《棋鬼》读起来文绉绉的，不能老少皆宜，就不全文抄录了，索性白话道来。不过先得做点交代。

蒲松龄（1640—1715年），世称聊斋先生，康熙九年（1670），应孙蕙之邀来高邮担任盂城驿驿幕，即驿丞的总管。驿丞是多大的官呢？是比七品芝麻官还小的官。但官职小归小，直属中央领导，蒲松龄做盂城驿幕的地位自然水涨船高。

盂城驿即"华夏一邮驿，神州无同类"明代的驿站，明代《水驿捷要歌》唱道："……龙潭送过仪真坝，广陵邵伯过盂城……"盂城驿在高邮运河东岸脚下南门大街，驿站进门第一进为皇华厅，是驿丞办公之所在。驿站是古代官办飞报军情、递送仪客、运输军需的机构，还有藏匿死士、江淮官话传习所之功能。盂城驿很大，有建筑物十余处，其中柳泉草屋是蒲松龄的住处。这期间，蒲老爷子闲来没事，常在此与民聊掌故、叙家常。著有《高邮驿站》呈文及多首反映高邮的诗篇；收集神仙鬼怪故事，写成《醒世姻缘传》（化名西周生）、《聊斋志异》。《棋鬼》很好玩。下面且听分解：

扬州督同将军（都督同知，亦即副总兵）梁公，解甲归田后在乡间闲居，每日带着围棋和美酒，在扬州郊野游玩。适逢九月九日登高，梁公来到扬州北郊高邮的天山上与朋友对弈。高邮的天山也叫土山、神居山，之所以被称作土山是因为山顶上堆积的一层厚厚的土，使得草木繁茂，环境清幽；尊为神居山，相传是东晋和南北朝时失宠的大臣谢安和名士亘公曾先后在此修道、炼丹、弈棋。山不高（宋代记载此山海拔约120米，现49.5米，不知何故），可是个风水宝地，悟空寺99间，抱柱上有（清代阮元书写）对联一副：

峭壁贯东西，石棋匝地，银杏参天，望盂城双塔悬空古寺，好修佛果；

长湖绕西北，松泉飞瀑，药臼含云，看甓社一帆稳渡名山，定有仙居。

当年的悟空寺不仅是供奉菩萨的场所和僧人们的栖息之地，而且还能容留过往游人、香客食宿。悟空寺外有子母银杏树，树下下围棋的人很多，有放牛的小子、白胡子老头（也许是神仙）、漫游的雅客、得闲的将军……

话说这天早上，梁公与棋友对弈正酣，忽然有个人走了过来，在棋局边徘徊，观看他们两人下棋，舍不得离去。只见他样子贫寒俭朴，穿着一身补丁摞补丁的旧衣裳。然而气度温文尔雅，彬彬有礼，有文士之风。梁公对他表示敬意，他才坐下。

"先生一定精于此道，何不跟客人对一局呢？"梁公指着棋盘对他说。他很谦逊，推辞了半天，才开始对局。一局下完他输了，神情懊丧，但像是仍然不愿停手。又下了一局，又输了，越发羞惭懊恼。梁公请他喝酒，他也不喝，只是拉住客人下棋。从清晨直到太阳偏西，梁公连解手（小便）也没有时间。

正在因为一着棋该谁先下该谁后下争论不休的时候，忽然，这位书生离开座位，惊恐地站了起来，神色十分凄惨沮丧。不一会儿，在梁公座前跪了下来，头叩出血乞求救他。

梁公非常惊讶，将他扶起来说："不过是游戏嘛，何至于如此？"

书生说："请你嘱咐马夫，不要捆我的脖子。"

梁公又很诧异，问："是哪个马夫？"

书生答："马成。"

原来，梁公有个马夫叫马成，常去阴司充任鬼吏鬼混，每隔十来天去一次，携带冥府文书作勾魂使。梁公这两天下围棋入迷把马成给忘了，因为书生说得很奇怪，就叫人去悟空寺的招待所里探看马成，而马成已僵卧在床两天了。梁公于是申斥马成不得无礼，一眨眼之间，书生立即不见了。梁公叹息了很久，才明白他是鬼——梁公摇摇头：没想到人下棋鬼也下棋！神仙下棋也就罢了。

过了一天，马成苏醒之后，梁公把他喊来盘问。

马成说："这个书生是洞庭湖和襄江一带人士，爱棋成癖，家产荡尽。他父亲很担心，把他关在书房里。他却跳墙出来，偷偷地跑到空地方，找人下棋。父亲知道后臭骂了他一顿，他仍旧不知悔改。父亲抑郁苦闷含恨而死。阎王因为书生品行有问题，减了他的寿数，罚他进饿鬼狱，到今天已经七年了。适逢高邮泰山庙（东岳泰山凤楼）建成，东岳大帝发下文书到各地府，征集文人写一篇碑记。阎王把他从狱中放出来，让他应召作文，以便赎罪。不料他在路上拖延，大大地误了期限。东岳大帝派当值的功曹向阎王问罪，阎王大怒，派我去搜捕他。前次听从您的命令，所以没敢用绳子捆绑。"

梁公问："他现在怎么样？"

马成说："还是交给了真正的鬼吏狱卒，永远没有转生的机会了。"

梁公感叹说："都说玩物丧志，不良嗜好误人，竟到了这种地步！"

"看见下棋就忘记自己已经死了；等他死了以后，看见下棋又忘记了自己还有机会转生阳世。这不是说他所嗜好的比生命还重要吗？然而嗜好到这种程度，还没有学得一手高棋，只能让九泉之下多个不愿再转生阳世的棋鬼罢了。实在是可悲啊！"

过了几年，这件事被异史氏说到东岳大帝面前。东岳大帝捻着胡须沉思。

"好下围棋也不是什么大罪，神仙还下棋呢！还是让他转生阳世吧，以后注意就是了。"泰山娘娘（天仙玉女碧霞元君）心生恻隐，向东岳大帝求情。

正好阎王前向东岳大帝报告棋鬼近况。

"棋鬼也是可怜。痴迷弈棋弄得人不人鬼不鬼的也着实可恶，但说他'品行有问题'定罪，不让他转生阳世是不是也重了点啊？皇帝老儿也是喜欢围棋的，况且是平头百姓，就让他去下棋吧。"东岳大帝说。

"遵命！我这就去办。"阎王老爷退了下去。

不几日，梁公的寿数尽了，家人忙着为他操办后事：佬衣（寿衣）穿了，和尚、道士、吹鼓手到了，办斋饭的厨师请了，灵堂布置了，挽联写了：

戎马一生平平安安归地府；

弈棋半世舒舒服服进天堂。

披麻戴孝的孝子贤孙们烧纸、陪跪，亲人们哭起一条声……那个养马的马夫忙前忙后，得空也抹把眼泪。

晚上道士唱罢，和尚开始《叹骷髅》，坐夜的几个男人在房间里打麻将，身体壮实的亲人轮流值夜，为做佛事的、坐夜的人等做点消夜、烧点茶水。到了下半夜，除了一个大和尚闭眼念经和房间里的麻将声，周围基本算是夜深人静。

"咚咚，咚咚"棺材里好像有人在敲鼓，大家侧耳听，"咚咚咚咚"，又响了起来，长明灯摇摇晃晃的，插在倒头饭碗上的筷子倒下了，和尚一吓，木鱼槌子都掉地上了，坐夜的四个人吓得拱进桌肚，陪夜的家人也慌了手脚……一阵惊慌失措的吵吵嚷嚷，睡觉的人全起来了。

"阿弥陀佛，梁将军你安心升天，不要为难菩萨。"和尚双手合十颤抖着说。

"马成——马成——"家里人急急地呼喊梁公的马夫。

"不好，梁公脸色潮红，恐怕要变成僵尸！"道士穿好衣服前来一看，拿起笔画符。

符还没有画好，还没有贴到棺材上，也来不及贴到梁公的脸上，这时梁公从棺材里坐了起来，睁着眼睛看着周围，像天外来客似的。

"僵尸力气大，如果是，会伤人，大家准备好家伙。"道士又说，"赶快去牵头牲口来，僵尸会把活物一撕两开，见血就走了。"马成立即牵马去了。

没有吓得尿裤子、逃走的家人、亲戚、众僧、道长，有的拿着菜刀，有的拿着棍棒，有的拿着火叉火钳，有的拿着铜勺铲子……像一支小小的揭竿而起的起义队伍。

"各位亲朋好友先别动！僵尸只伤害一个人，要伤害就伤害我吧！"孝子站了出来，接着走到棺材跟前，"爹，你是不放心走还是有冤情？"

梁公看着孝子一身重孝，没说话。

"是藏宝图没交下来还是什么心愿未了？"孝子又问。

"围棋呢？我要下围棋。"梁公开口说话，把大家逗笑了。

"活了！爹又活了！"孝子声音陡然高了八度。

"将军，梁将军！"马成从马圈的旁边屋子赶来了，走上前去叫道。梁公沉下脸色。孝子把梁公从棺材里抱下来，放到床上去……

"好事好事！恭喜恭喜！"和尚道士异口同声，领了喜钱合十的合十，拱手的拱手，各散。天也放亮了。

梁公休养一日，家人打扫"战场"。

第三天，梁公说要到东岳庙里拜一下，家人喊马成，无人应答。估计又到下面鬼混去了。孝子陪着爹来到湖东高邮泰山庙，跪拜东岳大帝、碧霞元君，尽在不言中……

他们回家后，看到马成站在门口迎接了。

"早上喊你，你到哪里去了？老爷子你也不问了！"孝子有点不高兴。

"算了算了。你喂马去吧，明天我要到神居山下围棋去呢。"梁公动了动手指，示意他去忙。梁公知道马成又下去过了，棋鬼现在是梁将军了，不怕马成了。

趁梁公休息，马成悄悄把孝子拽到旁边说："他不是将军。"

"是谁？"

"棋鬼。"

"什么？你骂谁呢！"

"书生。借尸还魂。"

"胡说八道。我爹，看不到吗？"

其实马成说的是实情，他下去核实过了。但也没好讨，阎王说不要他多管闲事。要不然就不要上去了。马成再也不敢去鬼混了，老老实实服侍这位棋痴。

是日大早，备马、美酒和围棋，棋痴"梁公"出发了——到了悟空寺的银杏树下，"梁公"盘盘棋高一着，屡试不爽，无人与之匹敌。棋友们圆目惊叹："士别三日当刮目相看！哈哈。"书生本是个臭棋篓子，附梁公之身之后，加上梁公的棋力，合成了一个"棋王"。远近的玩角子闻信都想前来与"梁公"弈棋，一试身手。"梁公"日夜不分，干脆常住悟空寺，马成定期回家取酒。一时神居山上的人川流不息，弈棋者众，"梁公"的棋路神出鬼没，把马成都看傻了，闹不清是梁公还是棋鬼。

但马成还是忍不住轻轻地对"梁公"说："对不起哦！"说完和放牛娃弈棋去了。

蒲松龄《棋鬼》原文，见本书第58页。

我与吴清源老师

围棋六段　栾斌

我第一次见到吴清源老师是在20世纪80年代初的一次全国围棋比赛中。当时我正在对局，吴清源老师在夫人的陪同下走进了赛场，并在赛场中漫步观战，在走到我旁边时做了短暂的停留。依稀记得当时的局面是在"打劫"，正面临着取舍判断的局面。

第二次见到吴清源老师是在大约10年后。当时我初到日本留学，听说有吴清源老师的围棋道场，就与日本棋院的棋手一起去道场学习。吴清源老师的道场有很多专业棋手来道场学习、切磋棋艺。吴老师每次都亲临道场，亲自指导专业棋手。尤其是对年轻的专业棋手，更加悉心指导，不厌其烦地解说、反复在棋盘上演示变化图，手指间充满了一种清新飘逸、纯真无邪的氛围。吴清源老师每一次面对棋盘都像初次面对一样，聚精会神、思维敏捷、思路开阔，给在场的每一个人都注入一种清新无比的气息。被这种氛围所吸引，虽然名古屋与东京相隔300多公里，但我还是一有机会就去道场。

道场一般从下午持续到晚上，中途有短暂的休息时间，吴清源老师的夫人会端上茶水和果子等供大家放松一下。吴清源老师一般也与我们一起休息、闲聊，但他很少谈他自己，基本上都是听弟子们谈，回答弟子们的问题，他言语虽然不多，却轻松雅致，妙趣横生。

我很早就发现吴清源老师的双手很有特色：双手手指细长，左手的手指向手背方向弯曲很多，右手中指向手掌方向稍稍弯曲。有一次在道场休息时，我就问，吴老师，您的手指为什么会这样弯曲？吴老师风趣地说，我搬了一辈子的石头和纸，所以手指就成这样了！不信你们也搬搬看，手指也会变成这样的。原来吴清源老师从小就左手托着棋书，右手食指和中指夹拿棋子，久而久之，左手的五个手指就被书的重量压弯了，右手的中指也因长期在食指上面夹拿棋子而成了习惯性的弯曲。这下终于明白了吴清源老师的手为什么会是这样的了，同时，似乎也明白了一位天才的成就并非仅仅是靠天赋！

蒲松龄与宝应围棋

宝应县安宜高级中学高级教师　陈士俊

蒲松龄（1640—1715年）字留仙，一字剑臣，别号柳泉居士，世称聊斋先生，自称异史氏，现山东省淄博市淄川区洪山镇蒲家庄人，祖籍蒙古族。山东淄川是蒲松龄的故里，而宝应是《聊斋》的故乡。

蒲松龄从小受正统的封建教育，自幼热衷于科举，未及弱冠，已连着考取县、府、道三个第一，名震一时，但此后却屡试不第。极端的失望使他看穿了封建科举制度的弊端和腐败，转而发愤著书。31岁时，他迫于家贫，难以维持生计，便应了宝应知县的同乡孙蕙的聘请，成为幕宾，协助孙蕙处理政务，兴利除弊。这期间，他在宝应这块土地上留下了许多佳话，至今仍在民间传颂。清初的宝应，是苏北困苦有名的穷县。这里地势低洼，运河大堤时常溃决，泛滥成灾，还有繁重的疏河修堤之役，老百姓苦不堪言，怨声四起。知县孙蕙亦同情民瘼，忧心忡忡。一日，孙蕙正端坐公堂案前，愁思苦想。蒲松龄手里拿着二三根芦根，匆匆地赶来，焦急地申说百姓嚼芦根疏河的凄苦，又从袖中取出印满血手印的万民折，建议孙大人据实向朝廷申报，请求开仓赈济。然而孙蕙也有难言之隐，河道御史罗多催工威逼，邻县淮安知县王克己仗着县大势众，处处寻衅胁迫。最后还是蒲松龄为孙蕙出谋解围，根据户部文告，开仓救荒，敦促疏河工程，并设巧计智斗恶官王克己，除去淮安县衙差人到宝应地界抢劫运粮船只之言，受到了宝应人民的敬仰爱戴。

蒲松龄在宝应的游幕生活，虽大违素志，但闲暇时，他与社会各阶层人士接触，为他创作《聊斋志异》积累了大量的素材，正如他在《聊斋自志》中所说："才非干宝，雅爱搜神；情类黄州，喜人谈鬼；闻则命笔，遂以成篇。久之，四方同人又以邮筒相寄，因而物以好聚，所积益伙。"相传蒲松龄在宝应时，人们常见他身披布袋，内藏纸笔，走访于大街小巷，出没于泰山殿、孔庙、八宝亭及天平"九里一千墩"、射阳石门遗址等胜迹。喜与里人交谈，每听到奇闻逸事，即做记载；若有不详，必亲访查实。有时遇到民间不平之事，亦加议论，帮助排难解纷，深受人们敬重。《三借庐笔谈》中载，蒲松龄作《聊斋》时，常设茶烟于道旁，"见行者过，必强执与语，搜奇说异，随人所知"，"偶闻一事，归而粉饰之"。在宝应作游幕的一年多，正是《聊斋》收集整理资料的关键的一年。因此，《聊斋》中的不少故事带有相同成分的宝应社会生活的痕迹。

明清时期，文人间围棋活动十分风行，许多作家都与围棋结下了不解之缘，他们不但以弈为乐，而且在自己的文学艺术作品中还成功地塑造了为数众多、姿态各异的弈者形象，清初作家蒲松龄，则是其中的佼佼者。在明清的小说作品中，多有描写闺阁才女文化生活方面的细节，内中不乏围棋活动，如《红楼梦》中写的黛玉、宝钗等人，都是具有一定棋力的业余好手。《聊斋志异》与其他小说有所不同，它写的女棋手是鬼是狐。《连琐》一篇写的女鬼，生前是闺阁才女，成了鬼后，与阳间的书生杨于畏相爱，常于灯下为杨写书，字态端媚，且使购置棋具，每晚教杨手谈……人鬼有真情，后终成眷属。《狐梦》写儒生毕怡庵，虽喜弈棋，然棋艺不高，与女狐对弈，毕辄负，毕求狐指诲，狐曰："弈之为术，在人自悟，我何能益君？朝夕渐染，或当有异。"毕怡庵与狐手谈数月，自感棋力稍有增进，再与昔日交往的棋友争锋，皆认为毕棋力大进，无不啧啧称奇，但狐却还直言毕怡庵弈技未精。

蒲松龄除了小说《聊斋志异》外，还创作了大量诗词、俚曲，其中还有不少与围棋有关的真人真事，也包括他本人在内。蒲松龄与当地名士毕载绩、安去巧等人熟稔，他曾在安去巧偕老园石亭中饮酒、弈棋、拉扯家常，并为之题诗曰："……柳线丛丛带早霞，日长婢子煮新茶。青山入室人联座，白发连床月上纱。花径儿孙围笑语，石亭棋酒话桑麻。门前春色明如锦，知在桃源第几家？"毕载绩去世后，蒲松龄在《征挽毕载绩先生诗序启》中对昔日棋酒共聚之乐不能忘怀，"楸枰争道，无非乡里之亲；灯火张筵，不忘布衣之旧"。对故友的思念之情溢于言表。

蒲松龄是位作家，他对社会所做的重大贡献是创作的几百万字的文学作。从围棋角度来看，他只是一位极平常的业余爱好者，似乎对当时的棋界并无举足轻重的影响。可是，惯于用小说家的独特的审视眼光观察社会的蒲松龄却在《聊斋志异》《棋鬼》篇中对当时文人中染有不良风气的围棋活动提出了尖锐的批判。

清代，民间赌风甚盛，蒲松龄曾在友人孙蕙的县衙中一度当过幕僚，对赌博产生的恶果，他了解得入木三分，他在《赌博章第二十四》一文中列举了许多社会上的赌博现象，认为用象棋、围棋赌博只是表面上儒雅一点而已。一旦深染赌博恶习，往往不能自拔。《棋鬼》所描绘的落魄书生就是用围棋为赌具，荡尽家产，气死老父的痴心赌徒。蒲松龄还曾用俚曲《俊夜叉》劝诫人们："不成人赌博第一，望赢钱真是胡诌；大瞪着眼跳深沟，好似疗疮痒痒难受。起初时小小解闷，赌热了火上浇油；田产不尽不肯休，净腔光才是个了手。"蒲氏认为雅赌终究是赌，一旦习以为常，终无善果。早在围棋活动还不十分普及的三国时期，已经有人以棋为赌具，赌及衣物，但它波及的范围并不大。到了民间赌风甚盛的清代，棋赌对于生活在社会下层的知识分子很有感染力，社会影响较大。蒲松龄曾在县衙接触过不少案例，其《棋鬼》中的湖襄书生很有可能是当地某一案例中真人实事的艺术造型。当然，蒲松龄丝毫没有贬低围棋的意图，他的本意是劝诫后人，引以为戒，莫玩物丧志而已。是赌，一旦习以为常，终无善果。

浅说扬州成为围棋名城的几个要素

中学高级教师　朱元明

扬州是历史文化名城，也是围棋名城。

围棋何时在扬州流行？由于这方面明确记载的史料很少，广为流传的淝水之战中下棋赌别墅的谢安的故事使我们知道了扬州最早围棋人物的名字。但可以推测，至少汉魏时期，吴越之地围棋就已流行。杜牧有诗曰："一灯明暗复吴图。"吴图则是从那个时代沿袭下来的对棋局的代称。其时，广陵重镇当是棋手纵横驰骋的战场。

在此之后，扬州籍的棋手出现过一批中国围棋史上重要的人物。他们的代表是南齐的娄逞、南唐的徐铉、大周后，北宋的吕溱，明代的方渭津，清代的黄龙士、周小松。

娄逞和大周后都是女棋手。在那个时代为下棋娄逞曾女扮男装。大周后是南唐李后主的夫人，不但围棋水平"妙绝"，而且是艺术修养极高的美人，这样的身份，更为后人津津乐道。

徐铉是南唐才子，我国第一部全面研究围棋理论的著作《棋图义例》就是他写成的，他创新改革的记谱方法沿用至今。

吕溱是北宋政治家，宝元年间的状元，当时第一国手。他高超的围棋艺术可与欧阳修的文章、蔡襄的书法相提并论，鼎足而立。

方渭津代表了明代围棋的最高水平。这是一个天才棋手，十三岁时便与号称"天下第一品"的京师派代表人物李釜旗鼓相当。到了晚年，在他身上体现出围棋的最高艺术境界："临局若无意，遇敌若不知……处胜而若不争，局若澄波，心如皓月。"

黄龙士是承前启后的巨匠，他转变了流行多年的狭窄滞重的棋风，开出一代阔大深远又轻灵多变的风格。他的围棋艺术成就使他与黄宗羲、顾炎武这样的儒林学士并称为"十四圣人"。中国棋坛上，自古至今获如此殊荣的唯有斯人。

周小松是晚清棋坛上的最后一座高峰。他为振兴日渐衰弱的围棋呕心沥血，留下多部围棋著作，为后人称道。

扬州自古就是人文荟萃之地。古往今来，与扬州有关的围棋国手或爱好围棋的名人就更多了。他们在扬州或游览或长期居住，他们身上衍生出的围棋故事、诗歌、构成一道绚丽多彩的围棋文化风景。他们中有李白、白居易、刘禹锡、杜牧、杜荀鹤、皮日休、杨行密、庞师古、欧阳修、苏轼……

围棋发展至清康、乾时期，出现惊涛卷雪般的壮观。这一时期，扬州成了全国围棋活动的中心，"海内国手几十数辈，往来江淮之间"。李斗的《扬州画舫录》为我们勾勒出当时的盛况："画舫多以弈为游者"，"香生玉局，花边围国手之棋"，"樊麟书、周懒予、周东侯、盛大有、汪汉年、黄龙士、范西屏、何周公、施定庵、姜吉士诸人，后先辉映"。

上述诸人都是如雷贯耳的国手，尤其是范西屏与施定庵，代表了中国封建社会围棋的最高水平。时人誉范西屏为"海内棋圣""弈林太白"，称施定庵为"棋中杜陵"。乾隆四年（1739），两人在当湖对弈十局，这是古代围棋中的登峰造极之作。同代棋手认为"寥寥十局，妙绝千古"。今人陈祖德评价更高："他们在纹枰上所表现出的综合统筹全局的方略，惊心动魄的手法，精妙深奥的技巧，以及沉毅坚强的风格，不正体现了中华民族的智慧和才华，精神和气质吗？"这十局中的许多下法，范、施后来在扬州写成的《桃花泉弈谱》和《弈理指归》中多有评述。

范西屏、施定庵虽然出生在浙江海宁，但造就他们走上围棋生涯辉煌顶点的却是扬州。施定庵第一次来扬州时，住在盐运史卢雅雨处，卢对他礼遇甚周，以至于施再次来扬后，索性长期客寓，并在扬州写成多部著作，最有价值的数《弈理指归》。这部棋著几乎总结了当时围棋的全部着法，如纳百川之大海，异常丰富而精深，与《桃花泉弈谱》一起被称作古典围棋的典范之作。

范西屏五十岁之后，也长期居住扬州。盐政使高恒将他安排作幕僚，住在盐运署。扬州后起之秀卞文恒携着《弈理指归》求教范西屏，疑难变化之处范均详细解说。后来范根据书中原有的棋局，加上自己的教学心理，"择其文化"，写成棋谱两卷。当时盐运署西面有桃花书屋，阶下有一井名桃花泉，高恒便题书名为《桃花泉弈谱》，并拨署中公款代印此书。《桃花泉弈谱》"戛戛独造，不袭前贤"，独到深刻地表现了范西屏的超群见识，一经问世，立即震动棋坛，洛阳纸贵。以后又重新刻印多次，后世棋手大概没有人不知道这部巨著。

中国围棋为何如此偏爱扬州？扬州成为围棋名城，不是历史偶然的垂青，这座钟灵毓秀的文化名城，它身上最具有适合围棋艺术发展的充分条件。

有着两千五百年建城史的扬州，濒海临江，地理位置得天独厚。自隋炀帝开凿运河后，它的交通枢纽位置更优越。自隋而降，经唐、宋、元、明、清，扬州历代经济繁荣，延续不断。其间虽屡遭劫磨，尤其是改朝换代之际，饱受战火的摧残，几度荒芜，但都能在较短的时间内，重新崛起，再度成为经济重镇，这样的城市在中国历史上并不多见。连续不断的经济繁荣，为文化发展奠定了雄厚的物质基础。南北文化甚至海外文化在这里交汇，这座运河之城以自己开放的胸怀，兼收并蓄，形成自己富有特色的博大精深兼有个性的地域文化。宋振庭先生在《扬州是唤起中华民族自豪感的地方》一文中说：扬州的文化是综合性的文化，鱼和熊掌兼得，各种文化都可以在这里找到所爱。曹世潮先生在《扬州文化的个性及其对世界的意义》一文中也说，"扬州2500年的历史发展出人性的、情感的、艺术的、心理的、精神的生活都在这里积淀"；"无论生活的、休闲的、娱乐的、还是衣、食、住、行、琴、棋、书、画、花、鸟、虫、草都充分展开，都是细致入微，精致见性的"。

休闲的、娱乐的、同时又是博大精深、细致入微的围棋艺术与扬州传统的个性文化如此相近，于是它理所当然地偏爱扬州了。

千年运河水、为南来北往的棋手们提供了舟楫交通之便，文脉相传的个性文化和围棋传统，则是棋手们的精神同往，而清康、乾时期扬州盐商对围棋的参与，又为扬州棋坛增加了强有力的经济法码。

当时的扬州盐商以徽商为代表。他们不但腰缠万贯，更重要的是大都具有相当文化的商人，或具有经商才干和经验的文化人。他们懂得政治经济与文化艺术之间的玄妙关系。在文化名城扬州，他们将扶持的目光投向文化艺术，一掷千金，刻印书籍，建立书院，资助文人。前文所说的《桃花泉弈谱》和《弈理指归》的问世就有盐运史高恒、卢雅雨的功劳。在他们的推动下，扬州的书画艺术、戏曲艺术都推向繁荣。

值得一提的是，盐商中不乏围棋爱好甚至国手。比如盐商汪志德，"虽寄迹于商，尤潜心于学问无虚日，琴棋书画不离左右……"盐运使卢雅雨也爱下围棋，在任时不但修褉虹桥，还倡导并参加了虹桥的诗文之会和围棋活动。他的棋艺并不算高，一次在画舫与张辂对弈，张辂是文化素养很高的扬州寒士，弈前朋友告诫说，与盐运史下棋，最好胜一盘，负二盘，张辂点头称是。可是一下起来，四盘皆胜，座中之客都"为之色变"。胡兆麟却是盐商中的高手，与同辈国手对阵，骁勇无比，百战百胜，被戏称为"胡铁头"。但遇上范西屏、施定庵，他只有俯首称臣了。他与范西屏赌棋星夜求救于施定庵的故事已成为棋坛趣话。

除盐商外，还有其他因素。

一、清代名手多出身扬州四周。如徐星友是浙江钱塘人，周东侯是安徽六安人，程兰如是安徽新安人。其他如盛大有、沈赋、俞永嘉、过文年、李良、董鹿泉均是吴越人士。

二、扬州本土多有国手。可能精于艺文掌故的李斗先生疏于围棋之道吧，在《扬州画舫录》中断然说："扬州国手只韩学元一人而已。"其实在李斗先生所指的那个诸多国手后先辉映的年代，扬州籍国手至少5人：季心雪、周元服、卞邠原、卞子兰、韩学元，都是享誉棋坛的人物。

专门提一下卞邠原这个扬州的围棋世家。祖父卞邠原是康熙时的一流国手，儿子卞子兰，也是国手，著有"起手侵分角图诸法"十余种。孙子卞文恒更为出色，他是一个好学的青年，《桃花泉弈谱》《弈理指归》的成书均与他有关。他的学习方法不是墨守成规，而是取范、施"二师传授之秘，及之兰庭训之精，细加揣摩，将其繁冗者释之，简略者补之"，形成自己全面周密，尤重官子的风格。范、施去世后，卞文恒主持东南棋坛数十年，"负弈学盛名"。

三、扬州民间也有高手。《履园丛话》记载，范、施有一次夜宿一处村塾，双双输棋给一个小儿，害得两位大家"怅若失"。又有一回，范在一座寺庙与一樵夫对弈数局，都不能取胜，受到樵夫的嘲弄。孰真孰伪，难以考证，不过起码说明一个事实：扬州民间有藏龙卧虎之辈。连收集天下奇异之事的蒲松龄也知道围棋高手出扬州，《聊斋志异》中，"见弈遂忘其死"的棋鬼看到扬州人下棋，居然也"逡巡局侧，耽玩不去"。

优美的自然环境也是一个重要因素。竹西佳处，淮左名都，运河水依城而过，瘦西湖蜿蜒西郊，"两岸花柳全依水，一路楼台直到山"，扬州城内还有错落有致的园林，风景如画。围棋是一门高雅的艺术，棋手们都讲究手谈的氛围。欧阳修下棋需要"人间与世远，鸟语知境静"；苏东坡追求的是"松阴满地，不见一人，惟闻棋声"，只要有这种超然环境，哪怕是一整天观棋，他也不厌倦。清幽的平山堂、谷林堂应是他们理想的围棋天地。唐代的杜牧在扬州任过职，他对围棋恋情很深，不亚于青楼玉人，尤其是后来在仕途上不得意，便"借酒放情，寄意声色，尤忘形于弈棋"。他是喜爱在风竹声里下棋，他在诗中写道："别后竹窗风雪夜，一灯明暗覆吴图。"程兰如与韩学元、黄及侣对弈一个多月，也是在扬州秋色秀逸的晚香亭。范西屏居住处有桃花书屋，阶下有桃花泉古井，可见环境之幽美，所以写成棋著取名都富有诗情画意。

交通的便利，经济的繁华、文化的昌盛与个性、文脉相传的围棋传统、乐于资助的盐商、众多的国手、秀美的风景，有哪一座城市能具有如此之多的有利于围棋艺术的条件？于是，高雅的艺术之神选择了它。它在中国围棋史上的地位，可借用唐代诗人徐凝那经久不衰的诗句囊而括之："天下三分明月夜，二分无赖是扬州。"

一灯明暗覆吴图

中学高级教师　朱元明

用黑白小子结兵布阵，逐鹿于十九道经纬之间的天才发明家，当初做梦也不会想到，这被人们称作"弈""围棋""手谈""坐隐"的玩意儿，当悠悠历史湮没了许多"国粹"之后，在一些国人对传统投以污蔑一瞥的今天，它却轰轰烈烈地震动着整个中华乃至亚洲。自聂卫平以一旅孤军之悲勇连夺中日围棋擂台赛三次挂冠以来，这门地地道道的中国传统艺术令人悦耳之音响彻街头巷尾。真不愧是有着光辉棋史的古城！就在这些古棋手的后裔们反复操演先人引以为傲的技艺时，有位小子却默然躲进小档，反复搬弄一册册泛黄的旧籍。日复一日，小子先是拍案惊奇，继而扼腕叹息，最后喃喃自语：琴、棋、书、画，同为吾国四大古典艺术，这围棋可以陶冶性情、修身养性、磨砺意志、增长智力，它流传最广，好之者最多，世人却为何偏偏冷落它的历史而垂青其他三者？小城的后裔们似乎也沉醉在扬州八怪、扬州戏剧的墨海里，不愿施舍一滴余液于它，而它在扬州的历史却是丝毫也不逊色于八怪和戏剧的啊！

可以毫不夸张地说：如果没有扬州这块钟灵毓秀的土地，中华民族光辉的围棋史将黯淡许多！

扬州围棋溯源

围棋起源于何时？古人众说不一，今人则以考古发现雄辩地证明，围棋在原始末期已具雏形，纵横交错的棋盘图形当今也基本形成。唐墓出土的随葬品中，围棋盘已相当精美。只不过围棋的发展同其他事物一样，也有一个由简到繁的过程，就棋盘上的线条而言，初时十道、十三道，到了东汉才演变成如今的十九道。东汉以后相当一段时间，各地区的棋盘也不统一，直到唐代还有十五道线的。

围棋何时在扬州流行？古人留下的围棋史料很少，与扬州有关的更是寥若晨星，因此最早的扬州棋坛人物只能追溯到东晋的谢安。但可以推测，至少汉魏时期，吴越这地围棋就已风行，杜牧有诗曰："一灯明暗覆吴图。""吴图"则是从那个时代沿袭焉的棋局的代称。其时，广陵重镇当时棋手纵横驰骋的战场。实在委屈那些沉没在茫茫史海中的扬州古棋手了！这是没有奈何的事情，即使是围棋初盛会时期棋手辈出的春秋旧中国时代延续了五百年左右的历史中，史籍也只记住了一个叫弈秋的幸运者啊！

那么，扬州围棋史只好就从谢安说起了。谢安是东晋著名的政治家，淝水之战时，任征讨大都督。谢安指挥这场战役的一个重要场所就在广陵。有意思的是，谢安自始至终以一个棋手的姿态参加这场战役。苻坚大军压境，谢安引而不发，却召前锋都督谢玄下棋赌别墅。本来谢安棋艺不敌谢玄，这次却大胜。完局后，这才向忧心忡忡的属下一一部署破敌方案。前方在打仗，他却在下棋。捷报传来，他一目十行后，声色不动，照样布子。棋客受不了了，迫不及待地询问战况，他说，儿孙辈已破贼了——大将风度十足地为这场大战画了个棋子状的句号。

顺便说一下，大将风度也不是那么好学的，唐代末期，有个庞师古就东施效颦地在江淮大地上送了命。徐州节度使庞师古率军攻打盘踞扬州的杨行密，杨行密决淮放水，庞师古却在洼地营帐里"围棋军中"，稳如泰山，还斩了一个因报告险情而坏了他弈兴的倒霉虫。结果，庞师古做了江淮肥鱼的美食。那黑白棋子也使水族们不愁果腹后的余兴了。

好棋的唐宋诗人和官员

江淮之水能葬送贪弈者的性命，却也乐于为棋士们提供方便之舟。隋炀帝开凿的运河像一条巨大的输液管，催育出一个"富甲天下"的唐代扬州，吸引着文人墨客不顾背井离乡之苦来赏十分明月。

这是一个"诗如潮涌，棋如星云"的时代，烟花三月下扬州的诗人们中有许多围棋水平都不坏，这鲜为人知的"隐私"却被他们自己的诗歌道破。

"赢形暗去春泉长，拔势横来野火烧。守道还如周柱史，鏖兵不羡霍嫖姚。"一个叫马永卿的对杜牧《送国棋王逢》诗中的这两句，简直五体投地地佩服，比喻如此生动贴切，"真赠国手诗也！"

据说杜荀鹤是杜牧的私生子，血液里也流着老子好棋的遗传基因，下起棋来不顾一切，"有时逢敌手，当局到深夜"。棋风却与老子相反："得势侵吞远，乘危打劫赢。"老子淡尝滋味，儿子胀死不休。

与白居易同登栖灵塔的刘禹锡，他的弈棋诗则是名诗人与高棋手相结合生产出的特美丽的混血儿："雁行布阵众未晓，虎穴得子人皆惊。"精彩漂亮之至。

写"若无水殿龙舟事，与禹论功不较多"的皮日休总喜欢假设，他写《原弈》，不同意古代盛传的围棋始于"尧教丹朱"的说法。前提：尧这样仁义礼智信俱佳的五项全能冠军，必须想不出：害、诈、伪、争四毒皆全的围棋。结论：这是品性恶劣的纵横家们想出来的。当今围棋全盛之时，纵横家们要向这位"思辨型"诗人致礼了！

专门提一下杜牧，这一位与扬州关系最密切，祖父杜佑在扬州做过官，他本人也在扬州任过职，他对围棋恋情很深，绝不亚于青楼玉人。他曾信誓旦旦地准备七十岁以后在棋盘上消磨余生，可是仕途上不得意，空有一身本领却无人重用，于是便提前"借酒放情，寄意声色，尤忘形于弈棋"。后来又与国手王逢相遇，写出惨兮兮的《重送绝名》："绝艺如君天下少，闲人似我世间无。另后竹窗风雪夜，一灯明暗覆吴图。""闲人"两字道出不习的酸楚，连我们扬州人也认不出这是当年"喧阗醉年少，半脱紫茸裘"的翩翩少年了。

赳赳武夫创立的赵家王朝却崇尚文气，宋代士大夫中爱下围棋的很多。文章太守欧阳修，自号"六一居士"以一老翁游驰在五项嗜好之中，"有棋一局"是其中一项，欧公下棋需要"人间与世远，鸟语知境静，"可以想象，在自己建造的开门见山上，欧公是怎样的"解衣对子欢何极"，"独收万籁心，于此一枰竞"。在平山堂后面建谷林堂的苏东坡也是棋迷。他有自知之明，一直不满意自己水平的一般，他一棋"醉翁之意不在酒"，追求的是松阴满地，不见一人，唯闻棋声。只要具备这种超然情趣，哪怕是一整天观棋，他也不厌倦。清幽的谷林堂必然是他理想的围棋天地了。在沈括著的《梦溪笔谈》中，记载了扬州的唐城和二十四桥，他对围棋的爱好则在数学演绎上。他研究出计算棋局变化的方法，从二路四子一直推算到六路三十六子，精确地算出后者可变化的棋局变化的方法，从二路四子一地推算出后者可变化的棋局是二五兆九二四万六千三晨五十二亿八千二百三万一千九百十六局，可是七路以上的变化，他也因"数多无名可记"而望棋兴叹了。高邮人陈造却是将围棋与杯中之物等同起来，这个淳熙二年（1175）的进士，官至淮南西路安抚使参议，因不满朝政腐败，就日日敲棋消愁。

与扬州有关的唐宋官员中，棋艺最高的非吕溱莫属。吕溱，字济叔，是宋宝元年间的状元，做过龙图阁直学士兼开封府尹。吕溱的围棋被推为当进第一，朝廷上下流传"欧阳永叔不夸文章，蔡君谟不夸书，吕济叔不夸棋"的说法。他做官为政也和下棋一样出色，清廉公正的事迹类似包拯，因此得到"吕龙图"的美称。

徐铉与方子振

尽管吕溱艺冠一时，以小子之见，也只能纳入业余爱好者之流。清以前，在中国棋史上有举足轻重影响的扬州人物，一个是晚唐的徐铉，一个是明代的方子振。徐铉是以文学才华驰名于世的南唐才子，也是"卧榻之侧，岂容他人鼾睡"故事里的一个重要角色。这个学者型的围棋爱好者，将围棋纯粹看作修身养性之举，"本图忘物我，何必计输赢……不如相视笑，高咏两三声"。与自己身份相符，学者型的徐铉写了《棋图义例》《金谷园九局图》《棋势》等具有理论性的著作，其中《棋图义例》被后人认为是我国第一部全面研究围棋理论的著作。他很聪明地为围棋的十九道线起了名称，分别是"一天、二地、三才、四时、五行、六宫、七斗、八方、九州、十日……"，取代了古代以平、上、去、入分四隅、交杂难辨的方法。因为简洁方便，易于记忆，对后来棋谱的推广和流传起了很大的作用。这个善于改革的才子又将弈棋术语"定正精神"，一些叫法，如"立""飞""尖""关""冲""断""顶""点""扑""夹"等，一直沿用至今，值得扬州人骄傲。

　　方子振是扬州历史上的第一个专业棋手。也许因为朱元璋、刘基、徐达之一帮开国君臣都痴迷围棋吧，明代围棋显出勃勃生机，名流国手接踵而至。这时扬州升起一颗光华耀目的巨星方渭津。方渭津，字子振，明神宗时人。他是天才棋童，十三岁时便已天下无敌手。号称"天下第一品"的京师派代表人物李釜路过扬州，与天才少年纠缠上了第一局，李仅胜一子，第二局，则轮到方子振凯歌高奏了。时人对方子振小小少年如此手段大惑不解，以为是得到仙助，于是敷衍出一个与张良拜师一模一样的方子振学棋的故事，故事地点就在琼花观。《江都县志》也称他"精弈有神解"。方得少年成才，应该说既得力于天赋，又是刻苦钻研的必然结果。他幼年上私塾时，迷恋围棋已是如醉如痴，每天在课桌下布局算计，老师责罚无效，只好由他一意孤行。方子振虽无仙人指助，成年后弈棋却颇具仙家风骨。他外貌"渊静闲止，神观超然"，对弈时，"闭目端坐，如入禅室""每下一子，如钉着局上，不少挪动""渭津急漫布子，腕下无一俗着，殆仙人谪堕尔"。越到晚年，他下棋越是炉火纯青，到达围棋艺术的最高境界："临局若无意，遇敌若无知……处胜而若不争，意气闲闲，啸歌自适……局若澄波，心如皓月。"方子振卒于何年，诸书均无记载，是化仙而去了吧！他为后人留下了一部《弈微》。

　　方子振的出现，犹如一声号角，预示着扬州棋坛一个万马奔腾的局面即将到来。

星汉灿烂的清代棋坛

　　经过几千年的孕育、发展，围棋前进到清康熙、乾隆年代，涌出一个惊涛卷雪的壮丽图景，大批出类拔萃的国手络绎而出，各领风骚。作为一个著名的商业城市、东南城区的文化都会，扬州古城成为全面围棋活动的中心之一，黑白星辉闪耀在淮左名都的青山秀水之间。虹桥画舫又是扬州围棋的中心，从李斗撰写的《扬州画舫录》里可以观其盛况之一斑。"画舫多以弈为游者"，"香生玉局，花边围国手之棋"，"樊麟书、周懒予、周东侯、盛大有、汪汉年、黄龙士、范西屏、何应阉、施定阉、姜吉士诸人，后先辉映"。上述人物在棋坛的名场都是如雷贯耳。有名的清代围棋评论家邓元鏸将清一代国手列出190人，金字塔般分作五等，超凡入圣，凤负重名的9人是塔尖，称"大家"，分别为施定庵、范西屏、程兰和、梁魏今、黄龙士、徐星友、周勋（周东侯）、陈子仙、周小松。九位大家的经历，几乎都与扬州密切联系在一起。

如此阵容的国手云集扬州，绝非偶然。这座城市成为围棋中心的先决条件很优越：悠久的围棋史，加上经济重镇、舟楫便利、人文荟萃，再加上扬州有爱好围棋腰缠万贯的盐商。棋下得再起，总不能将棋子当饭吃，君不见当今唱歌跳舞不要大亨们赞助？那里的扬州盐商可是愿为棋士们一掷千金的。再有清代名手多出自扬州四周，如徐星友是浙江钱塘人，周勋是安徽六安人，程兰如是安徽新安人，其他如盛大有、沈赋、俞永嘉、过文年、李良、董鹿泉、陈子仙、刘福山等等，均是吴越人士。除了这些得天独厚的条件以外，还有一点不可疏忽，扬州本土多有国手。可能精通扬州艺术掌故的李斗先生疏于围棋之道吧，在《扬州画舫录》中断然说："扬州国工只韩学元一人而已。"其实在李斗先生所指的那个诸多国手后先辉映的年代，扬州籍国手至少有5人，季心雪、周元服、卞邠原、胡兆麟、卞子兰这些威震棋坛的人物，不幸都被李斗先生开除乡籍了。

八方英雄会聚，"海内国手几十数辈，往来江淮之间"，扬州城就是一个以棋会友的超级擂台。棋逢对手，将遇良才，国手们捉对儿厮杀，魂系扬州，留下许多逸事趣闻。

周懒予是画舫常客，一日贪战至晚，扬州城北壁镇淮门早已关闭，只好去投宿枝上村（在今天西园附近），却因头脑里惦记着棋谱，懵里懵懂寻不着，竟在古冢中过了一夜。范西屏很促狭，一次上扬州，看见一家小客店里有人赌棋，就加入行列，竟然输棋，于是将胯下的驴子抵押。几个月后，他又来到小店再赌，赢得轻松，驴子物归原主。他暗自窃笑：略施小计，驴子养得膘肥体壮，省却很多麻烦。范西屏、施定庵杀遍国手无敌，就寻草莽英雄消遣。《履园丛话》记载，有一回范、施夜宿一处村塾，双双输棋给一个小儿，这次可不是靠阴谋诡计，害得两位大家"怅若失"。又有一日，范在一座寺庙里与一樵夫对弈数局，都不能取胜。伤心地受到樵夫的嘲弄。有人以为这是为故意贬低范、施而虚构，孰真孰伪，难以考证，不过起码说明一个事实：扬州民间有藏龙卧虎之辈。连搜集天下怪民工之事的蒲松龄先生也知道围棋高手出扬州，《聊斋志异》中，"见弈遂忘其死"的棋鬼看到扬州人下棋，居然也"逡巡局侧，耽玩不去"呢！

这座千古风流的城市具有吸引力了！棋士的最大夙愿难道不是战胜高手？与同好在风景的古城里手谈，难道不是人生的一大乐趣？国手们乐而忘返了，交战、思考、再交战、再思考，一只只聪明绝世的脑袋里超人的思维，成为一部部流芳百世的弈谱，粗略统计一下，清一代扬州棋手撰写的，或在扬州写成的，抑或与扬州棋手有关的棋著，竟有二十余部之多！

纵观清一代扬州棋坛，它的盛况犹如广陵潮：波涌云乱，蹜壁冲津，披扬流洒，不可胜言。它在全国围棋中的地位，可借用徐凝经久不衰的诗句囊而括之：天下三分明月夜，二分无赖是扬州。

两座高峰

中国围棋前进的历程，并不是一帆风顺的，特别是它的初级阶段，遭到正人君子们的反对。孔子在《论语》里也说："饱食终日，无所用心，难矣哉！不有博弈者乎？为之，犹贤乎已。"这就断定了喜欢这无聊消遣的围棋的人与贤人达士无缘。孟子则是深恶痛绝地将弈棋视作五不孝之一。倘若两位夫子知道千年后，有一个叫黄龙士的扬州人，因围棋下得好而与当朝大儒们并称为"圣人"，恐怕又要哀叹世风日下、礼崩乐坏了。

黄龙士，名虬，又名霞，字月天，清顺治八年（1651年）出生在泰县姜堰。名棋手似乎从小都是聪明人，家境贫寒的黄龙士，十来岁就随父亲到处闯荡，凭他天才的棋艺维系生活，同时又是有目的地磨炼自己的局上功夫。几经坎坷，黄龙士十八岁时便是出众的国手，在周东侯、盛大有众多高手驰骋棋坛的形势下，他如异军突起，似"淮阴用兵，战无不胜"，以鹤立鸡群的霸主姿态"一切俯视之"。

黄龙士在围棋史上到头重要，是承前启后的巨匠，他转变了流行多年的狭窄滞重的棋风，开出一代阔大深远又轻灵多变的风格。他下棋出神入化，仿佛太极高手："寄纤秾于淡泊之中，寓神俊于形骸之外，所谓形人而我无形，庶几空诸所有，故能无所不有也。"他精辟独到地总结了自己的战略战术，大公无私地公布于众："壁疆启宇，廓焉无外，傍险作都，扼要作塞"，这是布局起子的要领："壤趾相错，锋刀连接……战则单师独前，无坚不拔，守则一夫当关，七雄自废"，这是边腹攻防之大略，至于虚虚实实，正正奇奇的灵活机动的战术，他生动地连举几个著名战例进行比喻："曹公以荆为饵而渔中原，亚夫以梁为委而罢吴楚，项羽以正兵救赵而先破秦，孙膑以奇兵救韩而直走魏。"不懂围棋的人读了恐怕也会入其神境了。正因为黄龙士对弈理的认识高人一等，凡对弈之局，尽是惊人之作，尤其被后人叫作"血泪篇"的与徐星友的对局，殚心积虑，新奇突兀，使人拍案称奇。

黄龙士的一切用兵之道均收入他的著作《弈括》及《黄龙士全图》。人们将范西屏的《桃花泉弈谱》和施定庵的《弈理指归》比作李杜之诗，将黄的著作比作陶谢之诗。黄龙士的卓越成就，使他获得与黄宗羲、顾炎武等儒林学士并称为"十四圣人"的殊遇。可惜一代骄子中年早逝，运出棋局以外的功夫，"诱以声色"，促使其夭寿。这倒叫人深叹身怀传统绝技的大师还是栽倒在传统手法上了。

如果说黄龙士是清代扬州籍棋手中的第一座参天高峰，周小松则可以毫无愧色地排为第二座。

周小松，名鼎，嘉庆年间出生在扬州。此前清政权已越来越腐败，中国围棋也日趋冷落衰败。周小松毕生致力于重振围棋，为日薄西山的棋坛带来一抹夕照。

自古英雄出少年，周小松年幼时已名震乡里。十八岁时，周小松拜清代"十八国手"这一仪征人释愿船为师，与释愿船对弈一百余局后，进步很快，又求教于董鹿泉，二十余负便轻巧地领到国手的文凭。清末的国手几乎都和周小松较量过，只有浙江人陈子仙和他平分秋色，陈与周既是对手，又是挚友，由于他们艺城市群冠，时人合称为陈周。

周小松性格"平易近人如才学究"。他的棋艺如"金丹九转，炉火纯青"，他的为人则"如名儒硕士"。这位才学究平生注重围棋研究和著书立说，他行箧中藏棋谱30局，都是平时和名手对垒的精华，经常赏析研究，后来加以评述，编成《餐菊斋棋评》一部。这是清末棋谱的代表作，其评语细密准确，实用价值很高。他还著有《新旧弈谱汇选》四卷，《皖游弈萃》一部，前者是清初至清末著名棋家弈局的萃，"搜采颇称精备"。

周小松下棋亦如做学问，态度极其认真，每次对弈都尽力为之，无论对手是阳春白雪还是下里巴人。相传曾国藩一次请他下棋，他让九子，最后将曾棋分割成九块，每块勉强成活。曾国藩恼羞成怒，竟赶他出门，全然不顾自家的尊严。

周小松活了七十余岁，曾经周游全国各地，称霸弈台近半个世纪（陈子仙早逝）。他虽为振兴围棋呕心沥血，但也无力回天，中国封建社会围棋的最后一道晚霞消失在扬州，只留下苍茫的暮色。

四大家

黄龙士、徐星友之前的一人以绝对优势独霸棋台的局面被打破，棋坛风云从春秋五霸转向战国七雄。你有丈八蛇矛，我有青龙偃月刀，杀得难分难解，形成了梁魏今、程兰如、范西屏、施定庵群体称霸的时代。后人认为这四大家代表了中国封建社会围棋的最高水平。

四大家中，实际上范、施棋高一着。时人誉范西屏为"海内棋圣""弈林太白"，称施定庵为"棋中杜陵"。范西屏确实有点李太白狂放不羁的性格，与人下棋，速度很快，别人长考，他"嬉游歌呼"，甚至伏案起鼾。投子时似乎漫不经心，而到生死攸关之际，往往一直落枰，先前下的棋子忽成风云雷雨，体势皆灵，观看者无不为之咋舌，称之为仙。范的为人也和下棋一样，倜傥任侠，潇洒不群，常常将赢得的钱财随意散尽，囊中不留一文。施定庵帅与范相反，从小形成的文静性格贯穿他围棋生涯的始终。他弈地敛眉深思，长考后方慎重落子。有人形容他下棋如大海巨浸，含蓄深远中老骥驰骋，不失步骤。当时也只有他能与范屏分庭抗礼。两人曾对弈十局。这十局下得惊天地泣鬼神，是两人一生中的扛鼎之作，也是古代围棋的登峰造极之作。同代棋手认为"寥寥十局，妙绝千古"，今人陈祖德评价更高："他们在纹枰上所表现出的统筹全局的方略，惊心动魄的杀法，精妙深奥的技巧，以及沉毅坚强的风格，不正体现了中华民族的智慧和才华、精神和气质吗？"这十局棋中的许多杀法，范、施后来在扬州写成的《桃花泉弈谱》和《弈理指归》中多有评述。

范、施虽然辉煌于海宁，但造就他们光辉业绩的主要土壤却是第二故乡——扬州。施定庵一生浪迹江湖，43岁开始，生活之舟基本在扬州抛锚，以后虽偶有外游，大部分时间都在扬州度过。第一次来扬州时，他住在盐运使卢雅雨处。扬州的盐商很懂得艺术与政治经济相互间的玄妙关系，不时出资扶植地方议文化事业，对来扬的文人士亦能以礼相待，甚至一掷千金，卢雅雨便是这类盐商的典型人物。卢雅雨对施定庵这样名闻海内的围棋大家礼遇甚周，以至于施再次来扬后，索性长期客寓，安度晚年。在扬州期间，他一面与往来棋手都直接受过他的教诲和除了教学外，他还在扬州定居民多部著作，最有价值的数《弈理指归》。这部棋著几乎总结了当时围棋的全部着法，如纳百川之大海，异常丰富而精深。这是他一生心血的结晶，与《桃花泉弈谱》一起被称作古典棋谱的典范之作。

范西屏五十岁以后，也长期居住扬州。盐政使高恒将范安排作为幕僚，住在盐运署。后起之秀卞文恒携着《弈理指归》求教范于民间，疑难变化之处范均详细解说。后来范根据原有棋局，加上自己的教学心得，"择其变化"，写成棋谱二卷。当时盐运署西面有桃花书屋，阶下有一井名桃花泉，高恒便题书名为《桃花泉弈谱》，并拨署中公款代印此书。《桃花泉弈谱》

"戛戛独造，不袭前贤"，独到深刻地表现了范西屏的超群见识，一经问世，立即震动棋坛，洛阳纸贵，以后又重新刻印多次。它在棋界的影响，有如文学上的《红楼梦》，当今棋手大概没有人不知道这部巨著的。

虽并称四大家，程兰如、梁魏今二人的棋道实际上要比范、施稍稍逊色一些。程比范、施年长二十多岁，他的棋风稳健雄浑，《扬州画舫录》讲他不但围棋下得好，象棋也是国手。他年轻时就打败继黄龙士以后称霸弈台的徐星友，被推为海内第一，直到后来被范、施打败。

乾隆十八年（1753），程兰如也客居扬州。这是天高云淡的九月，扬州晚香亭秋色秀逸，年过六旬的程兰如"丰神秀静"，与韩学元、黄及侣在亭下对弈一个多月，后来程兰如选了其中15局，计韩程2局、韩黄8局，加以解析，于是中国弈学又增添了一部"与徐星友所著《兼山堂》同为弈学大观"的《晚香亭弈谱》。

与程兰如同时齐名的梁魏今是山阴人，范、施少年时曾拜他为师。这是一个很有特色的大家，他对围棋的理解与当今深受中国棋手敬重的日本棋圣滕泽秀行颇相似，都是将它作为一门高妙的艺术来看待。他曾借山泉流水启发施定庵，说下棋也要取法自然，如同舒缓湍急顿挫有致的泉水，该进则进，该止则止，不能过犹不及。施风格的形成很受这番话的影响。

梁魏今"落落词高，令人有阳春白雪之叹"的棋风颇为艺术同道赞赏。扬州八怪之一的郑板桥与梁是挚友，曾作《赠魏今》一首。诗中写道："坐我大树下，清风飘白髭，郎朗神仙人，闭息敛光仪……夕影上树梢，落叶满身吹，机心付冰释，静脉无横驰。养生有大道，不独观弈棋。"梁魏今禅意十足的风骨神韵，在郑板桥如画般的笔墨里跃然而出，使我们见诗如见其人。

梁、程、范、施，这四个外籍扬州人，正是他们八方串联，呼风唤雨，将扬州围棋的"广陵潮"掀向最高潮，使扬州围棋的名声大噪于天下。扬州人应当永远记住他们。

月光掩盖下的群星

清代扬州棋坛太令人瞩目了！黄、范、施、魏、程、周，像十五的满月，遮盖了其他围棋星辰的光辉，以至于胡兆麟、释愿船、卞立言、黄冕这些围棋大名家也只好自叹生不逢时。

在扬州棋史上，胡、释、卞、黄等确实也是应大书一笔的人物。

胡兆麟是范、施的老对手。这一个喜剧性的扬州盐商，棋风剽悍，骁勇无比，与国辈子国手对阵，胡兆麟百战斗百胜，被戏称为"胡铁头"。有清人张金折《坐隐大谈弈理诗》为证："三江两浙数十州，大开旗鼓东南陬。斩关夺隘谁为优，一间未达胡铁头。"

铁头毕竟还有"一间未达"，碰上范、施，他俯首称臣了。胡下棋憨态可掬，仗着是商，财大气粗，与范、施对阵，爱下赌注，输一子奉送白银一两。胡又喜浪战，下了一半，已是楚歌四起，要作霸王别姬状，他急中生智，诡称身体不适，要求封盘，改日再战，暗中却连夜赶赴东台，求救于施定庵，终于讨得安邦治国之策，第二日拖来范西屏接着厮杀。他刚着一子，范哈哈大笑，说："定庵人未到，棋却先到了！"铁头见机关识破，脸上居然也飞出了胭脂色。

胡兆麟与范、施下受二子棋，下了三十余年，始终不能成为他们的对手，这已经很不错了。当时能和二位大师下受二子棋的，就全国来说，为数也极少，上海最出名的棋手倪世式也只能与范西屏下受四子棋。胡与范、施的对局，《海昌二妙集》有专门记载，《镜花缘》的作者李汝珍辑受子谱，也选入胡与范、施以及梁魏今的对弈之图计四十六局。

与胡兆麟的大刀阔斧不同，卞子兰下棋表现出扬州人特有的精细。卞立言，字文恒，出生在扬州的围棋世家。他的祖父卞邠原，是康熙时的一流国手，父亲卞子兰，著有"起手侵分角图诸法"十余种，也是国手。前文已提到，卞立言是好学的青年，他的学习方法却不墨守成规，而是取范、施"二师传授之秘，及子兰庭训之精，细加揣摩，将其间烦冗者释之，简略者补之"，形成自己全面周密、尤重官子的风格。

范、施去世后，东南棋坛曾一度后继无人，杞人忧天的卞立言担心"后学无人问津"，毅然挑起东南棋主的重担，并将平生所学写成棋谱二卷，名《弈萃》。这部著作系统地阐述了围棋战理，尤其突出官子的下法。他认为围棋往往在大局已定，但胜负未卜，所以全凭官子，因此在书中着着分析详细，努力使之准确无变。

卞立言主持东南棋坛数十年，"负弈学盛名"，活到八十余岁才去世。

与前面两位棋手性格不同，释愿船非常怪僻。这个清代"十八国手"之一的仪征人，号秋航，在京师梁家园寿佛寺居住过。他虽入佛门，即尝荤酒，夜晚不枕不卧，以弈代禅。这个怪和尚还应招去下棋娶媳妇。京都有个女子名芙卿，仗着棋下着好，就学佘赛花比武招亲的方法，摆下棋台，谁赢她嫁谁。释愿船不请自到去打雷，赢了，媳妇却娶不到，因为芙卿说：禅心本自空。

同治初年，释愿船年逾百岁（一说119岁，一说104岁），去杭州游西湖，一日，忽然向诸友告辞，说将西归，霸王请客得要诸友为他送行，酒筵席上，他饮酒啖肉，欢呼畅谈，兴致上来，与一人对弈，一局结束后，他陡然神色郑重地宣布，今日之会再也不会有了，这盘棋也成绝响了。诸友以为是他醉话，第二日却接到了他跌坐圆寂的消息。

除了胡兆麟，扬州盐商中不乏好手。道光时期的两淮盐运使黄冕，又叫黄南坡，曾经办理过洋务，棋艺很高。黄冕精心培育了一个妻侄余金诏，这个余金诏后来到湖南，光绪时，主持湘中弈坛三十余年，当时流寓湖南或湖南本地的善弈者，基本上都师出于余金诏。所以民国时对围棋有研究的湖南人黄俊认为湖南围棋之风导源于黄冕。

盐运使卢雅雨也是围棋爱好者。这个颇有儒雅之风的官员，在任时不但修禊虹桥，还倡导并参加虹桥的诗文之会和围棋活动。其实卢雅下棋有点名不副实。一次卢在画舫与张辂对弈，这张辂是文学素养很高的扬州寒士，身上有文人的通病——恃才傲物。弈前，朋友告诫他，说与盐运使下棋，最好胜一盘，负二盘。张辂点头称是，可是一下起来就不够朋友，四局皆胜，座中之客都"为之色变"。这倒使后人不必花时间去考证卢雅雨的棋艺如何了。

扬州不出巾帼英雄。那个会葬花的林妹妹就喜欢与宝哥哥下棋，这扬州姑娘虽然是曹雪芹笔下的文学人物，但属真人实事的也有。《海陬冶游附录》记载了一个也是红颜薄命的扬州姑娘陈玉卿，她出生文儒之家，从小精读唐诗宋词，善围棋，不幸父母早丧而沦落青楼，引得喜弈棋会惜花的文人做出不花钱的叹息，积棘非鸾凤所洒。一颗围棋女星就这样陷落在无底深渊中了！

扬州人决不忽视这些大大小小的星辰，没有他（她）们，月亮再圆，无疑也单调了点，下百众星捧月，才使扬州围棋天地现出了无与伦比的光辉。

俱往矣，扬州围棋确实热热闹闹过一阵子，而今，那些叱咤棋坛的风云人物早已灰飞烟灭，但他们的惊人智慧，他们的千古杰作。却久久令那小子激动不已。小子掩卷之后，情不自禁地踱步郊外，在虹桥的迷蒙柳烟里分辨大师们有否遗痕，在蜀冈松涛里聆听欧、苏二公的落子声声，在北郊的杂树芳草中寻觅周懒予"醉棋"后的归宿……最后，一日黄昏，小子来到新华中学——当年一代大师栖身过的盐运使衙门，问遍校中人：桃花泉尚在否？少者曰：此泉原在署西，今已荡然无存，遗址现为学校操场。暮色渐起，雾失楼台，月迷津渡，怅然徜徉的小子不知不觉已立于操场之中。这操场，怎的变作硕大的棋枰？谢安、吕溓、方子振、黄龙士、范西屏……飘然而至，真个是"众里寻他千百度——蓦然回首，那人却在灯火阑珊处"。俄而，众响大作，四面楚歌、十面埋伏、三潭印月、雨打芭蕉，都在刹那间奏响，弄得那小子目瞪口呆。恍惚中，蓦地传来一句熟悉的诗，分明是小杜在吟哦：一灯明暗覆吴图！

小子恍然大悟，踏着二分明月归去。

回忆中日"围棋外交"

扬州市职业大学离休干部　叶年丰

中华人民共和国成立后，美国等西方国家对我国实施围堵封锁，中日关系冻结。1958年2月陈毅副总理接任外交部部长，他为了打开中日外交僵局寻找突破口，遂从自己熟悉的围棋领域入手，通过中日围棋交流以达到对政治潜移默化的影响，开始了20世纪60年代中日两国独特的"围棋外交"。

1960年，在陈毅和日本自民党顾问松村谦三的共同倡议下，以日本棋界元老濑越宪作（日本棋院理事长）名誉9段为团长的日本围棋代表团应邀来我国访问。围棋在历史上是从中国传到日本的，但在当时中国围棋水平落后了，与日本差距很大，只能进行围棋交流。每年中日两国都有围棋代表团互访，在交流比赛中虽然双方斗智斗勇争夺激烈，但比赛一结束，他们又坐在一起认真复盘交流棋艺，气氛友好热烈。经过多次比赛，中国棋手的棋力有了很大的提高。1961年国家围棋集训队成立，1962年中国围棋协会在安徽省合肥市诞生，大家一致恭请陈毅担任首任名誉主席，任期是1962—1971年。从1958年担任外交部长到"文化大革命"前，陈毅会见日本各界友人达91次。在陈毅和松村谦三的共同倡议影响下，1964年2月20日日本29位著名棋手发表了倡议书，号召全国800万棋手参加要求恢复中日邦交征集3000万人的签名活动，棋手们纷纷响应。著名围棋高手梶原武雄还背上扩音喇叭摇着旗子在东京闹市区挂大盘讲棋，争取群众签名。

1965年4月，中日围棋友谊赛在南京江苏省政协西花园（前总统府旧址）举行，日本代表团成员是梶原武雄8段、工藤纪夫6段、安培吉辉5段，中国代表团成员是陈祖德、吴松笙、罗建文，他们三人是1962年全国围棋赛的第一名、第三名、第六名，裁判长郑怀德（后为江苏棋院院长）聘请扬州市姚伟鼎、叶年丰二人，南京市一人为裁判员，从出场的两国棋手即可看出中日围棋水平的差距，日本未派9段棋手参赛，由8段棋手领队，中国队全是年轻棋手连个段位都没有。但第一台（姚伟鼎裁判）陈祖德（后为中国棋院院长）对梶原武雄的比赛仍是大家关注的重点，因为陈祖德的棋风善于搏斗，灵活多变，1963年在北京曾有一盘棋受先一子战胜日本9段杉内雅男的战绩，因此大家对他寄予期望。梶原武雄是日本的强8段，棋风凶狠强悍，这场比赛双方都是用足了时间（各自4.5小时共计9小时）进入读秒，读秒规则是每着棋不能超出一分钟，违者判负，由裁判报时。这盘棋十分紧张精彩纷呈，除中午封盘吃饭午休时间外，战至晚间9时才结束，梶原武雄执白子胜，以后他们又下过两盘，陈祖德取得一胜一和的佳绩。第二台（叶年丰裁判）吴松笙对工藤纪夫。吴松笙棋风浑厚自然，刚柔兼备官子细腻，工藤纪夫也是日本的强6段，实力雄厚，落子迅速，搏杀强劲有力。有一盘棋双方拼至读秒，工藤纪夫比赛经验丰富完胜吴松笙。1966年"文化大革命"开始，中日围棋活动停止。回忆1960年代，中日围棋从交流赛到友谊赛，中国队是从惨败起步的。

在周恩来总理和日本田中角荣首相的共同努力下，1972年9月中日正式建立外交关系。1973年初"文化大革命"中被视为"四旧"的围棋活动得到恢复，中日围棋进入频繁交流。回顾1970年代，中国的围棋水平明显提高，是从个人突破转向整体对抗的时代，其标志性的事件有：1973年日本眼高于顶的板田荣男9段在上海执黑输给了中国沈果孙，顿时成为轰动新闻，这也是中国棋手首次战胜日本在位的头衔王，同年黄德勋战胜日本强9段本田邦久，从1974年到1976年聂卫平取得对日6胜1负的佳绩，女将孔祥明更是7战全胜，到1970年代的后期，随着聂卫平的崛起，中日围棋整体对抗的时代即将到来。

1982年全国举办段位赛两次，依据段位赛和对日比赛的成绩，由国家体委正式发文授予陈祖德、聂卫平、吴松笙三人为9段，其余参赛的114名棋手从初段到8段也正式定段。1984年中日围棋擂台赛正式开设，这是由日本NEC公司资助举办的，比赛规则是由两国各派8名棋手其中一人为主帅采用打擂台的形式决出最后的胜负，前三届（1984—1986年）聂卫平8连胜使中国队夺到头三届比赛的胜利，聂卫平也因此获得"棋圣"称号，擂台赛共进行11届，中日7∶4胜，1996年停办。

看到中国围棋水平迅速崛起，日本感到压力，1987年3月日本棋圣藤泽秀行亲率代表团来中国扬州市扬州宾馆参加中日青少年围棋赛，这次比赛的最大特色是中日双方都重视培育有发展潜力的青年棋手，如日方选派武宫正树、清成哲也为主力棋手，武宫正树后来在日本开创了宇宙流的棋风，成为日本超一流的棋手，清成哲也在日本也创下十年升九段的最短纪录。中方派出曹大元为主将，曹大元在以后第九届中日围棋擂台赛中任主帅战胜日本加藤正夫奠定胜局。在这次棋赛中，中方还闯出一匹"黑马"，他是扬州市本地第一个围棋职业棋手栾斌4段，他战胜日本6段棋手横田茂昭，这盘棋受到日本棋圣藤泽秀行的夸赞，被日本围棋杂志《棋道》刊载，后来栾斌翻译了藤泽秀行的《从优势到胜势》等6部日本围棋著作，为中日围棋交流做出贡献。其次青年棋手还互赠礼品培育情谊，日方名棋手一般送折扇，中国棋手送扬州特产剪纸。

回顾20世纪80年代，中日围棋终于进入全面抗衡时代。此后中日围棋经常举办名目繁多的新款比赛，今年是中日建交45周年，期盼两国棋手为中日"围棋外交"再立新功，让黑白棋子手谈浇灌中日人民友谊之花长盛不衰。

扬州围棋文化人江志鑫

扬州市棋类协会原副主席　杨文昭

从容淡定的人生态度，

儒雅严谨的行事风格，

好学博才的寻知追求，

诚挚交友的豁达胸怀。

一个平凡而值得永恒记忆的扬州文化围棋人。

这是我对江志鑫人格的简约概括，之所以没有冠以"家""名师"，旨在突出他的平凡，值得尊敬的平凡。我以为是恰当的。

我认识江志鑫已记不清是什么时候了，大约是在20世纪70年代末，80年代初。我和他是朋友，准确说是挚友，也就是真正的朋友。朋友，只要曾经有过交往，无大过节的同学、同事、棋友都可以是朋友，一路同行之时亦会相互关照，友爱有加。但是挚友却是要以彼此有相近的价值取向，彼此相互欣赏、相互信任为基础的。若以此为条件，人生得一知己，幸甚。

江志鑫交友是有原则的，就是尊重自己，尊重别人，有缘交往，无缘敬而远之，绝不交恶。尽管他是水泥厂的退休工人（后做厂党办主任），但是在他的眼中从不仰视权势，仰视富贵，只有朋友间真诚的平视，他这个"度"把握得犹如天平。

我曾到他的老家西玉带巷12号吃过饭，那是20世纪80年代初。他家的房子不大，光线有些暗。但餐桌上放的三四个菜都是端端正正的，筷子放得笔直，餐具干净极了。然后请我入座，那是一个非常经典的标牌式的动作，左手稍微前伸，动作既不随意，也不夸张。随意会有居高临下之感，夸张又会有阿谀奉迎之嫌，（他多次请我观摩国手棋赛时，均是这个动作，将我请进静悄悄的赛场），待你坐定之后，他才坐下。坐下后没有一句世俗的寒暄之语，诸如"菜不好，见谅"。我突然发现请客未必要豪华的场所，也无须丰盛的酒肴，只要主人真诚地、细致地做好待客之礼，客人就会为受到极大的尊重而满足，也会欣赏主人质朴的待客之道。几十年前的一餐饭让我至今记忆犹新。

他家搬到"阳光水岸"之后，家居得到巨大的改善。一日他邀约我、朱小桃（朱自清的孙子）、钱照魁去他家下棋，到五六点钟时，他准备了桌较为丰盛的晚宴，还拿出上好的"金门大曲"，邀我们共进晚餐。但不巧的是我和钱照魁都有事不能留下吃饭，江志鑫也只是平淡地说一句，你们有事，我就不留你们了。看得出他有点失望，饭菜他是精心准备的。他不强留客人正是尊重客人、理解客人的一种大度，也是尊重自己的一种必然。

我和江志鑫交往几十年，是地地道道的"君子之交淡如水"，从没有物质利益的交往，包括逢年过节也没有"礼尚往来"之说。但彼此之间心中始终有着对方。

江志鑫的博学多才在他这本书中，一目了然。他写了不少好文章，比如《"皱漏透瘦"与"挑飘挂空"扬州园林叠石艺术赏析》《曲水流觞》《庐山游记》《乞讨者》《韩国印象》《叠元宝》等。他的文章涉猎非常之广，有园林建筑，有文学古诗文，有游记，有艺术赏析等。其作品的最大特点是从不"做作"，语言文字非常质朴、流畅，还有大量的信息。尤为可贵的是文章中始终透出他的思考，不管是学术的还是人情社会的，阐明他的是非曲直价值观和情感。大量的游记还记下了他享受大自然、享受人生的那点惬意，那点任性。

他还有两篇美文值得推荐，一篇是《忆江南——闺情记乐叹芸娘》。芸娘何许人也，她是《浮生六记》中的女主人翁，亦是被文学大师林语堂称为"中国文学史及中国历史上最可爱的女人"。她最后死在扬州。这是志鑫文稿中仅见的一首词，而且是很不错的词，一首为"最可爱女人"咏叹的词，遗憾的是他作诗赋词的天赋，刚刚露头就被自己的懈怠放弃了，扬州文坛上或许少了一位诗人。

另一篇是《从"一往情深"想起》。这篇文章好在他提出一个观点："人无癖，不可与交；人无疵，不可与交，以其无真气也。"当然这不是他的观点而是明末清初的大文学家张岱的诗句，这在当时是很另类的思想，江志鑫能接受并传播他，充分表明他的价值观是充满浪漫色彩的，也显现出他的情操不是干涸的原则，而是湿润的，有情调作依托的。

江志鑫曾在《伟大的哈勃》中记了这样一件事："我记得50年前，我的家庭非常贫穷，母亲叫我去买米，我居然用可以买20斤米的两块多钱买了本《原子核物理学》的高等学校的教科书，一本很厚的书。"这种在那个年代是很出奇出格的事。它只表明他有强烈的求知欲望，其实当年也只是十几岁的初中生，无法看懂只能束之高阁。这使我想到江志鑫读书是没有任何功利、物质目的的，全是兴趣使然，甚至冲动。所以他的书中知识面才那么宽。但他也不是个甘于精耕细作做学问的人，没有哪门学科他钻研下去成一个"家"，他只知道这本书有兴趣读之，没兴趣弃之，太费脑子太占用他时间的"难题"无暇深究，因为他的爱好实在太多。但他很多文章并非"业余"，至少是个"半专业"的，广阔的知识空间也为他广交朋友提供"海侃神聊"的基础，铸造了他的人格魅力。

儒雅严谨的行事风格，全然体现在他几十年的围棋裁判长的生涯当中，这大概在围棋界是得以公认的。无论是国际比赛还是全国段位赛，甚至少儿围棋赛无不有条不紊，井然有序，令选手和主办方满意。

说到围棋当然得多书一笔，这是他人生最重要也最精彩的篇章。他对围棋文化的研究，对围棋文化的传播，以及扬州地域围棋文化史的探究，他有别于一般的棋手，我以为他的棋力可能有不少人超过他，但是对围痕文化的涉足远没他深，他至少是在扬州地方围棋史上值得留下一笔的人物。他的功绩，别人无法取而代之。

他发表在《围棋天地》上的《从白棋先走说起—围棋闲话》就是极具学术价值的围棋论文，后又陆续发表了《读公理与定理有感》等，文章不算多，但足见其对围棋的认识与理解以及对围棋的一种态度。另外他对扬州的围棋史涉足较深，例如《新四军围棋与扬州》《扬州弈人六十年掠影》等都具有史料价值。论文、史料固然珍贵，但是他对中国国粹围棋文化品格的呼唤更加珍贵。当今职业棋坛、业余棋坛均硝烟四起，而围棋自身的文化品格却缺失了。我以为职业棋手出现"暴力"是可以理解的，他们是以输赢来谋生的，而业余棋手则应重在享受过程，淡化胜负，赢亦快乐，输亦欣然。我在他的文稿中突然发现篇很不起眼的短文——《你会鞠躬吗?》，这足以表达他对围棋文化品格的理解与推崇，继承传统国粹之精神。我想围棋文化的浸染使他的儒雅之溢于一身就是一种必然。

江志鑫有温文儒雅的一面，也有执拗、坚持的一面，在《围棋天地》上他诘问陈祖源先生的四个问题，足见其执拗、坚持"知之为知之，不知为不知，是知也"的原则。江志鑫是敢于挑战围棋权威，并获得成功的扬州围棋第一人。

我特别感兴趣的是，他的文稿中记述了一次省围棋比赛，他是裁判长。由于电脑排序过程中出现可以忽略的瑕疵，而公布后又无法更正，棋手家长与领队纷纷发难于他，甚而打了"110"，说了很多威胁他的话。面对这群人，江志鑫居然也冒出一句："我也不是吓大的。"见此我不禁哑然失笑，他"刚"的一面终于暴发了，我以为这是人性的完善，但亦然有度，善始善终地处理好这场纠纷。

上述的事情只是他人生中的一朵小浪花，从容淡定却是他终生恪守的信念和处世方式。

江志鑫一生充满艰辛与磨难，在15年的农场生涯、20余年的"绿扬水泥厂"的岁月中，他激情的青春年华褪色了，晚年夕阳却燃起生命中最璀璨的光华。我想凭他的智慧、人格、知识和在棋界结识的人脉改变他人生途径的机会是有的。就是他的淡定，就是他隐藏很深的一种自尊，不愿向世俗献媚，甘愿清苦一生，没有走进原本可以属于他的更加辉煌的天地。其实他也不是安贫乐道的人，他在自身的栖歇地"水泥厂"从一个普通工人走到了厂党办主任的位置，固然这不是一个多大的官，可确实是在那个环境中，一个普通工人，没有背景的工人，不愿趋炎附势的工人可以走上的最高点了。

日子尽管清贫，工作尽管艰辛，但也没能阻挡他享受生活的天性。在农场宣传队，他依然是风光无限的男一号，走进农舍，走向工地，依然有人簇拥着他。退休后，频繁的旅游，无尽赛事的忙碌把他晚年生活撑得满满的；绕膝的儿孙，让他享尽天伦之乐，他满足了。

记得有一次谈到他在农场插队的事时，我惊讶他在农场一干就是15年，江志鑫却平淡地说："比我长的还有呢。"他对那段日子没有抱怨，没有感到不公，更没有像有些人会变本加厉地向社会索取。在他看来，人生活在哪里不重要，重要的是他如何面对现实，以什么样的心态面对现实，调整到位就会把自己从常人认为的不堪的工作中解放出来，让日子过得依然丰富而快乐。

江志鑫是个平凡之人，没有轰轰烈烈的业绩，没有世俗人生的辉煌，而他却达到常人无法企及的人生境界，尤其是在这物欲横流、污浊泛起的世界、始终洁身自好、平淡人生，令人敬佩。说实话我做不到，全世界的人也都做不到。

我始终无法找到他达到高端精神层面的背景，或许是我对他的了解不够深入；或许是与生俱来，流淌在血脉之中的血色素。我以为他始终坚守孔子的哲学理念——中庸。"中庸"并非平庸，而是人在客观世界中到进退最准确的切入点，顺势而为，不偏不倚，遵从自然规律的中国古典哲学的经典。我想他是中国国学儒学"中毒"最深的人，也是对中华优秀传统文化理解把握最好的人。

一生中他没有刻意追求什么理念，但不经意间却走上淡定人生的精神境界。我想这与他爱读书有关，尤其是他没有任何功利目的地读书。当人把读书当作在书中寻找工具，谋求升迁、发迹、富贵时，这种读书是痛苦的。这样的文人一定是可怕的。但是到了无欲无求，把读书当作一种精神需求、慰藉之时，人的精神会提升、会净化、会释然，会淡定从容面对人生，去享受生活。

好友江志鑫走了，我失去了人生难得的挚友，深感悲痛。我和黄万琪帮他把曾经发表的文章和博客上的随笔，做些删节，基本保持其原貌的文稿收集整理出一本书，不只是让他在人们的记忆中留下他的光彩，也是让朋友、棋友在他朴实的人生中看到凡人的活法，凡人的境界，凡人的情操。

　　永远地记住他，或许对自己的人生之途也是一种新的判断、新的选择、新的启迪，社会或许会由此变得美好起来。

千年古城落子声

扬州市棋类协会会长　王晓庆

扬州是1982年国务院最早公布的24座历史文化名城之一，有着丰厚的围棋文化积淀。

2500年前，随着邗沟、运河的开通，交通日益发达，经济日渐繁荣，文化逐步昌盛，扬州人就喜欢用琴棋书画来陶冶情操，净化心灵。到清康、乾时期，扬州已成为全国重要的围棋中心。清乾隆年间，著名大国手范西屏在扬州撰写了《桃花泉弈谱》，享誉全国。清代，扬州瘦西湖的"棋室"和荣荑湾公园"聆弈馆"，成为扬州古代围棋文化与园林文化相融合的典范。

城市兴，棋运盛，百姓乐，棋运昌。改革开放以后，1988年底，成立了扬州市棋类协会，随后，扬州市政府又专门发文批准成立扬州棋院，实行棋协、棋院一套班子两块牌子的领导机制。从此，扬州围棋迎来了蓬勃发展的春天。

黑白天地文化铸魂，棋枰纵横服务为本。30多年来，扬州棋协始终坚持"以文化为引领、以服务为主导、以赛事为载体、以产业为支撑"，各项工作取得了较为突出的成绩。2015年扬州市棋协晋升为江苏省5A级全国性社团组织，2016年被评为江苏省示范社团，2017年被授予全国群众体育先进单位。

强化组织，提升推进围棋事业发展的凝聚力

扬州市棋协作为独立的法人社团，各种组织机构和管理制度健全，并

根据新形势不断完善。目前，扬州市各县（市、区）均成立了围棋协会，全市共设有扬州棋院分院9家，近40多个培训教室或俱乐部，初步形成了"纵向到底、横向到边、市县联动、健康有序、良性循环"的围棋发展新格局。

近年来，棋协重视基础管理，先后制定完善13种规章制度。为棋协发展注入了强劲的动力。一是按时召开棋协会员代表大会、理事和常务理事会、监事会，坚持围棋周一例会制度，研究交流工作，落实赛事准备。二是加强裁判员管理制度。建立起有77名国家级裁判员，一、二、三级裁判员裁判库，实行优选制度。每次大赛前都要召开领队、裁判员、安全工作会。学习规程，讨论案例，提出要求，裁判员不仅要做好执裁工作，还要担当起文明引导员、矛盾调解员、安全督查员，工作过细到位。三是评优制度，每次大赛组织开展"优秀组织奖"评选，对各培训机构组织参赛，管理好小棋手起到了很好的激励作用。四是把握赛事管理的制度。每项赛事从通知、报名、编排、裁判人员确定，安全工作、成绩公示等，按制度办事，按流程运作。

扬州市棋协较早地在扬州市体育社团中成立了党支部，率先探索"党员引领社团，社团凝聚成员"的发展之路。市棋协确立了"廉洁、规范、奉献、奋斗"的团队精神，各级棋协基本上做到了"把活动搞起来，把责任担起来，把实事干起来，把形象树起来"。

延揽人才，提升推进围棋事业发展的引领力

棋协工作同志作为牵头者、联系人、服务员，领导班子由主席抓总，副主席分工负责，部门各尽其责。为做好服务，团结一切可以团结的力量加入，市棋协努力延揽各类人才，特别是从领导岗位上退下来的老同志，他们作风正派、热心公益，具有较强的道德感召力，容易把棋协工作搞起色。

扬州市棋协老领导任杰先生，原是扬州市政协副主席。从2008年到2018年，任扬州市棋协主席。十年来，在他的领导下，扬州市棋协策划和

完成了许多精彩的赛事，将文化融入围棋之中，使扬州市围棋活动达到中华人民共和国成立后历史上前所未有的高度。任杰主席获得"全国群众体育先进个人"称号。

扬州市棋协名誉主席、扬州中学教育集团树人学校党委书记、校长陆建军先生，十分注重"围棋进校园"，树人学校棋院活动开展得有声有色。

扬州市棋协名誉主席、扬州市企业家围棋联谊会会长、扬州市东方医院院长赵顺祥先生，多年如一日地支持围棋活动的开展，在中外围棋交流、重大赛事方面提供大量人力、物力和财力的支持。

扬州市棋协副主席、市园林局局长赵御龙先生牵头引进上海围甲瘦西湖专场，扩大了扬州市围棋活动在全国的影响。

扬州市棋协副主席、仪征枣林湾管委会副主任王晨先生，为江苏围甲枣林湾专场牵线搭桥，至今已举办了六个专场，成为江苏围甲队的福地。

市棋协副主席蒋永庆先生爱好摄影写作，负责宣传工作。每次用镜头记录棋类活动现场，及时向《围棋天地》《围棋报》《扬州晚报》，扬州电视台等媒体报道，扩大了市棋协的社会影响力。他动员全家对市棋协的巾帼未来之星比赛进行了多次无偿赞助，平时也关注城市生态文明建设，著有《扬州湿地百鸟风情》《扬州园林生态风韵》等，被誉为"扬州生态文明形象代言人""扬州鸟叔"。

今年换届，根据主管机关要求，对原有的副主席数量进行了压缩，增添了一些年轻的专业人士如扬州市"棋王"韩斌等进入领导班子，有效增强了棋协的活力。同时，我们将曾担任市棋协副主席并做出贡献的老同志组建了"扬州市棋协资深会员团"，由老主席任杰担任团长，继续发挥他们的作用。

文化铸魂，提升推进围棋事业发展的感召力

对于棋协发展来说，文化是根，文化是魂，抓住了文化，棋协的发展就会产生源源不竭的精神动力。

针对围棋的文化属性，扬州棋协不遗余力地挖掘历史底蕴，弘扬先进文化，并潜移默化地将社会主义核心价值观融入其中。扬州棋界津津乐道的是"一首歌、两本书、三块匾"。关于"一首歌"。2009年"欢乐扬州·市民日"扬州市第一届千人围棋大赛，我们认为下围棋双方仅仅行对手礼还不够，还需有一支人人传唱的赛歌。于是，就请市棋协副秘书长江志鑫同志撰写了《扬州弈棋文明礼仪歌》。《围棋天地》曾全文发表。2009年5月2日千人围棋赛开幕式上，第一次由市棋协主席任杰领读，千人诵读，声音在比赛大厅上空回荡，极具震撼力。市委书记、市长等市领导多次亲临现场给予点赞。我们请扬州著名音乐家夏峰为此歌作曲，并编排扬州弈棋文明礼仪歌唱表演，参加扬州市体育文化节，引起不同凡响。现在每次比赛前都要诵读这首歌，努力让守规矩、讲礼仪成为扬州下棋人，特别是青少年棋手的自觉行为。这首歌不仅仅在倡导一种精神、一种文化，更注重教棋育人，以棋养德，弘扬传统，倡导文明。

关于"两本书"。第一本书是《棋人棋事棋谈》。江志鑫同志原是扬州棋类协会的副秘书长，生前热心于扬州围棋文化的研究，并主持召开扬州围棋文化的研讨会。2013年，因病突然去世，他去世后，扬州棋协招专人对他生前留下的很多围棋文稿，进行专门收集、整理、归类，并付诸印刷出版，完成了一个围棋文化人从未完成的心愿。第二本书是《为何我如此爱围棋》，此书由资深棋友李小剑博士耗时一个多月在扬州棋友圈及其微信公众号上，每晚一篇连载刊发，书以个人与棋结缘、学棋过程、趣事，结合个人求学、工作、人生经历，谈及围棋对其本人的影响和感悟。也针对人工智能，围棋队际赛、围棋产业化思考，参加中、日、韩三国友好城市围棋邀请赛的感受。目前我们根据林建超将军的指示，正着手编撰《围棋与名城》扬州版。我们已多次举办围棋文化沙龙，邀请专家、学者交流研讨，收集资料文稿，正着手汇编成册。

关于"三块匾"。第一块匾叫"纹枰弘道"，挂在扬州一个古老的街巷——北矢巷。1988年，中日围棋擂台赛12连胜，中方擂主聂卫平来到扬州，带动了扬州围棋热。那时由于条件限制，围棋爱好者没有固定的交流场地。北矢巷6号主人姜伟，拿出宽裕的房屋免费提供给围棋爱好者。更难能可贵的是，姜伟自己去工厂找来车床冲出的一个个小圆铁片，涂上白漆、黑漆算作棋子，他家便成了扬州最早的"棋院"。现在扬州围棋界的骨干和中坚力量，基本上都是从北矢巷6号培养出来的。为此，扬州棋协专门做了一块"纹枰弘道"匾额授予姜伟家庭。第二块匾叫"执着忘忧"。从扬州"棋协杯"围棋赛设立以来，现已举办了29届，扬州棋院宝应分院院长贾林风同志从未间断，一届不落，从青少年一直下到近五十岁，有一年因车祸左腿受伤，拄着拐杖也赶来参赛。为表彰他的执着精神，扬州棋协特别制作了一块"执着忘忧"匾额赠予贾林风同志。第三块匾叫"棋德风扬"。扬州棋协原副主席、秘书长栾宇春老先生一辈子热爱围棋，兢兢业业，为扬州围棋事业的发展，付出了无数心血与汗水。尽管他年事已高，还经常在家人的搀扶下来棋院下棋。2017年他88岁，市棋协专门为他过"米寿"生日，举办了一场围棋赛，邀请了他原在泰州工作过的老同志，来扬州联欢下棋。他在日本工作的儿子栾斌六段及江苏围棋队总教练丁波六段也应邀赶到扬州。在祝寿现场市棋协赠送栾宇春先生一块"棋德风扬"的匾额，以示褒奖祝贺。

事实上，扬州围棋活动已成为全体市民"崇文尚德"的有机组成部分。中国围棋协会副主席罗毅超先生在扬州2018年的"桃花泉杯"围棋大赛开幕式上看到全场小棋手齐声诵读《扬州弈棋文明礼仪歌》的场景后，专门评价："这首歌特别好，建议能够在全国推广，青少年在比赛的时候，应用这样的仪式，不仅弘扬了中国的礼仪之道，也推广了中华优秀传统"。

2021年，根据扬州市棋协老主席任杰与扬州市棋协会长王晓庆的要求，蒋永庆将从2011年到2021年在国家级杂志《围棋天地》上登载的有关扬州市围棋各大赛事的30多篇报道文章汇编成册，以《弈海拾贝》命名发表，系统总结了扬州市棋协15年来的工作，宣传了扬州市棋类文化的发展与进步。

拓展活动，提升推进围棋事业发展的影响力

扬州市棋协主要服务两个基本群体，一是中青年以及老年棋友，二是各类培训机构学棋的青少年。对第一个基本群体，着重解决下棋的地方，让棋友们有"家"可归。近年来，我们在老城区中心地带设立了棋类活动中心，每周二至周日下午对社会开放；在33个社区挂牌，建立了围棋活动阵地，让市民步行10分钟就可到达家门口的社区活动阵地下围棋，吸引了一大批中青年以上棋友；在新城区建设了2500平方米的扬州棋院，成为举办赛事、培训的阵地。同时，先后成立了扬州市老同志围棋俱乐部、企业家围棋联谊会，职工、科教文卫、公务员围棋联谊会等，并以此为纽带，长年组织名人邀请赛、新春联谊赛、老同志友谊赛等各类赛事。对第二种群体，除了组织每年的定级、定升段赛事外，棋协着力加强对各培训机构的管理，坚持公开、公平、公正的原则，一手抓比赛，一手抓培训。每年定期召开培训工作会议，以培训促比赛，比赛促培训，引导各培训机构公平、有序竞争，共商行业公约，倡导行业自律。扬州重点中学树人学校每年还招收一定数量的围棋特长生，此举极大地调动了各培训机构、小棋手及家长的积极性，为拓展扬州围棋培训市场注入了活力。

赛事活动既是棋协工作的出发点，也是落脚点，扬州棋协结合地方实际情况，通过"三个结合"，成功打造了一系列赛事品牌。

一是品牌赛事与传统赛事相结合。从2009年起，和树人学校联手打造的"树人杯"千人围棋大赛，每年5月1日至3日举办，已成功举办了十届，现已成为省、市级体育社团赛事品牌项目。在坚持办好品牌赛事的同时，我们还认真办好传统赛事。每年秋季举办"棋协杯"定、升段赛，这赛事从棋协成立，一直坚持到现在，已举办了29届。每年都有一批棋手定、升段，调动了学棋的积极性。

二是传统赛事和创新赛事相结合。扬州棋协不断运用创新思维，开拓新的赛事。2013年和扬州东方医院联手，在"棋协杯"赛事中增设"东方医院棋协杯精英赛"，每年一届，已办了四届，每年均吸引了多位来自全国的职业选手和业余高手参赛，提升了扬州棋手竞技水平。我们有信心争取把这一赛事办成全国性围棋品牌赛事。今年5月，扬州市人民政府、中国围棋协会主办的"桃花泉杯"全国业余精英赛顺利进行，影响大、效果好；

同时还列入扬州市烟花三月国际经贸旅游节重要活动之一。

三是邀请比赛与访问比赛相结合。我们在自办赛事的基础上，积极开展对外交流活动。2013年扬州市棋协和常州市棋协联手发起，共商无锡、苏州、泰州等市棋协，创办了江苏省五城市少儿围棋交流赛。在加强省内外联系交流，共办赛事的同时，还积极开展国际间的友好交往。日本唐津、韩国丽水都是扬州的友好城市。1999年经扬州市市长提议，第一届中、日、韩三国友好城市围棋邀请赛在扬州市举行，以后每年一届，分别在三城市间轮流举办，现已连续举办了19届。这项赛事去年又被评为扬州市品牌赛事。韩国丽水市议长朴正采先生，19次比赛19次参加，在扬州市赴韩国首尔招商推荐大会上，朴先生专程赶到会场推介扬州，为推进中韩文化交流做出了不可小觑的贡献。

棋企联姻，提升推进围棋事业发展的支撑力

在市场经济条件下，围棋活动离不开赖以生存的经济基础，通俗地讲，围棋活动与赛事需要资金投入。清代扬州围棋活动之所以独领风骚，就得益于扬州盐商。近年来，每年都要举办近二十项围棋赛事，年耗资约百万元。除政府部分购买服务外，绝大部分源于企业家的参与和支持，据统计，近年来支持围棋赛事活动企业家先后达到60多位。

2012年，扬州棋协专门成立企业家围棋联谊会，集聚了30多名企业家，他们在放飞心灵的同时，慷慨解囊，有情赞助，让扬州的围棋更加深入民间，影响不断扩大。棋企联姻后，棋协组织公益赛事就有了坚强后盾。如"长江机器人杯未来之星"，都是十岁以下的孩子；"华鼎星城5段少儿争霸赛""扬州市少儿联赛"，对象都是优秀的少年围棋棋手。女童下棋，比男孩少，为提高女童下围棋的积极性，与市妇联联手，由女企业家出资举办"德盛杯""海翔船舶杯"等巾帼未来之星少儿围棋赛，每年近80名少年女棋手云集扬州市棋院，参加围棋赛。以上这些赛事免收报名费，免费提供午餐，还发奖金、奖品。家长拥护，培训机构高兴、小棋手踊跃参加。

2017年，扬州市棋协以东道主身份邀请全国企业家来扬参加全国企业

家围棋队际邀请赛，冠名为"棋为媒"恒源喷泉杯。赞助比赛的就是扬州的著名企业家胡迦慈先生。比赛期间，企业家棋友专程考察了扬州经济开发区，并就合作意向进行了洽谈。时任中国围棋协会副主席林建超将军专程来扬观摩指导，并亲自参加了围棋文化座谈会。林将军用"暮春三月，江南草长，杂花生树，烟雨空蒙"16个字表达了自己对扬州的感受。

扬州市棋协在工作上取得了一些成效。但是，与先进单位相比，与中国棋协的要求相比，与广大棋友的期望相比，还有较大的差距。新时代要有新担当、新作为，下一步，我们将在中国围棋协会的领导下，深入学习贯彻习近平新时代中国特色社会主义思想，按照林主席提出的"五有要求"，积极推进全国百城千县万乡全民棋牌推广工程，促进围棋活动更好地进机关、进学校、进企业、进单位、进社区、进乡镇、进公园、进家庭，不断彰显围棋文化魅力，更好地满足扬州人民对美好生活的向往与期待。

大事记

约公元前2377—公元前2259年，"尧造围棋，以教子丹朱"。尧发明了围棋来引导教育儿子丹朱成人成才。据国内外学者考证，扬州西北高邮神居山，又名天山，是帝尧文化的发祥地，也是围棋滥觞之地。历经4000多年的历史长河，围棋从扬州高邮天山走向世界。

383年，前秦百万大军伐晋，谢安任东晋征讨大都督。谢安在扬州一边下围棋，一边指挥东晋的水陆大军，战胜了几乎十倍于自己的前秦军队，取得了淝水之战的辉煌胜利。这是历史记载扬州最早的围棋故事和人物。

479—502年，南齐时期扬州议曹从事娄逞是历史记载的中国第一位著名女棋手。

701—761年，唐朝著名诗人王维在《同崔傅答贤弟》诗中两次提到扬州一次提到围棋："洛阳才子姑苏客，桂苑殊非故乡陌。九江枫树几回青，一片扬州五湖白。扬州时有下江兵，兰陵镇前吹笛声。夜火人归富春郭，秋风鹤唳石头城。周郎陆弟为俦侣，对舞前溪歌白纻。曲几书留小史家，草堂棋赌山阴野。衣冠若话外台臣，先数夫君席上珍。更闻台阁求三语，遥想风流第一人。"

826年，"诗豪"刘禹锡和 "诗王"白居易在回京途中经过扬州，两人相遇，筵席上你酬我和，刘禹锡写了一首千古名篇《酬乐天扬州初逢席上见赠》："巴山楚水凄凉地，二十三年弃置身。怀旧空吟闻笛赋，到乡翻似烂柯人。沉舟侧畔千帆过，病树前头万木春。今日听君歌一曲，暂凭杯酒长精神。"诗中的烂柯即指围棋，两位诗人都喜爱围棋，他们第一次见面扬州就在诗中说到围棋。

917年，北宋著名的围棋理论家徐铉出生于扬州，他著有《棋图义例》《金谷园九局谱》《棋势》等围棋理论著作。《棋图义例》是我国围棋史上第一本全面研究围棋战术的著作。

937—978年，南唐后主李煜的大周后和小周后是出生于扬州的女围棋高手。

1014年，宋宝元元年（1038）戊寅科状元吕溱出生于扬州，他官至龙图阁直学士兼开封府知府，围棋被推为当时第一，他做官为政也和下棋一样出色，有"吕龙图"的美称。

1048年，北宋政治家、文学家、唐宋八大家之一的欧阳修任扬州知府（太守、市长），在蜀冈修建了平山堂，以诗传情，以文会友，诗酒相和。欧阳修爱好围棋，痴迷围棋，他自号"六一居士"，即书一万卷，文一千卷，琴一张，棋一盘，酒一壶和我这一个老头。所以，修筑平山堂有开辟棋室的缘由。

1556年，明代传奇式天才棋手方子振出生于扬州，又名方新、方日新、方渭津等，驰骋晚明棋坛数十年，著有《弈微》围棋专著。

1638—1722年，清顺治、康熙年间，在扬州瘦西湖卷石洞天一带的弈乐园，也称亦园、依园，是扬州围棋活动的著名场所。周东侯、黄龙士等三五十位清初围棋国手云集于此对弈。证明扬州已成为清代围棋活动的中心，亦说明扬州人具有很高的围棋水平。

1638—1661年，清顺治年间，著名围棋国手汪汉年、周东侯会于扬州，争胜负十余局，时人目为"两雄"。"汉年与周东侯遇于广陵，争胜负十余局，一时名噪，遂分秦晋。"

1651年，被称为"清代三大棋圣"之一的黄龙士出生在泰州姜堰，后长期在扬州城活动。著有《弈括》和《黄龙士全图》。他的《血泪篇》与范西屏、施定庵的《当湖十局》并称为中国古谱的最高峰。

1689年，著有《官子谱》的陶式玉客居扬州，日观吴瑞徵、胡安士对局。

1725年，扬州梅影楼刊过百龄著《三子谱》（《受三子遗谱》）。

1759年，清代著名围棋国手施襄夏客居扬州教授弟子，撰写《弈理指归》，该书与后来范西屏所著《桃花泉弈谱》并称为古棋谱中的典范之作。施襄夏与程兰如、范西屏、梁魏今并称"清代围棋四大家"，与范西屏、黄龙士并称"清代三大棋圣"。

1764年，清乾隆时期著名围棋国手范西屏五十多岁时长期居住扬州，写成棋谱《桃花泉弈谱》，该书是我国历史上最有影响、价值最大的古谱之一。

1810—1891年，清道光年间，围棋国手周小松位居清末十八围棋国手前列，清代围棋九大家之一。

1815年，年仅20岁的黄冕就任扬州两淮盐大使，他颇具干才，还善弈棋，当时被誉为国手第二、湘手第一。

1816年，清代扬州棋师卞立言编撰的《弈萃》出版，是中国围棋历史上第一个明确提出官子概念并著书立说的人。卞立言出身围棋世家，祖孙三代均以围棋而闻名于世。曾主持东南棋坛数十年。

1820年，清道光年间围棋国手，"清末第一流之弈家"周小松出生在扬州，他自二十一岁成为享名全国的棋手后，驰骋晚清棋坛五十多年。他毕生致力于重振围棋，为日薄西山的棋坛带来一抹夕照。

约1862年前，扬州仪征人释秋航，名湛静，字秋航，晚清的围棋国手。他隐身寺院，寿百岁，是古代棋手最长寿者。

1869年3月初，清代政治家、思想家、文学家、书画家、诗人、收藏家、鉴赏家方浚颐临危受命，被授两淮盐运使。面对扬州连续经受13年战争灾难，扬州城千疮百孔、百废待兴。他有计划、有步骤地整修被战火破坏的古城建筑及民生设施，大刀阔斧裁革陋规、改革盐务、制定《两淮盐法》，繁荣了扬州经济，被称为"战后重建扬州第一人"。

方浚颐淡出政界后，没有回安徽老家养老，而是住在扬州湾子街，命名自己的住宅为"梦园"。方浚颐酷爱围棋，且棋艺颇高。2016年，方浚颐成为扬州市政府重笔颂扬的扬州建城2500年历史上"五贤"之一。

1895—1920年，在全国享有知名度的扬州籍围棋名手唐善初开办陆野茶楼，成为扬州和外地围棋爱好者交流切磋之处。

1910年，晚清扬州著名棋手陈子俊与日本高部道平对局，被让二子。他被称为中华棋坛的"南四奇"之一。是清末民初废除"座子"的先驱者。

1920年，由扬州各界商业集资在小东门附近建紫来轩茶室，屋内置放方桌十余张，桌上有纸画的棋盘和围棋子。日本人占领扬州期间，茶室停业了几年，1949年扬州解放前关闭。

1958年，冯业世代表扬州参加全国棋类锦标赛华东赛区（六省一市）的比赛。

1981年10月，扬州举办中日高中生围棋对抗赛。

1982年2月，扬州市与日本唐津市缔结友好城市，唐津市即派出第一个文化交流使团一行11人，到扬州进行围棋比赛。

1982年9月16日至19日，江苏省第十届运动会围棋比赛，扬州获得成年组团体第一名。扬州参赛棋手有冯云散、栾斌、丁波、汪红梅等。

1984年9月15日至30日，在扬州个园举办第四届中国围棋国手战，当时知名棋手聂卫平、华以刚、王汝南、罗建文、马晓春、刘小光、江铸久、曹大元、钱宇平、芮乃伟、杨晖等人参加。当时年仅8岁的棋童常昊来扬州观摩比赛。

1987年，姜伟在北矢巷6号家中开办了棋室，命名为"棋友之家"，共开办了十三年。

1987年3月13日至20日，日本围棋九段、终身"名誉棋圣"藤泽秀行率围棋代表团访问扬州。

1988年12月28日，扬州市棋类协会正式成立，原扬州市外办主任姚伟鼎任主席。

1990年秋，扬州市第一届"棋协杯"围棋精英赛在市体育馆开幕。截至2019年，共举办30届，是扬州市水平最高的传统比赛项目。2012年起，东方医院院长赵顺祥出资冠名"东方医院杯"全国业余围棋精英赛，到2019年已连续举办8届。

1991年10月，"宝胜电缆杯"全国围棋名人邀请赛在宝应举行。国手聂卫平、马晓春、刘小光、曹大元、邵震中等人参加了比赛。"宝胜电缆杯"全国围棋名人邀请赛共举办过8届。

1994年11月8日，"棋协杯"市围棋、象棋比赛在市棋类活动中心举行。市直系统单位及县（市、区）27支代表队110名运动员参赛。围棋团体总分1~3名：市级机关、扬州交通机械厂、宝成电缆厂；围棋个人1~3名：韩斌、莫玉树、朱立强。本次比赛，32名运动员取得围棋三段、二段称号。

1996年6月初，全市少年儿童棋类比赛在扬州举行，有105名小棋手参加国际象棋、中国象棋及围棋比赛。高邮市葛乃康培养的围棋选手杨晨在本次比赛以不败战绩获冠军。

1997年8月10日至15日，省青少年儿童围棋比赛在扬州举行。南京、镇江、无锡、徐州、连云港、淮阴、泰州、常州、苏州、南通等10个省辖市及南京青少年宫代表队123名运动员参赛，其中女运动员46人。

1997年10月8日至11月1日，由省棋类协会、省老年体协、市棋协承办的"中信杯"省老同志围棋赛在扬州举行。参加比赛的有省级机关、苏州、无锡、南京、镇江、徐州、淮阴、张家港、吴县、南通、扬州等12支代表队的48位老同志。扬州队获团体总分第一名，吕立、姚伟鼎获得个人第一名、第二名。

1999年7月7日至8日，由市对外友协、市棋类协会共同发起并主办的首届"育英杯"中国、日本、韩国友好城市围棋邀请赛在扬州举行。日本唐津市、名古屋市、富山市、韩国丽水市、中国扬州市应邀参赛。扬州队获得第二名。此后，该项比赛每年举办一次，在扬州、唐津、丽水三城市轮流进行。到2019年共举办了21届。

2000年，日本爱知县青少年围棋访问团到扬州比赛。

2000年5月3日至7日，应韩国丽水市邀请，以市棋类协会主席姚伟鼎为团长的市围棋代表团一行5人，前往参加第2届中日韩友好城市围棋比赛，扬州队获得第二名。

2000年，扬州市棋类协会汶河南路棋类活动室正式对社会公众开放。

2000年9月2日至5日,"华厦浴城杯"市第3届围棋棋王赛在扬州举行,全市24名围棋3段以上选手参赛。上届棋王莫玉树5段以不败战绩获冠军,首届棋王王伟斌5段屈居亚军。

2001年6月29日至7月2日,以扬州市外办主任、扬州市棋协主席姚伟鼎为团长的市围棋代表团,赴日本唐津市参加第3届中日韩友好城市围棋邀请赛,扬州队获第二名。

2002年11月,扬州市作为东道主举办了第4届中国扬州"保来得"杯中日韩友好城市围棋邀请赛,扬州一队获得第二名。

2003年7月13日至14日,市少年儿童棋类比赛在省工人疗养院活动中心举行。各县(市、区)16支围棋、象棋代表队140多名小棋手参加比赛,其中8岁以下的儿童48人。宝应队获团体冠军,玉树、登祥少儿围棋教室队分列二、三位。

2003年10月17日至19日,以扬州市外办主任、扬州市棋协主席姚伟鼎为团长的围棋代表团,赴韩国丽水参加第5届中日韩友好城市围棋邀请赛,扬州队获第二名。

2004年8月6日至9日,以扬州市外办主任、扬州市棋协主席姚伟鼎为团长的围棋代表团一行7人,赴日本唐津市参加第6届中日韩友好城市围棋邀请赛。

2005年2月,扬州市政府办公室正式批复,同意成立扬州棋院,与扬州棋协合署办公。

2005年5月14日至15日,扬州市举办围棋升段赛,5人升为4段、14人升为3段、38人升为2段、16人被定为初段。

2005年5月28日至29日,扬州市举办少儿围棋、象棋赛。广陵队获围棋团体冠军;张智超、丁灵君、管业铭、刘康达、方晨、徐尧禹、田艺分获围棋各组别冠军。

2005年6月26日至29日,扬州市作为东道主举办"曙光杯"第7届中国扬州市、日本唐津市、韩国丽水市友好城市围棋赛。

2006年,扬州市举办首届新闻围棋赛。

2006年5月27日至29日，扬州市举办少儿围棋赛。有100多名选手参加，广陵区获得团体冠军。

2006年10月30日，以扬州市政协副主席任杰为团长的围棋代表团，赴韩国丽水市参加第8届中日韩友好城市围棋邀请赛，扬州二队获得第二名。

2007年8月28日至31日，以扬州市以市政协副主席任杰为团长的市围棋代表团11人，赴日本唐津市参加了第9届中日韩友好城市围棋赛，扬州二队获得第二名。

2007年10月3日至6日，扬州市第十八届"棋协杯"围棋比赛在市体育公园体育馆举行，全市有559人参加。中油天工集团玉树队、孟城棋院队、维扬区小虎队分获围棋比赛团体前三名，中油天工集团玉树队的西宁6段、赵成7段、张之仪6段获个人比赛前三名。

2008年3月，扬州市棋类协会换届。任杰任扬州市第四届棋类协会主席。

2008年5月23日至25日，"运河情"市中小学生"扬州侨星杯"围棋比赛在江都举行。各县（市、区）13支代表队132名运动员参赛。

2008年10月17日至20日，扬州市作为东道主举办了第10届中日韩友好城市围棋邀请赛，以松尾信男为团长的日本唐津市围棋代表团和以朴正采为团长的韩国丽水市围棋代表团应邀来扬参赛，扬州一队获得第一名。

2009年，扬州棋类协会主席任杰荣获全国体育工作先进个人称号。

2009年5月2日，扬州市第一届千人围棋大赛在体育馆举办，该赛事被江苏省体育局评为"江苏省群众体育优秀品牌赛事一等奖"。截至2019年，共举办过11届。

2009年6月18日，扬州市承办了中国围棋甲级联赛上海移动队VS云南香格里拉队。

2009年7月8日至9日，市少年儿童围棋比赛在省工人疗养法举行。

2009年9月，扬州市人大常委会副主任孙永如率扬州市围棋代表团，赴韩国丽水市参加第11届中日韩友好城市围棋邀请赛，扬州一队获得第一名。

2009年10月4日至7日，"盐业棋协杯"市第二十届围棋比赛在省工人疗养院举行。项目设置团体赛、个人升段赛。市直各系统单位及各县（市、区）棋协43支代表队674名棋手参赛。围棋团体总分1~3名：韩斌数室队、仪真棋院队、天元一队；个人比赛第一名：吴振宇（韩斌队）。此次比赛，11人晋升5段，21人晋升4段，30人晋升3段，55人晋升2段，53人被定为1段。

2009年10月，扬州市举办中国大运河城市围棋邀请赛。4个省14座大运河沿线城市的16支代表队参加。

2009年11月9日，日本名古屋"双关不老"围棋代表团一行6人访问扬州。

2010年5月2日至3日，扬州市第二届千人围棋大赛在市体育中心体育馆举行。此项比赛是扬州市全民健身体育节的一项品牌活动，比赛设定级（段）组、升级组、市民组、机关组和大学生组5个组别，有1200多名棋手参加。扬州玉树道场宋腾5段、周型5段和邱志荣分获"市民杯"前三名，其中14岁的宋腾连续两年获冠军；扬州目报社代表队包揽机关组团体和个人冠军。此次比赛，281人获升段、定段，200多人通过定级。

2010年5月29日至30日，市少年儿童棋类比赛在仪征市体育发展中心举行。市区及各县（市、区）棋类团体11支代表队175名选手参赛。围棋团体总分1~3名：仪征、市韩斌围棋室、市玉树棋室。围棋个人比赛第一名：少年乙组男子周忻（仪征）、女子陈慕凡（市韩斌棋室），儿童甲组男子黄承庭（市韩斌棋室）、女子张臻博（市玉树棋室），儿童乙组男子吴一凡（市玉树棋室）、女子姚欣蕾（仪征），幼儿组男子宋东来（仪征）、女子陈冠宇（市韩斌棋室）。

2010年8月18日，日本爱知县青少年围棋代表团一行11人访问扬州。

2010年8月20日，市少儿围棋精英赛在仪征棋院举行。此项比赛是扬州围棋一年一度的传统赛事，连续举办6届。比赛共吸引全市64位4、5段的少儿棋手参赛，是历届参赛人数最多的一次。经过8轮比赛，市玉树棋室的杨元培5段、仪征棋院的刘汤颢5段均取得7胜1负的战绩。根据规则，通过抽签，杨元培获冠军、刘汤颢获亚军。

2010年8月23日至25日，以扬州市广电局副局长李自敏为团长的围棋代表团一行11人，赴日本参加第12届中日韩友好城市围棋邀请赛，扬州一队获得第一名。

2010年9月10日，中国棋院首任院长，中国围棋协会主席陈祖德挥毫泼墨"扬州棋院"。

2011年5月2日，扬州市第三届千人围棋大赛在体育馆举办。

2011年5月28日至22日，市少年儿童棋类比赛在仪征市体育发展中心举行。市区及各县（市、区）棋类团体11支代表队161名棋手参赛。围棋个人的一名：少年组男子梁明吴（广陵）、女子魏嫣婧（广陵），儿童甲组男子吴一凡（维扬）、女子姚欣蕾（仪征），儿童乙组男子马润民（广险）、女子潘乐（仪征）、幼儿组贾宸昱（宝应）。

2011年10月16日，第七届"威孚房开杯"中国围棋棋王争霸赛8强赛在扬州举行。聂卫平、王汝南、华以刚、俞斌、常昊、古力等九名国手与扬州的48位小棋手下多面打的指导棋。

2011年10月21日至24日，扬州市作为东道主举办的第13届中国扬州市、日本唐津市、韩国丽水市友好城市围棋赛在扬州宾馆举行。

2011年11月19日，扬州市"赛格纺机杯师生联棋邀请赛"在仪征棋院举行。

2012年，扬州中学教育集团树人学校成立"树人棋院"。同年围棋千人赛冠名为"树人杯"。

2012年5月2日，扬州市第四届千人围棋大赛在市体育馆举办。

2012年5月8日，由仪征市枣林湾生态园管委会副主任王晨牵头创办，枣林湾管委会、仪征市体育局承办，扬州仪真棋院协办的枣林湾专场开赛，中国围棋甲级联赛大连上方衡业队VS安徽华亿队。

2012年9月，由扬州西湖人家大酒店总经理陈庆福出资装修，共计2000多平方米的扬州棋院正式对外开放。

2012年11月，以原扬州市委宣传部副部长、扬州市棋协副主席王晓庆为团长的围棋代表团一行9人，赴韩国丽水市参加第14届中日韩友好城市围棋邀请赛，扬州二队获第一名。

2012年11月24日，扬州市在江都区京江大酒店承办了中国围棋甲级联赛第20轮大连上方衡业杯VS贵州百灵的比赛。

2012年11月，在扬州棋院举办扬州市首届"院长杯和教练员"杯比赛。

2013年3月30日，扬州市棋类协会换届改选会议在扬州棋院召开，任杰任扬州市第五届棋类协会主席。

2013年4月26日，围棋职业七段王煜辉访问扬州、高邮，与棋迷交流并签售新书《新世纪围棋之魅》。王煜辉的祖籍在高邮是"高邮二王"的王念孙、王引之的后人。

2013年4月30日，扬州市第五届"树人杯"围棋千人大赛在市体育公园举行。近千名棋手参赛。市领导卢桂平等出席活动。

2013年5月9日，"金立智能手机杯"中国围棋甲级联赛第四轮比赛，大连上方衡业队在仪征枣林湾专场迎战重庆银行队3：1胜。

2013年6月1日至2日，市少儿棋类锦标赛在江都举行。市区及各县（市、区）棋类团体6支代表队159名选手参赛。围棋团体总分1~3名：广陵、宝应、江都。

2013年7月，由扬州报业传媒集团承办中国围棋职业定段赛在扬州会议中心举行。

2013年7月10日，著名围棋国手、职业9段罗洗河作为全国围棋段位赛的嘉宾抵达扬州，畅谈他的围棋经历和对围棋的真知灼见。

2013年7月13日，中国围棋协会副主席、中国棋院院长华以刚在扬州棋院以《围棋与佛教》为题，为扬州棋迷们进行一场精彩的演讲。

2013年7月22日，扬州市树人学校组成扬州市青少年围棋队一行11人，赴韩国丽水市进行比赛交流。扬州围棋队取得胜利，获韩国丽水市"市长杯"优胜奖。

2013年8月29日至31日，以扬州市委宣传部原副部长、扬州市棋协副主席王晓庆为团长的围棋代表团一行9人，赴日本唐津市参加第15届中日韩友好城市围棋邀请赛，扬州队获第一名。

2013年10月，扬州棋协党支部成立，王晓庆任党支部书记。

2013年11月27日，扬州市在扬州棋院举办第二届院长杯和教练员杯的围棋比赛。本次比赛更名为：扬州市第二届群英荟萃围棋比赛（园丁甲组、园丁乙组）。园丁甲组即原来的院长组，园丁乙组即原来的教练员组。

2014年3月8日，扬州市"德盛杯"巾帼未来之星围棋比赛在扬州棋院举行。同时选拔扬州市女子围棋少年队成员。

2014年3月27日，日本爱知县和福冈县围棋代表团一行26人到扬州访问交流，在扬州树人学校与少年棋手进行了围棋比赛。

2014年5月2日，扬州市第六届"树人杯"围棋千人大赛暨第十届"欢乐扬州精彩邗江"市民日活动启动仪式在邗江区西湖镇金槐村广场举行，副市长董玉海、市委宣传部副部长市文明办主任李广春、树人学校校长陆建军等领导出席。围棋比赛在西湖镇中心小学举行，一千余名棋手参赛。

2014年5月20日，"金立智能手机杯"中国围棋甲级联赛第五轮比赛，大连上方队衡业VS浙江荣美控股队，在仪征枣林湾举行专场。

2014年6月15日，由扬州报业传媒集团承办第二届中国女子围棋甲级联赛第二站开幕式，在扬州力宝广场颐景国际大酒店举行。

2014年7月29日，"长江机器人杯"扬州市未来之星围棋赛在扬州棋院举行，各县（市、区）棋院（室）30支代表队80多名少年棋手参赛，参赛选手均为2004年1月1日出生的扬州籍业余3段以上棋手。团体总分1~3名：扬州棋院玉树分院、仪真棋院、黑白国棋教室；个人比赛1~3名：耿林凯、王浩扬、朱晋辉。

2014年3月8日，由扬州市棋协和市妇联主办、扬州德盛工艺品有限公司协办的2014年扬州市第一届"德盛杯巾帼未来之星"围棋赛在扬州棋院举行。同时成立扬州市女子围棋少年队，进一步推动围棋在女性中的开展。

2014年8月3日至4日，市少儿棋类锦标赛在江都举行。各县（市、区）5个围棋队参赛。围棋团体总分1~3名：宝应、广陵、江都。围棋个人第一名：初中组男子桑文宇（广陵）、女子古宇航（宝应），小学甲组男子阮良琮（广陵）、女子陈冠宁（广陵），小学乙组男子张京扬（宝应）、女子刘小树（广陵），小学丙组男子钱鑫宇（仪征）、女子高靖惟（邗江）。

2014年10月16日至18日，扬州市作为东道主举办了第16届中国扬州市、日本唐津市、韩国丽水市友好城市围棋赛。

2015年3月8日，扬州市第二届"德盛杯"巾帼未来之星围棋比赛举行。

2015年5月1日至2日，由扬州市体育局、扬州市体育总会主办，扬州市棋类协会承办，扬州市树人学校协办，扬州市第十四届全民健身体育节系列活动之一的第七届"树人杯"围棋千人大赛在西湖镇中心小学举行，共1024名棋手参赛，市体育局、市体育总会、树人学校等领导出席开幕式。

2015年5月16日，中国围棋甲级联赛第4轮在仪征枣林湾专场举行。

2015年5月16日，中国围棋甲级联赛华泰证券江苏队VS中信北京队，在仪征枣林湾举行专场。

2015年10月，扬州市棋类协会企业家围棋联谊会正式成立。赵顺祥任联谊会会长。

2015年11月，以东方医院院长、扬州棋协副主席赵顺祥为团长的围棋代表团，赴韩国丽水参加第17届中日韩友好城市围棋邀请赛，扬州队获第一名。

2015年11月25日，扬州市棋协举办了"北矢巷怀旧"群英荟萃围棋赛，以此纪念中日围棋擂台赛三十周年。

2015年，扬州市棋类协会晋升为江苏省5A级全国性社团组织。

2016年，扬州市棋类协会被评为江苏省示范社团。

2016年3月13日，扬州市棋类协会和扬州市妇联主办、扬州教育投资集团协办的扬州市第三届巾帼未来之星"教投·香茗湖1号杯"围棋赛在扬州棋院举行。

2016年4月30日至5月1日，由扬州市体育局和体育总会主办、扬州市棋类协会承办、扬州市市级机关工委、扬州市树人学校协办的扬州市第十五届全民健身体育节暨第八届"树人杯"千人围棋赛隆重举行。

2016年5月22日，中国围棋甲级联赛华泰江苏队VS成都兴业银行队，在仪征枣林湾举办专场。

2016年7月2日至3日，扬州市棋类协会主办、华鼎星城协办的围棋少年5段争霸赛在华鼎星城举行。

2016年8月28日，"棋协杯"市第二十八届围棋精英赛在扬州棋院举行。比赛设个人赛和团体赛项，有13支代表队130多人参赛。团体总分1~3名：树人学校一队、仪真棋院、扬州运河棋院获得团体总分前三名。个人比赛1~3名：孙力、黄听、钱留儒获得个人比赛前三名。王涵、吴依铭和张馨月获得女棋手奖前三名。刘汤颖、王子轩和宋腾获得本土棋手排名前三名。宋腾还由于在比赛中击败了职业棋手获得了1000元"李博士奖"。

2016年11月11日至13日，以东方医院院长、扬州棋协副主席赵顺祥为团的扬州围棋代表团赴日本唐津市参加第18届中日韩友好城市围棋邀请赛，扬州一队四轮全胜取得冠军。

2017年3月12日，由市棋协和市妇联主办、扬州美康集团协办的扬州市第四届巾帼未来之星"美康杯"围棋赛在扬州市棋院举行。

2017年4月29日至5月1日，由市棋协主办，树人学校承办的第九届"树人杯"围棋千人大赛在扬州棋院、西湖镇中心小学等赛场举行。

2017年5月16日，中国围棋甲级联赛华泰江苏队VS珠海万山队，在仪征枣林湾举办专场。

2017年5月16日，中国围棋甲级联赛第六轮枣林湾专场在仪征枣林山庄落子。

2017年6月，扬州市棋类协会被授予"全国群众体育先进单位"。

2017年11月6日至8日，扬州市作为东道主举办了第19届中国扬州市、日本唐津市、韩国丽水市友好城市围棋赛。

2018年3月11日，由扬州市棋协和扬州市妇联主办、扬州海翔船舶科技有限公司协办的年扬州市第五届巾帼未来之星"海翔杯"围棋赛在扬州棋院举行。

2018年4月29日至5月1日，扬州市第十届"树人杯"千人围棋大赛定升段比赛在扬州市树人学校隆重举行。2018年中国扬州第一届"桃花泉杯"全国围棋大赛落下了帷幕。本次比赛还包含了2018年中国扬州第一届"桃花泉杯"全国业余围棋公开赛、全国企业家代表队比赛、老干部比赛、业余5段争霸赛和瘦西湖画舫职业棋手对弈共六项竞赛项目。

2018年5月21日，中国围棋甲级联赛华泰证券江苏队VS重庆爱普地方队，在仪征枣林湾举行专场。

2018年7月17日至19日，由扬州市棋类协会承办的江苏省第19届运动会青少年部围棋比赛在二十四桥宾馆举行。

2018年10月26日，扬州市老同志围棋比赛在工人文化宫开战。

2018年11月3日，由扬州市棋协和邗江区体育总会主办，邗江区棋类协会协办的扬州市"邗江棋协杯"未来之星围棋比赛，在邗江实验学校新盛校区举行。

2018年11月15日至17日，以扬州市委宣传部原副部长、扬州市棋协副会长王晓庆为团长的围棋代表团一行10人，赴韩国丽水参加第20届中日韩友好城市围棋邀请赛，扬州一队获得第一名。

2018年12月28日，扬州市棋类协会在扬州棋院隆重召开成立30周年纪念大会。

2018年12月29日，扬州市举办"北矢巷"群英荟萃围棋比赛，庆祝市棋类协会成立30周年。

2019年3月17日，由扬州市妇联、邗江区文体旅游局、扬州市棋协联合主办、扬州市美天健康体检中心协办的扬州市第六届"美康杯"巾帼未来之星围棋比赛在扬州棋院举行。

2019年5月1日，2019年中国扬州第二届"桃花泉杯"全国业余围棋公开赛、第十一届"树人杯"千人围棋大赛（定、升段赛）同时在江海职业技术学院开赛。

2019年5月6日，中国围棋甲级联赛华泰证券江苏队VS上海建桥学院队，在仪征枣林湾举行专场。

2019年7月20日至21日，由扬州市棋类协会承办的扬州市第13届运动会社会体育部（职工部）围棋比赛在二十四桥宾馆举行。

2019年9月22日，扬州市棋类协会承办的扬州市首届"名城百企"运动会围棋比赛在扬力集团举行。

2019年11月2日，由扬州市棋类协会和邗江区体育总会主办的"未来之星"围棋比赛在育才小学西校区落幕。

2019年11月7日至11日，以扬州市东方医院院长、扬州棋协名誉会长赵顺祥为团长的围棋代表团一行12人，赴日本唐津市参加第21届中日韩友好城市围棋邀请赛，扬州一队获得第二名。

2019年12月17日到12月19日，"2019中国扬州'江苏银行扬州分行杯'大运河城市围棋团体邀请赛"在扬州二十四桥宾馆举行。来自全国大运河文化带的16个城市与单位的106名围棋高手参加了比赛。

2021年3月7日上午，扬州市第七届巾帼未来之星围棋比赛开幕式在扬州棋院举行，80名女子少年棋手参赛。

2021年5月1日，2021年第三届"桃花泉杯"全国业余围棋公开赛暨扬州市第十二届"树人杯"千人围棋赛在扬州树人学校凤栖湖校区正式开赛，来自全国1300多名围棋爱好者参赛。"桃花泉杯"全国业余围棋公开赛和"树人杯"千人围棋赛都与树人学校有关。从2018年开始，两赛都是在同时同地举办，为扬州围棋界盛事。

2022年1月1日上午9点，2022年元旦扬州市新春围棋名人邀请赛暨《弈海拾贝》首发式在南京银行扬州分行营业部举行。

参考文献

春秋末期左丘明《世本·作篇》

南宋罗泌《路史·后记》

西晋皇甫谧《帝王世纪》

南宋王象之《舆地记胜》

春秋末期左丘明《左传·襄公二十五年》

《晋书·谢安传》

南朝宋刘义庆《世说新语·雅量》《谢安围棋》

唐朝李延寿《南史·崔慧景传》

陆游《南唐书·昭惠传》

上海辞书出版社《围棋词典》

裘毓麟《清代轶闻》

清钱泳《履园丛话》

清李斗《扬州画舫录》

赵之云、许宛云《围棋词典》

清毛祥麟《墨余录》

南宋陆游《渭南文集》

清陈撰《书画涉笔》

南北朝时期北魏郦道元《水经注》

清代袁枚《随园诗话》

刘善承《中国围棋史》

《扬州市志》

《扬州市体育志》

《仪征市志》

《宝应县志》

《高邮市志》

编后记

《围棋与扬州》经过一年多的努力将要问世了。

围棋，是人类历史上最悠久的一种棋戏。它将科学、艺术和竞技三者融为一体，有着发展智力、培养意志品质和机动灵活的战略战术思想意识的特点，几千年来长盛不衰。今天，我们编写这本书就是一种传承，是为了围棋这个古老的运动发扬光大，从而恩泽中华民族，造福整个人类。

扬州作为国务院首批公布的二十四座中国历史文化名城之一，无论是古代、近代和现代的扬州，"琴、棋、书、画"都深深扎根于这片传统文化的沃土。清朝扬州一直都是围棋的中心。如今，从空中府现扬州的"明清古城保护区"，一条条或弯或直，纵横交叉的巷道，恰如围棋盘上的线条，让整个古城仿佛成为黑白对弈的棋枰。事实上，在这片土地上，精彩的博弈层出不穷，博出了文化的活力，博出了生活的不凡，博出了成长的个性，博出了城市的风采。回首眺望扬州西北郊高邮天山这个围棋文化的摇篮，心中不停地感叹。扬州围棋文化绵延数千年，为扬州这座千年历史文化名城做出不可磨灭的贡献。今天，我们系统研究和编写这本书，目的在于"传承文脉，古韵流芳"，更重要的是弘扬扬州围棋文化，振兴围棋。我们坚信明天的扬州，伴随着小康社会的实现，扬州围棋文化一定能写出更加精彩的华美篇章。

《围棋与扬州》这本书由扬州市棋类协会统筹，史晓华执笔。2019年7月至今，先后多次召开编委会及审稿会，群贤毕至，少长咸集。扬州著名学者、专家丁家桐、朱福娃、韦明烨、王资鑫、徐晓思、刘斌、杨翔平、杨文昭等，充分肯定了书稿的历史价值，提出了十分宝贵的建议。在此基础上，书稿得到进一步的充实完善。

《围棋与扬州》一书得到中国围棋协会、扬州市体育局、扬州市体总的关心和指导，扬州市政协原副主席、棋协主席任杰同志对该书的编写给予充分关心和指导，市棋协副会长蒋永庆同志对赛事内容进行了大量补充和提供了精美的照片。扬州各县市区围棋及扬州棋界各位同仁也给予很多帮助，可以说，这本书是集体智慧的结晶。在此一并表示衷心的感谢。

扬州市棋类协会会长　王晓庆

2022年10月